中华文化
海外传播研究

CHINESE CULTURE
OVERSEAS COMMUNICATION
(2018 No.1)

二〇一八年 第一辑

刘宏 张恒军 唐润华 主编

大连外国语大学中华文化海外传播研究中心 主办

社会科学文献出版社
SOCIAL SCIENCES ACADEMIC PRESS (CHINA)

《中华文化海外传播研究》
编委会

张恒军（大连外国语大学中华文化海外传播研究中心
主任、教授）

张　昆（华中科技大学新闻与信息传播学院教授）

主　　编　刘　宏　张恒军　唐润华

编辑部成员（按姓名音序排列）

曹　波　陈迪强　蔡馥谣　刘明阳　李琬玲

芦思宏　潘婧妍　孙冬惠　邹　璐　赵　欣

目录 Contents

◆ **专题资料**

卷首语

刘　宏

党的十八大以来，中央高度重视中华文化"走出去"工作。习近平总书记多次做出重要论述，提出明确要求。十八届三中全会对提高文化开放水平、推动中华文化走向世界做出重要部署。中共中央政治局围绕提高国家文化软实力进行集体学习。2016 年 11 月 1 日，由习近平总书记主持召开的中央全面深化改革领导小组第二十九次会议通过了《关于进一步加强和改进中华文化走出去工作的指导意见》，进一步勾勒了中国文化外交的路线图，为中华文化"走出去"提供了指导思想与行动指南。前不久中办和国办联合印发的《关于加强和改进中外人文交流工作的若干意见》指出，要构建语言互通工作机制，推动我国与世界各国语言互通，开辟多层次语言文化交流渠道。

近年来，中华文化"走出去"效果显著。中国文化中心建设稳步推进，为我国在政府间文化合作机制和国际组织以及多边活动中争取了主导权、话语权，为"一带一路"民心相通、中国参与全球治理打下了不可或缺的社会基础，为社会主义文化强国的构建和国家文化软实力的提升做出了重要贡献。

文化承载着一个国家的精神价值。推动中华文化"走出去"，让国外民众触摸中华文化脉搏，感知当代中国发展活力，理解我们的制度理念和价值观念，应当是我们的不懈追求。

大连外国语大学是一所以外语教学为主，以国际化办学为特色的多科性外国语大学，是我国较早开展中华文化海外传播研究的高校，也是我国最早设立对外汉语教学本科教学的四所高校之一。学校目前是教育部直属的国内外考试组织管理机构和国家公派出国留学多语种外语培训基地、教育部指定的 20 余种专业考试的考点、上合大学中方校长委员会主席单位、中俄大学生交流基地、国家孔子学院专职教师储备学校、教育部中国政府奖学金生接收单位、教育部香港与内地高等学校师生交流计划项目院校、辽宁省人文社会科学重点研究基地、辽宁省国际型外语人才培养模式创新实验区。学校设有中国国际青少年活动中心（大连）、东北亚研究中心、中日韩合作研究中心、乌克兰研究中心、亚美尼亚研究中心、哈萨克斯坦研究中心、东北亚外交外事协同创新中心和"一带一路"人文交流机制协同创新中心。建校以来，学校共有百余名毕业生先后进入外交部工作，被誉为"京外高校中考入外交部人数最多的高校"。

学校汇聚国内外优质教育资源，坚持开放式办学，国际化办学特色鲜明。近年来，学校与日本、韩国、俄罗斯、美国、加拿大、英国等 30 余个国家和地区的 200 余所高校及近 20 家企业团体等建立了合作关系。依托现有的中俄大学生交流基地、孔子学院、俄语中心以及上合大学中方校长委员会主席单位等众多国际化平台，学校以"交换留学""本科双学位""本－硕连读""硕－博连读""多语种交流""国际实训"等培养模式，与国外知名院校联合培养本科生、硕士生、博士生。全校每年派出近 1000 名学生，在合作培养领域实现了"语言＋专业""语言＋实训"的成功对接。

2007 年至今，学校先后在俄罗斯、日本、韩国、哥伦比亚、圭亚那、巴西、亚美尼亚、葡萄牙、意大利建立了 9 所海外孔子学院，总数居全国高校前五位。作为汉语国际推广多语种大连基地，学校目前承接孔子学院总部派向世界各国的孔子学院教师和志愿者的培训，承接孔子学院总部派向世界各国的部分孔子学院院长培训。在西安第十二届孔子学院大会上，学校第四次获得"先进中方合作院校"称号，时任国务院副总理刘延东为学校亲自颁奖。

大连外国语大学具有中华文化海外传播的巨大优势。2017 年 5 月 27 日，由中国新闻史学会全球传播与公共外交研究委员会、大连外国语大学共同主办的"首届中华文化海外传播大连论坛"召开，来自海内外从事中华文化研究的近 400 位专家学者、汉语志愿者教师围绕"一带一路"框架下中华文化海外传播如何"固本拓新　共享发展"等时代课题进行深入交流探讨。期间，大连外国语大学中华文化海外传播研究中心成立揭牌，标志着大连外国语大学在中华文化海外传播研究方面又迈出了重要的一步。中华文化海外传播研究中心将联合海内外专家学者展开研究，并联合社会各界力量开办中华文化海外传播大连论坛，每年一届，为海内外专家学者开展研究提供交流平台。

集刊《中华文化海外传播研究》的出版，也是我校高度重视中华文化"走出去"工作的一项举措。关于中华文化走向世界，一些早已有之的难题亟待破解、一些空白需要填补。其中重要的方面是：文化走出去的有关理论建设和学术研究。目前，关于中华文化"走出去"的研究零星分散，总体上处于起步阶段。如中华文化对世界文明的重要贡献；中华文化"走出去"对于全球治理的重要作用等，尚未得到系统而有力的阐释。构建科学的理论和方法，深入研究中华文化"走出去"发生与发展的规律，对其目的、方式、方法、效果进行深入研究，将为中华文化"走出去"提供必要的智力支撑，推动其向更高层次发展。

集刊《中华文化海外传播研究》是国内外唯一的中华文化海外传播研究领域的专门性学术刊物，由大连外国语大学中华文化海外传播研究中心主办，并由社会科学文献出版社出版，每年两辑，每辑24万字左右，集中推出当前中华文化海外传播领域研究的最新成果。

集刊《中华文化海外传播研究》定位是立足中国，面向世界，以引领和推动中华文化海外传播为己任，着力打造中华文化海外传播研究领域的高端学术平台。集刊以深度研究为宗旨，以中华文化海外传播为特色，严格学术规范，突出原创品格，注重科学方法。集刊将开设名家访谈、中华文化"走出去"战略研究、"一带一路"传播研究、跨文化传播研究、汉语传播与孔子学院研究、海外汉学研究、对外翻译与出版研究、学术动态、专题资料、书评等相关栏目。稿件将涵盖中华文化海外传播相关领域，不仅涉及社会、历史、文化、经济等学科范畴，而且将思想的触角延伸至人文社会科学的各个门类。

我们深知，中华文化海外传播还有很长的路要走。诚望《中华文化海外传播研究》集刊的问世，能够为中华文化海外传播研究和实践起到传播智慧，丰富经验的作用；诚望海内外专家学者积极投稿，把《中华文化海外传播研究》集刊打造成名副其实的一流研究成果的传播平台。

名家访谈

润物细无声　推动中华文化海外传播

——著名语言学家、北京大学陆俭明教授访谈

刘明阳　金依璇

摄影：潘婧妍

嘉宾介绍：陆俭明，汉族，生于 1935 年 11 月 5 日，江苏吴县人。北京大学中文系教授，博士生导师，国际级语言学专家。现任国家语委咨询委员会委员，以及南京大学、武汉大学、北京师范大学、北京语言大学等17 所高校的兼职教授。曾任世界汉语教学学会会长、国际中国语言学学会会长、中国语言学会副会长、北京大学汉语语言学研究中心主任、北京大学计算语言学研究所副所长、北京大学文科学术委员会委员、新加坡教育

＊　刘明阳，大连外国语大学文化传播学院讲师；金依璇，大连外国语大学硕士研究生。

部课程发展署华文顾问等职。

采访时间：2017 年 5 月 24 日

采访地点：大连怡海阳光宾馆贵宾接待室

刘明阳（以下简称刘）：陆老师，您好！欢迎您来到美丽的海滨城市大连，也欢迎您应邀来我校参加首届中华文化海外传播大连论坛。您在语言学界的成就我们有目共睹，请问您当年为何会选择这样一个当时在外人看来有些晦涩难懂，甚至可以说是坐冷板凳的专业呢？

陆：很多人问过这个问题，我回答就一句话：服从组织分配的结果。我那会儿在崇明的一所农村中学，崇明那个时候不属于上海，属于苏北专区南通专区。我 1949 年念初中，1955 年高中毕业，当时我准备考清华大学电机系，因为那个时候工程师很吃香，尤其是电机工程师最吃香。到高考报名的时候，校长和班主任找到我说："陆俭明，现在国家需要文科人才，你考文科吧。"我二话不说就答应了。当时不光是我，可以说我们这一代比较普遍的信念是国家的需要就是我们的志愿。新中国成立以后，我看了大量苏联小说，绝大部分都是写卫国战争的。当时我想，人家一个卫国战争写出来那么一大批小说，我们经过抗日战争、解放战争，可以写的东西更多呀。我就跟班主任说，我考文科、考中文系当作家！可我也不知道哪个学校的中文系好啊，就问班主任。他说最好的当然是北京大学，其次是复旦大学，我说那就考北京大学。后来他说虽然你在我们学校成绩不错，但是我们是个农村学校，你能不能考上北京大学我不能保证，你自己决定。我说考了再说，后来还真考上了，挺高兴的。可能大部分进北京大学中文系的人都像我是为了当作家，这种思想很普遍。我们那时的系主任叫杨晦，他是搞文艺理论的。他是何许人呢，就是五四运动时最先冲入并火烧赵家楼的。他在中文系迎新会上说："你们到北大中文系来都是想当作家的吧？我今天先给你们泼一盆冷水，北大中文系从来不培养作家，作家那么容易当？作家是要有社会生活的，要深入工农兵，在大学有什么生活？"接下来他说，北大是要培养研究文学和汉语的人才。既然当不成作家了，那搞文学研究也挺好吧。我们在一、二年级的时候，文学、语言是不分的，整个叫中文系，到了三年级才分方向。最开始大家对语言都不是很了解，觉得语言有什么好研究的，基本上没人报。结果中文系让我带个头搞语言专业，组织上要我搞语言专业，我就这样过去了。进入语言专业以后，我感觉其实语言专业比文学好像还好一点，文学专业受政治的影响比较大，同样一个作家、同一个作品今天被批，明天又被推崇，而我们语言专业是只要有理有据、用事实说话、理论上站得住，那你的文章十年、二十年以后还是有价值的。就这样开始一直搞语言专业，我跟后来成为我夫人的马真是同班同学，毕业后正好留了下来，都在汉语教研室。当时北大中文系语言方向有两个教研室，一个是语言教研室，教研室主任是高名凯先生；另一个是汉语教研室，教研室主任是王力先生。后来我们俩被分到现代汉语组，进了现代汉语组又被分给朱德熙先生，跟他搞语法。总结起来只有一句话：服从组织分配的结果。但是从事了这个以后，感觉汉语研究其乐无穷！

刘：您在以前接受的采访中经常提到朱德熙先生对您的影响非常大，能跟我们简单谈一下您眼中的朱德熙先生吗？您觉得作为一个老师最应该教给学生的是什么呢？

陆：我和夫人都感觉朱德熙先生对我们的影响很大，第一就是老一辈高度的教育责任心对我们影响很大。刚才我不是讲嘛，一、二年级文学和语言是不分的，什么课都要上。教我们课的人，在当时来讲都是最顶尖的专家，比如文学方面的游国恩、林庚、吴祖缃、王遥、杨晦、吕德申等，语言方面的高名凯、周祖谟、朱德熙、魏建功、王力、袁家骅，这些都是顶尖的大家。朱德熙先生讲语法课，不管是搞文学、搞语言的都爱听，没有缺课的，而且上课没有人打瞌睡、讲话，都在聚精会神地听，大家都觉得听朱先生的课是一种艺术享受。在我们之前，大学毕业留在学校是要当三年助教，不能直接上讲台的，就帮着教授改练习、课堂讨论等。而从我们这一届开始，大学一毕业就要上讲台，因为从我们这一年开始有了两个变化：第一个是党的新教育方针从 1955 年开始实行，这个教育方针就是教育为无产阶级、为政治服务，教育、生产、劳动相结合；第二个是从我们开始实行五年制，毕业时我们这个年级一共留下了 10 个人，其中文学 7 个、语言 3 个，留下来就要求直接上讲台。上讲台也是要证明党的新教育方针的正确性，就要在你们身上体现出来。但对我们来讲，当时很紧张的，我心里有点胆怯就去请教朱先生："大多数人说听您的课是一种艺术享受，您能不能说说怎么讲语法，因为一般来讲都认为讲语法枯燥无味，讲语法没有什么诀窍吗？"他听了我这话说"没有什么诀窍"，停了一下，然后又说了一句话，我们两个人一辈子都记得，"有一点很重要，要多从学生的角度考虑"。这句话给我们的印象很深，后来我们两个人开始回忆朱先生上课，想想他每一堂课怎么跟上一堂课衔接、怎么提出问题、怎么展开、怎么一步一步深入、举什么样的例子、板书怎么安排，他备课的时候这些都有考虑。朱先生授课的出发点就是怎么让学生更容易接受，怎么让学生能接受并喜欢所讲的内容，这个对我的影响很大。我们始终认为，当一个教员最重要的是要有高度的教育责任心，心里、眼里要有学生，这是最重要的，这是朱先生对我们影响非常大的一个方面。

第二，就是在研究上的影响很大，当初马真跟着朱先生他们在讨论的过程当中，每当提出一个问题或想法，朱先生总是说"再想想有没有例外""不要一下子就这样肯定，有没有例外再考虑考虑""这个想法合适不合适"。这一点也很重要，就是说我们在研究的过程中，当有一个想法以后，你不要轻易地就肯定下来，要反复地想这个想法到底经不经得起推敲。

第三，还有影响比较大的是朱先生老跟我们讲文章是改出来的，不是写出来的。什么意思呢？就是文章写完了以后一定要反复修改。在这个反复修改过程中，除了要思考内容怎么更精炼、怎么更合理，还要考虑以下两个因素：一是在一篇文章里尽可能集中谈好一个问题，不要想到什么就要在这个文章里边谈。二是能用一句话说清楚的不要用两句话，能用两句话说清楚的不要用三句话、四句话，要尽可能地精简。还要尽可能地深入浅出，把复杂的问题能说得通俗易懂，使内行人和外行人都能接受，而不是把简单的问题说得很复杂，这个给我们的印象非常深刻。说实在的，我就是在朱先生的指导下成长的。我从 60 年代开始的文章，都是写完了先交给朱先生看，看了以后他给我改，包括疑问句的文章、"还"和"更"等一系列的文章都是他帮我看、帮我改。直到 80 年代中期，朱先生当了副校长比较忙，我就不好意思再给他看了。

第四个影响就是养成一种好的学风。朱先生的《语法讲义》得到业界的广泛赞誉，这本书其实是对他教案的修改，他在 20 世纪五六十年代给我们讲语法，从"文化大革命"后讲到 80 年代初，才最终完成了这本书。这个语法书不是叫"现代汉语语法论"或者其他，而是叫"语法讲义"，这样的讲法很谦虚。书稿完成以后，有一天我到他家里去，他说："你来得正好，你能不能给我的《语法讲义》写个书评？"我满口答应后，他说"你先别说好，我要你写的书评不是要说这个书有多大的价值，有什么好的，而是要你发现还有什么样的问题、前后有没有矛盾、概括全面不全面等。"我说："朱先生你要我写书评可以，你要我写像你讲的这个书评，我绝对不会写。这样的书评一旦发表出来，学界非得把我骂死不可。别人会说'你是朱先生的学生，现在翅膀硬了，把你的老师说得那么一钱不值'。"朱先生听了以后叹了一口气，说这都是庸人之见，其实国外的书评从来不是讲好话，而是提问题、评论问题，这样学术才能发展。从这个例子我们可以看到朱先生对自己是多么严格。这就是朱先生给我的印象。

刘：陆老师，您的研究领域涉及汉语的句法、虚词、对外汉语教学以及中文信息处理和语文教学等方面，请问您是如何做到对这么多的领域都能深入研究，并且打通这些领域？还有，您最近都关注了哪些问题？

陆：从 20 世纪 80 年代之后逐渐形成一种观念，就是科学研究的最终目的都是为应用服务，那么汉语研究应该也为应用服务。同时也有一些客观的因素，比如说为什么去搞中文信息处理？我们北大在 80 年代成立了一个计算语言学研究所，这个就是由朱德熙先生倡导提出来，与计算机系形成合作的关系，得到学校的批准后成立的。这个研究所由朱德熙先生当所长，还有计算机系的马希文，他是一个数学神童，中国参加奥数比赛都是由他领队。1989 年，两位相继到美国访问，结果都在美国去世了，研究所也就没人接管了。然而这个所还要办下去，因为非常有意义。学校就决定由我来接替朱德熙先生，由计算机系的俞士汶来接替马希文。但我们两个人谁也不愿意当所长，于是俞士汶推荐我，我推荐俞士汶，相当长的时间没有所长，只有两个副所长。既然做了这个工作，就要担负起这方面的责任，为了这个责任也得去学、去了解，要去参加全国计算语言学、中文信息处理的会议。后来我退下来，由詹卫东接替，做计算语言学研究所的副所长。这就是我为什么搞中文信息处理的原因。

那么语文教学又是为什么呢？90年代后期，当时社会上语文的水平整体下滑，而且形成一个矛盾的三角。什么叫矛盾的三角呢？第一个方面，国家对语言越来越重视。像吕叔湘先生说的，语文是学好一切的基础。著名数学家苏步青说数学是自然科学的基础，语文是基础的基础，所以一定要学好。第二个方面，社会上的语文问题太多，同时，中小学学生普遍不爱上语文课，因此我们称它"怪三角"。我觉得搞语言研究的人，应该有责任去了解、关注和参与，这就是我为什么要搞语文教学的原因。还有对外汉语教学，严格说是汉语作为第二语言或者汉语作为外语的教学，现在在国内叫对外汉语教学，在国外就叫汉语国际教育，另外对华侨、华裔子弟的教学叫华文教学。我搞这个有两个原因：一是从成立世界汉语教学学会开始，每一届我几乎都受邀参加会议，也参加了世界汉语教学学会，而且一开始就成为终身会员。二是进入21世纪以后，原来的会长朱德熙先生去世了，由北京语言学院院长吕必松先生担任会长，他当会长的时间很长。后来吕必松先生不当了，要我来当，我说我主要搞本体研究，也不搞这个，让我来当不合适。最后出于两方面原因我又同意了：一方面，北京大学觉得原来朱德熙先生当会长，后来这个会长换成了北京语言学院的，现在我来当对学校还是有好处的；另一方面，当时各方面的矛盾比较大，只要我来当，很多对外汉语学者的矛盾就迎刃而解，后来我就答应当会长了。那当了会长就得考虑很多问题，一方面自己要继续参加学会，另一方面就得思考很多问题，包括学科的建设、教材的编写、教学模式、教学方式和汉语教师培养等，这些都得考虑。所以都是因为一个个偶然的机会逼着自己去学。至于本体研究方面，虽然我当学生时基本是结构主义的那一套，但大家都知道从乔姆斯基革命以后，国际上语言学的变化很大，打破了结构主义一统天下的局面，出现了形式、功能、认知三足鼎立的局面。那么在这种情况下，从50年代乔姆斯基革命开始，从70年代相继产生功能认知，我自己始终有这么一种观念，对我的学生也是这样要求，就是在科学研究领域里应该坚持多元论。我始终认为没有任何一种理论方法可以放之四海而皆准，可以包打天下。任何一种理论，任何一种方法，都有一定的局限性。局限不是它的缺点，局限是说这种理论或方法，可以解决一定范围的问题，解释一定范围的现象，但是它也只能这样，越出了这个范围，它可能就不行了。因此我们就要寻求新的手段、新的理论方法。不光语言学是这样，任何一门学科都是这样。因为你看任何一门学科都有各种各样的方法，比如说物理学，牛顿从一个苹果掉下来，怎么掉地下不往上飞，他受到伽利略"力"的假想的影响，提出了"万有引力"这个著名的定律，引发了物理学的革命。但是后来人们发现牛顿定理也有它的局限性，比如说光、电，这个里边的力学问题它就解决不了。另外，分子、原子、质子、中子……这里边运动的力学问题它也解决不了。后来我们才明白牛顿定理只能解决宏观世界低速运动的种种力学现象，越出了这个范围，它就无能为力了，因此产生了爱因斯坦的相对论，产生了量子力学来解决这些问题。所以你看物理学，它也是这样。科学研究的发展必然是方法的推陈出新，原因是什么呢？原因有两条：第一个是外部世界太复杂了；第二个，任何人都不可能对外部世界认识得那么透彻那么准，甚至一代人都不可能对这个客观世界一下子都认识清楚了，何况外部世界还在不断地发展变化。这一条很重要，人的认识有一定的局限，不断有新的理论方法产生是必然的，这种现象反映了它的发展，而不是简单的替代，不是说一个新的理论方法出来了，老的就不能用了，它始终处于发展的态势。我常常给学生举这样的例子，方法就像过河一样，那你怎么过河呢，最原始的过河方法就是跳下去游啊，就像非洲大草原的动物在迁徙的时候碰到河大家就跳下去游过去，游不动的就淹死了。但是人能动脑筋，看见树干在水里边能浮起来，就会想到用一根树枝游过去，再慢慢想如果能把这几个木头绑在一块扎成一个木排，更多的人就能过去。从木排、竹排慢慢变成船，船以后慢慢加上帆变成帆船，再加上一台机器叫机帆船，再慢慢发展到现在万吨级、十万吨级的大轮船，这个就是发展而不是简单的替代。为什么呢？黄河激流你还得靠木排、竹排，沙家浜芦苇荡里边就得靠那个小船，你这个万吨级轮船再好也用不上。一种理论方法有它的用处，就像宏观世界的低速运动，你说我不用牛顿定律，我用爱因斯坦的相对论能不能解决？能解决，但要复杂得多。在语言学里也是这样的情况，所以我坚持多元论。多元论又是什么意思呢？就是对一种新的理论、新的方法，你要去了解、学习，要吃透、弄明白，同时还要考虑汉语的问题，吸取各种理论方法为我所用，为我研究汉语所用。因此我不要求学生做的课题一定要跟着我，我做什么你也必须做什么，我从来不这么强求。有的学生搞认知语言学，有的学生搞功能语言学、语言类型学，即使我过去不搞这个专业我也都同意。这样的话，对我自身的研究也有促进作用，因为我都要跟他们讨论和了解，这就逼着我也要去学这个方面的知识，这样才可以跟他们互动。一直到现在，国际上只要有一种新的理论出来，我就会去关注、去学习，尽可能把它弄懂。同时我不盲从，我一定考虑这个理论合理不合理。不要认为国外的都一定是合理的，他们有很多新的东西给你，但是他们也有这样那样的不足。

刘：在我国现行的学科体系中，语言学是被置于中国语言文学下的二级学科，很多人呼吁应该把语言学提升为独立的一级学科。在今年的政府"两会"中也有许多学者代表参与了讨论。请问陆老师，您怎样看待这个问题呢？

陆：这个我一直主张是要提升的。好几年前在华中师范大学开会，有四五十个学校参会，当时绝大部分人都主张要提升，原因我下边再说，然而后来没有成功。2017年在北京语言大学又开了一个和这个有关的会，来的好多都是校一级的领导，还有文学院的院长、中文系的主任。那么为什么要提升学科地位呢？现在中国语言文学是一级学科，外国语言文学是一级学科，文学也好，语言也好，都是二级学科。这既对文学的发展不利，也对语言的发展不利。比方说文学，我们5000年的文学太丰富了，而且有很高造诣，到现在还只是二级学科，这怎么也说不过去。现在大家越来越重视语言，过去只把它看作一个工具。现在大家认识到语言不光有工具性，而且还有资源性，是一种无形的资源，能够成为国家的软实力。另外语言还有情感性，我们强调的"一带一路"是需要语言来铺路搭桥的。"一带一路"提出的"五通"，首先是语言要通。如果两个国家用第三国语言交流，比如用英语或者俄语作为我们交流的语言，那就完了。如果我们都能用对方的语言进行交流，一下子关系就拉近了，能够建立和谐的双边关系。前几年联合国教科文组织跟中国教育部、国家语委联合在苏州举办了世界语言大会，就是要世界各国重视语言能力，重视语言教育的革新。原因就是现在语言越来越重要，而且语言已经关系到一个国家的软实力、综合实力，甚至关系到国家的安全问题。这次会议的参会者一共400人，中国是东道主，来了100人，剩下的来自世界其他100多个国家。400人当中90%的人是官员，10%的人是有关的专家学者，我很荣幸也参加了这次会议。这次会议邀请专家学者的主要目的不是讨论语言学的学术问题，而是要各国政府重视提高语言能力，提高语言素养，重视语言教育。我们这些人就在语言跟经济的发展、语言跟社会的发展、语言跟人的进步、语言跟国家软实力的提升等方面去做出解释。在语言越来越重要的情况下，语言学还是一个二级学科是很不合适的。再说语言学经过那么多年的发展，本身已经有了明确的研究对象，也有一定的理论方法，还有哲学基础。它的研究队伍也有很丰富的研究成果，因此它成为一级学科完全是应该的，文学方面就更不用说了。我们这个想法一提出来，大部分中文系的系主任，虽然是搞文学的，但也都同意。像北京大学中文系本来只有一个学科，一下子就有了两个学科。还有，教育部是按照一级学科来给学校拨款的，这个就差远啦。历史系原来只有一个学科，后来一下子分成三个学科，经济条件一下子就不一样了。我们一直都在呼吁，后来跟《人民日报》反映，《人民日报》叫我专门写篇文章，开始我还不愿意，因为我不太愿意在《人民日报》发表文章谈政治问题，结果《人民日报》说陆先生你别误会，就谈谈你们那个学科，你觉得有什么东西需要让社会知道的。那我说好，后来我就打电话给李宇明、崔希亮，我说你们看怎么样？他们说这可是个好机会啊，你借这个机会可以好好介绍一下咱们的想法。写了以后《人民日报》又给我来邮件说要做一次访谈来解答这个问题，这个访谈还在编辑中，之后会放在网上播出。所以对这件事情我很了解，是积极支持语言学升格为一级学科的。

刘：汉语和社会生活的关系从来没有像今天这样紧密，您作为专家顾问，审定了《中国语言生活状况报告》，为语言文字的现实应用做出了贡献。那么您认为语言文字研究者如何才能将自己的研究成果服务于社会呢？

陆：刚才我也讲过了，各国都很重视语言应用问题，根本的原因就是社会的发展，这是世界性的，特别是大国、发达国家对语言是非常重视的。最近几年，美国发布了五六个语言方面的文件，除了政府，军队甚至是他们的国防部都发表了这方面的文件，可以看出他们对语言的问题相当重视。李宇明当司长的时候也很重视，他从2006年开始，每年编一本《中国语言生活状况报告》。他请了几个审订者，其中有陈章太。陈章太原来是国家语委的副主任，也是搞方言跟语言文字工作的，目前我们每年都在搞这个。那么刚才你谈到语言怎么样能服务好社会生活、语言的研究成果怎么为社会生活服务，这个方面我想首先要有一个意识。这几年我们一直强调要认识语言的重要性，认识到语言已经不仅仅是工具，更是一种资源，是具有情感性的，一定要认识这个方面，要有这种意识。先不说国家层面，就个人来讲，语言能力已经成为跟他人竞争的一个重要条件，关系到自己的生存和发展。比方说，不管是本科生，还是硕士、博士，招聘单位首先考核的不是你的专业知识，面试首先考核的是你的语言能力，这个语言能力包括母语的素养和水平、外语的素养和水平。如果你跟他谈话，磕磕巴巴话都说不清楚，或者给你一篇3000字的产品说明，希望你用40个字概括一下，如果连一个简单的说明都写不出来，那要你干嘛，对不对？你的语言能力得过关，外语也是，这样我才能考虑你有些什么样的专业知识我可以用，有的单位甚至根本就不考虑专业知识，而是认为你的语言能力可以我就聘用。上海的《解放日报》曾经做过一个调查，把语言能力分为三等：优、中、一般，然后去了解他们的工资收入，结果很令人吃惊：语言能力一般的人跟语言能力优的人工资差距达1:5、1:6左右。所以现在你的语文、外语水平不行，那你初入社会，工资三四千块钱就算很不错的了。而如果你的语言水平很好，口语表达好，书面表达也好，甚至会两门外语，那一出来工资可能就上万元，过一两年会更好，这样的现实是第一点。第二点就是，作为语言研究者，首先要有为应用服务的意识，这个我觉得很重要，有没有这种意识很不一样。你搞本体研究也好，搞什么别的研究也好，都要考虑应用。当前最迫切需要的一个是语文教学，以及语言作为第二语言或作为外语的教学，还有中文信息处理，另外一个就是辞书编撰。现在辞书编撰也是一个很大的问题，你别看词典那么多，现在供外国人用的辞书基本上都不是很合适，因为外国人需要的辞书应该注明用法。对于外国人而言，他们的许多偏误不在于他们不了解这个词的基本意义，而是不了解这个词的具体用法。可是关于用法的问题搞本体研究的人不研究，因为感觉到没有必要。我们过去搞本体研究就是为母语为汉语的中国人服务的，所以你看现在很多辞典，里面不谈用法都是只谈意义。例如，说"反而"是跟预料相反的，表示转折，但没有将"反而"在什么语言背景下使用提出来，因此许多留学生就用错了。留学生经常会说"他以为我喜欢跳舞，反而我不喜欢跳舞"，因为跟预料相反，所以表示转折，他就这样用了。又如，凡是用"却"的地方很多人用了"反而"。这种例子太多了，那么我们搞研究的人应该有这种意识，多来研究这个方面。另外，我们的语言教学还有很多的问题，特别是我们的汉语教材。任何外语教学都伴随着文化教育，一个人在接受、学习、掌握一门外语的同时，不知不觉地就接受了浸润在这种语言环境里的这个民族、这个国家的文化观、价值观、人生观，甚至思维方式。凡学英语的人，他开口闭口往往就是说美国怎么样。再比如说日本，虽然最近中日关系处在低谷，但是学日语专业的人往往不会有很强烈的反日情绪，这是很自然的。而且我们这个问题到现在一直没解决，我们没有考虑我们的价值观，没有考虑中华文化精髓的东西。怎么让我们的教学就像杜甫说的那样"随风潜入夜，润物细无声"地传递给学生？我们现在做的是一些表面的工作，比如文化记忆。当然这个也很好，可以让人家了解。可是你看人家外语教学也没有说你学英语我教你怎么做汉堡包、怎么做三明治；你学日语我教你怎么学做生鱼片；学韩语也没有说要学会怎么做泡菜。原因就是没有真正深入研究，怎么能够真正把我们研究的东西用到实际生活中，这是社会所需要的。另外，比如说语言障碍问题现在也很重要，不光有聋哑人，还有很多有语言障碍的人，那么我们语言研究怎么来为这个服务？其实现在语言服务的方面有很多，在这方面我老是强调意念不强。首先要有这个意识，然后就是有人来推动。中国人有个习惯，只要领导说一两句话，推动起来就很方便，所以我们要呼吁领导关注。

刘：随着我国国际影响力的提升，汉语热已经持续多年，您认为这是世界上对中国经济的认可，还是对中国语言文化的认可？我国的财政提供了大量的经费支持来华留学和汉语国际教育，您觉得今后的汉语国际传播事业发展有哪些可以提升的空间？

陆：任何一个国家，任何一个民族，都希望自己的语言能走向世界。特别是刚才我讲到的，随着我们进入信息时代，云计算、大数据、万物互联，在这个飞向太空的时代，这种交流成了一种品牌。现在信息高速公路通向全世界交流，经济交流、文化交流很方便。在这些交流中最大的障碍就是语言的问题，在这样的国际大环境下，就要求加强语言教育。前联合国秘书长安南有一次讲话，他说未来社会的年轻人起码要掌握三种语言，除了自己的母语，还要掌握两种外语，这样才能适应社会发展的需要。我觉得他这个讲话是有前瞻性的，任何一个国家的国民都要提高语言能力，这是一个世界性主题。那么又会出现一种情况，每个国家都考虑自己的语言怎么走向世界，又怎么能把别的国家的语言吸引到自己国家来呢？如今外语课越来越多，这也是为了我们国家自身的发展才必须这样做的。汉语走向世界，这是一个必然趋势，也可以说是世界发展的必然趋势。这跟国家的发展是密切相关的，过去我们国家很贫穷、很弱，外国根本不会关注你的语言，更不会学习你的语言。个别人来研究是为了国与国之间维持外交关系，才有一定的外交人员学习这个语言。为什么现在大家都来学汉语呢？国家的强大，国家综合国力的提升，国家国际地位的提升，这是最根本的吸引外国人学习汉语的原因。汉语为什么吸引人呢？有两方面原因：一方面中国有悠久的历史，有古老深邃的文化，可是过去又那么落后，现在一下子变得那么强大，大家都想了解是怎么回事，也都想到中国来看看；另一方面，很多人要来跟我们做生意，特别是20世纪八九十年代，那时候的中国是一个庞大的市场，你到哪儿去找那么大的市场呢？做生意一方面资本进来投资，另外一方面越来越多的外国年轻人希望在中国工作，这些都是因为国家的强大，国家的经济、文化等各方面的发展必然会吸引全世界的人，特别是年轻人。要关注、了解中国，你就得学汉语。你要学一样东西，首先要考虑我需要不需要，我需要我才来学。还有，为什么我们老强调汉语教师要注意自己的形象，因为你就是一个中国文化的大使，中国的一面镜子。不光是对汉语教师，对我们的出访人员，到境外旅游的中国人，甚至对我们的国民都应该这样要求，你要注意自己的形象。人见人爱的大家都会想要学习，人见人厌的东西都想离得远一点，这个道理一样，所以国家的国民形象很重要。除了这个以外，虽然现在大家都承认汉语教学已经成为一门独立的学科，但是还跟不上形势发展的需要，原因在哪儿呢？原因就在于作为一门学科就要以科研为重，但是在这个方面我们做得还不够。汉语教学是有两重性的：第一，它是一个事业，是我们党、国家和民族的事业，这个从 80 年代开始就提了，是中央提出来的，这是很对的。第二，汉语教学就是一门学科，是一门科学。从最近十多年的发展来看，虽然作为事业发展得很快，但作为科学发展并没有跟上我们国家的需要，跟世界形势发展也有差距，原因又在什么地方？原因就是我们的学科建设还不够，基础建设不够。学科建设不够，主要是没有人来引导大家讨论这个问题。基础性的研究也不够，什么叫基础性的研究？比如说一个零起点的外国人要来学习汉语，到底要学多少个汉字，到底要学哪些汉字；要去掌握多少词汇、掌握哪些词汇；要学多少成语、哪些成语要学习；掌握多少语法点、哪些语法点，这些都是基础性的研究。虽然已经有汉办在做，有一个词汇表，有个语法点表，但这些都不是经过科学研究的、慎重的。我并不是毫无根据地说，2007 年的《中国语言生活状况报告》里边有一篇报告就是对 12 部汉语教材进行用字、用词的统计。结果一统计大家发现共用词组、共用字组很少。什么叫词组、字组？比如说 12 部教材一共出现了字的总数假如有 10 万，其中共同的就是每个教材都用到的字，这个就叫字组。这 12 部教材共同用的这种字组不超过 20%，这就说明一个什么问题？说明我们在编教材的时候，到底要给留学生教哪些字心里没数，这些基础研究是很不够的。大家都能体会到教材是很重要的，现在已经有数千种教材，但是真正令人满意的、大家都公认是精品的很少。这些教材都是赶时间，出版也是赶时间，各个单位都是赶时间，想抢占位置，因此做得不是很好，这些都属于基础的研究。基础研究方面要做的事情还有很多，包括工具书的编写等，总之还有广阔的空间，大有用武之地。

刘：陆老师，您投入汉语教学的研究已经有很多年，您觉得语言教师和研究者应该如何面对语言生活中的一些新现象？比如说汉语中不断涌现出一些像"老司机""洪荒之力"这类的新词语，在教学和研究中您有什么建议呢？

陆：进入网络世界后，汉语词语的变化很快，出现的变异太多，这不光是汉语，全世界的语言都这样，应该说是一种好现象。我在多个场合讲过，对于网络词语的用法既不要急于肯定，也不要急于否定。最后能够固化进入共同语的只是少部分，这少部分的确有着自己的表现力，比如说"给力"，它的确很有表现力，类似的还有"点赞"。另外一定要注意一点，语言本身就有一种自控的能力。很多人感到惊慌，说再过几年，我们这个汉语就不成汉语了，担心得不得了，又提出什么为祖国语言的健康和纯洁而奋斗。健康当然是对的，纯洁却不必。语言从来不纯洁，因为语言在不断变化，不断出现变异，这是语言的发展。全民参与语言生活，这应该是一个好的现象，在这个过程当中迅速变异，那也是汉语进入现在这个时代才有的情况，应该说是一种可喜的现象。当然我们也要慎重，我曾经跟教育部讲，虽然不主张轻易把网络上的一些词语编入课文当中，不引导大家在语文教学中用这样的词语，但是也不要去反对，不要认为这个是不可以讲的。汉民族以汉语为母语，约定俗成而成，有的东西感到合适的、好的就吸收进来，吸收的原则一个是符合经济原则，还有一个是具有表现力，吸收的这个词语有特殊的表达作用。我举个例子，比如说，过去我们都认为不能说"知不知道""干不干净"，可是很多方言都是这样说，特别是南方方言，还有西南官话很多都说"干不干净""好不好吃"，这种慢慢地就被吸收到普通话中，目前已经很普遍了。还有"学习不学习""讨论不讨论""越来越"这些为什么也被纳入普通话呢？因为它"经济"，就被吸收进来了。还有一种，有一种特殊的表现力，像"给力""点赞"就属于这方面的，它有特殊的表达效果。我的态度，基本是这样的。

　　刘：作为外语类高校，我们非常重视本科生的母语和中华文化素养的提升，文化传播学院就是实施这项任务的教学单位。在这个过程中我们遇到了一些难题，比如学生学习语文类课程的积极性不是很高，任课教师要靠点名来管住学生，请问陆老师您有什么好的方法吗？

　　陆：这是一个比较大的问题，现在中国人的平均读书量是很低的。现在全世界平均读书量最高的是以色列，一年一个人平均读 68 本书。他们为什么这么热爱读书，是因为从小养成的习惯。三四岁开始家里就教育孩子要读书，读的都是他们的经典。这有点像我们过去的私塾，不要求你懂，而是先给他们讲故事，慢慢引导他养成读书的习惯。读书既可以说是规定又可以说是习惯，大家都养成这样一种习惯。读书的好处太多了，你可以从书里边吸收很多东西，特别是一个人知识的更新主要是通过读书。我们自己都感觉到我们的语文能力跟上一辈已经有距离了。老一辈的不管是文科、理科、工科，语文能力都很强。现在的人不光是语文能力差了，都不爱念书了，甚至有的人说要不是因为高考，根本就不念语文。这里边的原因有很多，我想一个重要原因就是现在学生要学的东西太多。过去的私塾学什么，除了背书以外就是写字，还有算术，因此也不能完全按照老的办法。另外一个原因就是现在诱惑太多，手机、电脑的问题从一个角度来讲是好事，可是从另外一个角度来讲占用了太多的时间。还有我想再加上一个原因，就是从一开始我们就没太注意中小学的语文教育到底应该怎么做，过去实际是把它当成了政治课。这个问题到底怎么解决，现在真是说不好。我当然有我的想法，因为我始终有那么一种观念，就是说我们为什么要把孩子送到学校，送到学校的目的就是要学文化，实质就是掌握汉语的书面语，这跟口语是不一样的。胡同里的老太太、农村里的老大爷，口语一套一套的溜着呢。我们进学校就是要掌握书面语。只有掌握了书面语，你才能不断地接受高素质的教育，包括历史、文化、教育、科学技术教育和思想品德教育。书面语怎么学习？重要的是要培养语感。那什么叫语感？我们一个人怎么会说话的，是不是因为从小爸爸妈妈、哥哥姐姐、叔叔阿姨不断地跟你对话？开头咿呀咿呀什么都不知道，慢慢通过对话，实际上是积聚了语感，我们现在叫"习得"。在这个过程中，他从大人跟大人的对话里边慢慢地积聚口语的语感。刚才我讲过为什么我们编词典不讲用法，用法凭借语感就行了，因为我们不需要，可是外国人没有语感，他就不知道。像你这样开车的人应该知道，开车怎么上高速、怎么并线、怎么超车、怎么在两个大卡车中间过去、怎么在一条狭窄的小道上过去，都是凭借车感，不是凭计算多少米，而是凭一种感觉。60年代中国乒乓球有几个名将，庄则栋、李富荣、徐寅生、张燮林和周兰荪，其中徐寅生先生打球时很动脑筋，而且他很有哲学头脑。他曾经写过一些关于打乒乓球的哲学文章，里面讲到媒体老说我们为什么赢是因为我们打球时一直在想着为祖国为人民，其实一上球台根本不容你考虑什么东西，一个凶狠刁钻的球过来，怎么回过去凭的是球感，球感是平时苦练练出来的，没有别的办法，不是讲道理讲出来的。我们有一个围棋手叫柯洁，是曾被AlphaGo打败的一位一流棋手，他在击败韩国棋手后接受采访的时候说，下围棋主要靠的不是计算，而是棋感，棋感就是平时锻炼出来的。语言也是一样的，你要熟练，要有语感，有了语感，交流就能很顺利。培养语感就得要多读书，没有别的方法，过去常说曲不离口，拳不离手，就是这样的道理。我们去年1月在北师大开过一个中小学语文教学的研讨会，我和马老师就强调了这个语感。还有最近在上海纪念语言学会成立60周年大会上，我们两个人发言，就强调要培养语感。我也把这个写成文章给《光明日报》，前不久在《光明日报》上登出来了。还有个想法就是，小学语文要改革，我主张把小学语文课变成两门课，一个就叫国文课，从《三字经》开始念、开始背。这个有好处，它既给书面语的语感打下了基础，也在无形当中给中华文化传播埋下了种子。很多人对中华文化情感不浓，就是因为一代代传下来的最优秀的那些篇目他都没看过，他哪能有对中华文化的感情呢？当然读多少、怎么读，这个可以研究。还有一门课叫作文课，作文课就是白话文写作。当然这个意见很难被教育部采纳，但是我们希望先开展教学实验。不要你了解内容、理解内容，主要是背诵，这是很有好处的。他现在是不了解，但随着年龄的增长、知识面的扩大，他会慢慢意识到我背的东西是什么意思，而且背的东西已经在脑海里了，这个很有用。当然，这个到底怎么做，需要大家一块儿出主意，想办法共同来做。

刘：我们文化传播学院积极推动中华文化海外传播的理论与实践研究，落实"讲好中国故事、传播中国声音"，开办了中华文化海外传播大连论坛。陆老师，您认为文化传播中到底应该传播的是什么呢？

陆：谈到文化传播，我喜欢用"软"和"硬"这两个字来形容，一种是硬文化，另一种是软文化。看得见、听得见、摸得着的一些东西属于"硬文化"，比如说物质文化、习俗文化等，我们在这个方面很丰富，既具有博大精深的古老文化，又有多姿多彩的现代文化。软文化主要指的是理念——价值观、人生观和我们中华民族的核心理念。其实每个国家都很注重传播"硬文化"，比如说我这个国家多少年了，我们这个国家有一个什么东西，这个当然需要了解，了解有什么好处呢？吸引人。我们既要让人家来了解我们的"硬文化"，也要注意传播"软文化"，我们说要把中华文化融入国际多元文化大家庭当中，最主要的文化传播我认为就是这个方面。软文化的传播跟硬文化的传播不一样，硬文化的传播靠国家，比如说国际文化交流、互相举办展览、举办影展等；软文化的传播应该在硬文化传播里边注入一系列的主题思想。你不要光开展览，仅仅把这个东西摆出来，实际上每个展览会都有它的主题，外国人可以通过这个展览来了解这个主题、了解我们中国，这是一方面。在软文化的传播当中，汉语教学起着非常重要的作用。我常常这么讲，我说我们要换位思考，比如说我们对于英国、德国、法国、日本的了解，不是我们自己读原文了解的，不是我们要了解法国就要去学法文，而是通过我们国家学习掌握了法语的这些学者介绍翻译他们的经典作品，翻译他们的电影、电视剧，我们通过这个来了解的。比如我们对德国、法国的哲学思想、文学思想等，都是通过这些来了解的，我们对莎士比亚的了解，不也是通过看他的作品吗？我们看他的作品并不是说我们为了要了解这个，为了学英语看他的原著，不是的，我们都是在看汉译本。所以我们的文化要走向世界，最主要的一个环节是要靠这些，要靠越来越多的人真正学习掌握汉语，让他们来介绍我们的文化，让他们把我们最经典、最精华的东西翻译出来，介绍给他的国人，这是最有效的文化传播方法，因此一定要重视汉语教学。我常常强调汉语教学，从长远来看，一定要让越来越多的人掌握汉语的书面语。我们不能满足于现在有多少千万的人，甚至是现在有 1 亿人在学汉语，不要满足于这个。这个当然很好，但是我们更要关注怎么能吸引越来越多的人学习汉语的书面语，目的就是让他们了解中华文化、介绍中华文化，把我们国家优秀的文化翻译出去、介绍出去。这主要靠两个方面：国家是一方面，国家得一直推动，加强文化交流；另外一方面就是汉语教师，他们承担着非常重要的文化传播任务。

刘：陆老师，您觉得中华文化海外传播作为一个研究课题，应该包含哪些研究的分支？

陆：刚才我讲到，如果从我们汉语教学这一块来说，重要的是两个方面：一个是开好文化课，外语专业一般开两到三门课，一门课是国家概况或者历史，让学生了解它，了解整个民族、整个国家的发展；另一个是文化概况，基本对这个民族的文化状况有一个全面的了解，除了这个以外，可能还会有一门应是这个国家的文学概论。最重要的就是刚才我讲的，渗透在教学里边要"润物细无声"。现在我们在这两方面都需要去研究，研究什么呢？一是呈现的内容，到底我们最需要把什么内容传递给外国人，这个要研究。我觉得这个可以成为一个课题，专门研究呈现的内容。二是呈现的方式，即用一种什么样的方式呈现最能让外国人接受。三是呈现的心态，我们应该用一种什么样的心态来呈现，这个也很重要，你不要让人家感觉到是强加于人，也不要让人感觉到好像你中国的是独一无二的，别人都不行。所以就一定要注意，对我们自己的东西当然要赞美，但不要过度，对外国的东西我们一定要尊重，特别是对别国的文化要充分尊重。所以说呈现的内容是怎么样，呈现的方式采用什么手段，我们最好应该采取一种什么样的声音，这都是很值得研究的问题，而且这些研究成果一方面可以让大家了解，另一方面可以提供给中央作为制定政策的参考。从我们汉语教学这个角度来讲，就得考虑在教材当中到底怎么呈现，比如国外的英语教材，它就是通过一篇篇课文，无形当中把美国人、英国人的那种理念、那种观念传递给人。虽然接受不接受是你的事，但是很容易让人记住，潜移默化地让人接受。我们绝对不能采取宣传的、说教的那种方式，人家会反感，但是到底应该采取什么样的方式好，这个就要研究，我觉得是有一个很大的研究空间，很值得设立课题去做。还有一定要注意，不要光去讲古代历史文化，人家更需要了解的是你的现当代文化。这方面我们做得还很不够，国外呼吁了很久，说你老是讲"四大发明"啊什么的，虽然很好，但毕竟是代表过去，只能说明你过去很好。我们更应该讲现代文化，包括高铁、跨海大桥，这些现代文化都可以介绍，包括我们现在的文学、电影和体制等。那么现当代的软文化传播问题，我刚才讲主要是要去思考怎么"润物细无声"地传递出去，通过什么样的途径最合适，不过这个方面你们比我有经验。我说的只是我的一种感觉，仅此而已，不敢多说。

刘：最后一个问题，请您谈谈对青年学生有什么期望？

陆：我觉得就是今天马老师讲过的，要打好三个基础：一是知识的基础，二是能力的基础，三是做人的基础，希望在学校阶段就能把这三个方面的基础打好。还有一个具体的问题，就是在求知上，我老喜欢跟我的学生讲三句话：第一句是"勤"字当头，勤于思考这是非常重要的。每个人的智商可能不一样，有人智商高、很聪明，但是不勤快，照样一事无成。

天才胜在勤快，而不是他的小聪明。第二句是锲而不舍。我们在前进的过程中不会一帆风顺，会遇到各种各样的阻力和困难。有时候研究一个东西遇到难的地方，做不下去了，这个时候一定要坚持，必须要坚持，确实不行才能停下来。第三句是在求知上脸皮要厚。你在生活中不要脸皮厚，在求知上却要脸皮厚。什么叫脸皮要厚？就是不懂就问！开会讨论要敢于发言，错了没关系，人家一纠正，你不就知道了吗？你不懂，问了不就知道了吗？这个不是我讲的，是我们的大圣人孔子讲的：不耻下问。大圣人都是这样，何况我们一个普通老百姓？这三句话，"勤"字当头是喊口号似的，锲而不舍是文绉绉的，脸皮要厚是大实话，就这三句话，没别的了。

刘：好的，我们非常感谢陆老师接受我们长达两个多小时的采访，也期待陆老师在此次中华文化海外传播大连论坛开幕式上精彩的主旨发言。谢谢陆老师！

中国文化"走出去"的喜与忧

——著名传播学者、美国纽约州立大学洪浚浩教授访谈

蔡馥谣　汪　韵[*]

蔡馥谣　汪　韵[*]

摄影：潘婧妍

　　编者按：洪浚浩教授，1995 年获得美国奥斯汀得克萨斯大学传播学博士学位，现为美国布法罗纽约州立大学传播系正教授（终身）、博士生导师、哈佛大学费正清中国研究中心研究员。自 20 世纪 80 年代出国以来，洪浚浩教授已出版中英文著作多部，发表各类学术文章 170 余篇，并应邀担任美国出版的英文五卷本《中国大百科全书》传播与媒介方面的主编、清华大学出版社出版的两卷本《传播学新趋势》的主编，以及中国人民大

　　*　蔡馥谣，大连外国语大学文化传播学院讲师；汪韵，大连外国语大学新闻学本科生。

学出版社出版的《传播学》一书的联合主编。洪浚浩教授的主要教学与研究领域为国际传播与国际政治、传播与社会发展，以及新媒体、新传播技术对社会的影响等。

2017 年 5 月 27 日，洪浚浩教授应邀来到大连外国语大学参加首届中华文化海外传播大连论坛，并在会上发表了"关于中国软实力世界排名的几点思考"的演讲。借此机会，笔者有幸采访洪浚浩教授，近距离聆听智者的声音，感受大师的风采。

本篇访谈中，洪教授用生动幽默的话语向我们阐释关于中国软实力的思考，指出了中国文化海外传播过程中存在的问题，表达了自己对中华文化如何"走进去"以及国际传播未来趋势等问题的看法。

文化是中国提升软实力的一个突破口

蔡馥谣（以下简称蔡）：洪教授您好！非常感谢您能接受我们的访谈。您在关于"世界传播学发展与变革的新态势"以及"关于中国软实力世界排名的几点思考"的讲座中提出了很多高屋建瓴的观点，让我收获颇丰，同时也有些问题想向您请教。

我们知道，"软实力"这一概念始于美国，是约瑟夫·奈最早提出的。在中国，学者们拓展了约瑟夫·奈最初的"软实力"理论框架，在中国领导层与学者的互动中发展成具有中国特色的"软实力"概念——"文化软实力"。那么，您觉得，关于"文化软实力"的概念，以及"文化软实力"与"软实力"之间的关系，究竟该如何解读呢？

洪浚浩（以下简称洪）：在国际学术界，一般谈"软实力"，实际上是指一个国家的综合软实力。约瑟夫·奈提出的"软实力"（Soft power）是与"硬实力"相对应的，还有学者进一步提出了"巧实力"的概念。

咱们先说说"软实力"。其实概念层面你们应该已经很熟悉了，在这里，我要跟你们介绍一下如何测量，或者考量"软实力"的指标。通过这个指标你们也能够看出"软实力"与"文化软实力"之间的区别。以前国际上从组织文化、外交、教育、企业创新和政府形象这五个方面来考量"软实力"，这五个指标是衡量国家的软实力资源，并不直接转换为能力影响。现在考量的指标更加全面，国际上衡量一个国家的综合软实力参考7个类别，包括文化（Culture）、新媒体运用（Digital）、教育（Education）、企业竞争力（Enterprise）、外交影响力（Engagement）、政府形象（Government）、公众印象（Polling）。

每个类别均有对应的衡量指标，比如说文化的衡量指标包括国际游客总数、人均旅游消费（旅游总收入除以游客的数量）、获奖电影数量、外国记者在本国的数量、联合国教科文组织世界遗产的数量、国家航空母舰的数量等方面。约瑟夫·奈也提及文化和教育是作为考量软实力的重要指标。可见，文化始终作为一个重要的考量指标。

中国在提升综合"软实力"的过程中，需要一些突破口。文化对于中国而言，占有较大的优势，中国提升文化软实力要把文化作为切入点，这应该是一个比较切实可行的做法。

蔡：您刚提到的考量指标，我觉得很有借鉴意义。近年来中国新闻传播学发展迅速，有关中国文化"走出去"的课题也日益成为学界关注的热点。中国文化国际传播不断加速，对外输出的力度越来越大，取得了很多可喜的成就，您认为中国"软实力"在文化传播层面的发展趋势如何？

洪：2012～2014年世界各国综合软实力排名前20的亚洲国家分别是日本、韩国、中国；2015年，排名前30名的国家中，中国排名第30位。2015年，世界"软实力"文化类指数排名，中国排名第9，超过了日本、韩国、新加坡等亚洲国家。中国"软实力"在世界排名中，文化指标排名靠前。

中国将"提升软实力"作为国策的时间不长，无论是一个国家的"文化软实力"，还是"综合软实力"，都不是一朝一夕可以完成的事情。文化的传播是一个走进来—传输—产生影响的过程。从"提升中国软实力"的提出到现在，短短的时间里已初步产生了一些效果。值得注意的是，虽然文化方面有优势，但优势不会自动转化为影响力和"软实力"。在国际传播中，建设中国文化"走出去"的渠道，除了基础工作，我们还要做很多事情。

蔡：与此同时，也需要后续不断跟进。

洪：是的，中国在渠道建设方面，取得了很大的成绩。但光有基础设施是远远不够的，还需要后续工作。后续工作要比第一步更有难度，传输什么内容成为关键问题。传输的内容对方是否接受？对方是否感兴趣？对方关注后，是否产生一定的认同？是否会改变其对中国价值观原有的误解呢？

现在西方主流的大国对中国的文化社会仍缺乏深入了解，甚至是误解、曲解以及偏见。这不是三五天造成的，而是一两百年来长期累积的结果。总的来说，发展趋势是好的，但需要做的事情还有很多。

中国文化"走出去"的若干思考

蔡： 在您看来，中国文化领域哪些最适合向国际传播？另外，您带的学生，尤其是美国学生，他们对中国文化最感兴趣的是哪些方面？

洪： 美国人的兴趣多样，美国学生对中国文化感兴趣的方面有很多，因人而异。但是他们对中国文化表层的东西感兴趣，不代表对中国文化深层次的东西表示认同。我们总是在传播浅层次的东西，并不能改变他们对中国文化的偏见。就像舞狮子，吃饺子，打太极，场面很热闹，但热闹之后呢？他们不会想到太极是中国几千年文化的集成。正如郭镇之老师所说，很多时候，你自己主观上很有自信，但人家不信。

蔡： 所以您的意思是，中国文化虽然走出了国门，但并没有走进主流核心的西方国家之中并产生作用。实际上，很多西方人仍然没有对中国文化产生兴趣，并愿意主动了解和接受中国文化？

洪： 是的。另外，近年来虽然"走出去"的中国文化形式多样，但出口的主要是具体的文化产品。要知道，文化对外传播，或者说我们所提到的这个层面，文化产品的出口，不仅具有经济价值，而且具有文化价值，对于传播中华文化发挥着不可估量的作用。但现状是，对于核心文化理念的传播不够，理想和现实还有很大差距。举个例子，像《舌尖上的中国》，虽然拍得很好，很有吸引力，但是实际的对外传播效果仍然需要考量。为什么呢，中国美食可以吃上一顿两顿，但是会天天去吃么，没在语境和情境之中，一些西方人虽然对异域情调的文化产品有猎奇心理，但并没有产生浓厚兴趣。在传播中国文化的过程中也需要因地制宜，了解不同地区人民的观念和爱好。

　　蔡：说到文化产品出口，记得您在《亚洲文化出口大国的全球化战略》一文中分析了日本、印度和韩国的文化与传媒产业，实际上也有需要我们借鉴和学习的地方，不知道您对中国文化产业出口的研究是否有了新的进展，能否分享一下呢？

　　洪：亚洲四个媒体强国分别是日本、印度、韩国、中国，其中日本是老牌媒体强国，新兴的媒体强国是印度和韩国，中国是最近的。这四个国家发展文化的策略都不一样，我们做的研究主要是在比较政策上。哪个国家的政策对发展文化产业更有效？这个问题要结合国情来看。美国的政策并非毫无限制，只是在法律上保障完全自由开放的状态；日本是重点突破的政策，比如主要抓动漫产品；韩国是政府协助，民间出口的形式；印度是政府在财经政策上开放集资，辅助宝莱坞的发展；中国的做法是完全以政府行为为主，在一定的时间内发展比较快，但文化产品带有政府的烙印。

　　西方的公众，以美国为例，美国的公众对政府发布的东西有抵制情绪，哪怕是政府发布的一般消息也是如此，所以他们会对这样的文化产品保持距离。尽管中国政府没有在文化产品中强加意识形态，只是试图推动文化产业发展，但还是很难。中国想要一下子发展出民间的、非政府性质的文化产业，也很难。

　　举个例子，比如电影产业，现在有一些公司主要是通过资金运作的方式，把资金投到宝莱坞或者收购一些美国院线，这样的做法只是资本输出，不是打造中国的品牌。官方的东西运作起来，能产生多大的作用呢？资本运作并没有在内容生产上产生很大的影响。打造生产中心，同样需要在世界上产生影响的产品内容。仅仅建立先进的生产基地，但缺少好的产品内容，是走不出去的。以中国电影为例，目前中国电影在海外的总体影响不如七八十年代产生的影响大。尽管现在的制作越来越大，但没有产生大的国际影响，反而是好莱坞自己拍的加入中国元素的影片取得了不错的反响。我们是看重文化产品的生产规模，还是其产生的影响呢？当然两者都要。文化产品不是食品，吃完就算了，它需要一些长期的影响。所以想要打造一个大规模的、现代化的、高效率的、高质量的电影生产和制作中心，我认为至少需要四步走：第一，打造一个中心；第二，先立足面向全球华人；第三，政府制定扶植性政策；第四，通过多途径进行传播。这是中国电影能够走向世界的第一步，也是未来能够走向世界的关键和核心。

蔡：从目前的情况来看，仅仅依靠政府宣传来促进中华文化"走出去"，产生的效果也是非常有限的。

洪：是的，这在我刚才提到的"软实力"测量指标中体现得特别明显。经过多年的努力，中国政府对于中国的对外形象宣传也越来越重视，拨出大量经费来向世界宣传中国文化。通过当前大量的研究发现，任何通过宣传来促进对国家形象认识的途径的最大成效只有30%，另外70%要靠具体个人在日常生活的言行举止来接触和渗透。每一个在国外的中国人都是一个文化大使，但目前中国在世界上的公众形象不太理想。比如经常有一些去国外旅游的中国人和出国留学的中国留学生，他们粗鲁的行为举止会抵消中国政府努力宣传打造的中国国际形象。

蔡：想要人们放弃原有的想法来接受你的宣传，的确是不太容易。

洪：怎样去设置切实可行的、实事求是的目标很重要。的确，想要人们放弃原有的想法来接受你的宣传，是不太可能的。但有的学者认为，达不到预期的目标就完全否定，我并不认同这种观点。对于中国的形象宣传问题，我觉得要制定一个长远的计划，这不是三年五年可以达到的。我们只要方向对，是可以一直走下去的。

蔡：对于提升中国的综合软实力而言，影响比较大的指标是哪项呢？

洪：目前来看，对综合软实力影响较大的指标是公众印象，这个指标的衡量标准包括饮食文化（Cuisine）、游客欢迎度、科技产品（Technology products）、高档消费品（Luxury goods）、全球事务处理信任度、工作或学习的吸引力、对全球文化的贡献等方面。

但我们似乎不太关注提升社会公众素质，这恰恰是国外很重视的问题，他们通过修建博物馆这样的方式提升公众素养。我觉得这个很有必要，也很有借鉴意义。

单纯的文化产品输出并不意味着文化"软实力"的提升，与其他欧美国家相比，当今中国还缺少能够在世界范围内代表自己的核心理念，比如文化认知的严重不对称，这正是当下亟须改变的问题。从传播学的角度来看，中国的文化产业的确走向了世界，却并未走进国外受众的内心。国外普通民众眼中的中国形象来自真实的感受，感受并不等于宣传。先内而外的推广方式，将是推广与传播中华文化的最理想模式。

有关中国文化"走出去"的机遇与挑战

蔡：除此之外，我们还面临哪些机遇和挑战呢？

洪：挑战实际上我们前面一直在说，中国文化海外传播存在一些问题：一是走得出去，走不进去；二是中国人花大力气做的事情，却被自己一脚踢翻了。每天都有大量的中国人走出去，他们自己的行为却在国际上产生了不良影响。如有一次，我乘坐从美国飞往中国的航班，看到周围有几个去国外采购的中国游客对乘务员的安全提示和警告无动于衷，还装作听不懂，明显能感觉到美国乘务员对这些游客的负面情绪。正是这些日常生活中的细节，使西方人对中国产生了很多不好的印象。

这一点恰恰是我们现在面临的最大问题。因此，一定要树立切实可行的目标，通过国际传播让世界了解中国、认同中国。另外，中国在文化方面有优势，但优势不会自动转化为影响力和软实力，还需要去运作，除了宣传，最主要还是要体现出来。当我们想要放眼世界的时候，最好是先提升本国民众的整体文化素养，否则中华文化将无根可依，就算有再多的外国人来学习，也只能是我们自己意淫的"成功"，建设成为文化强国也只是一句口号而已。

机遇层面，我个人认为，我们处在一个很好的时代，在技术层面，新媒体正在带领我们走向一个全新的传播时代；具体实践层面，"一带一路"是提升中国综合软实力的一个历史机遇和切实举措。

蔡：诚如您所言，新媒体的出现和勃兴带来了新的社会现象和问题，也吸引了众多国际传播学研究者的目光。您能具体跟我们解释一下这个全新的传播时代对中华文化"走出去"所产生的影响么？

洪：新媒体前所未有的巨大威力来源于新媒介，而新媒介的本质特点在于突破了时间和空间的局限性。每一次新的传播技术的出现，都使人类走向一个新的阶段。新媒体带来的是前所未有的力量，它突破了时空的界限，传播的广度和深度都不同于传统的信息传播，对传统的传播模式产生了颠覆性和革命性的改变。传播时代产生的最重要的影响是人与人之间的相互联结、互动、介入和无差别。

全球化、跨国化，更多地依赖于传播的高新技术，传播事业将朝着市场化、商业化、私有化发展。这三点不是指同时并举，有的可能所有制不变，但是传播产品实行市场化；有的私有化，但不一定做到市场化，或许只达到商品化。传播的效果有三个层面，一是关注，二是认同，三是改变原有的想法。

新媒体的出现会给对外文化传播带来很多便利，尤其是为渠道流通的速度等问题提供了技术上的保障。但归根结底，渠道产生后，需要有合适的内容。虽然技术层面上进步了，能够更加快速、更加直接，能够互动、留言，图文并茂等。这些对于对外传播可以起到较大的促进作用，但这些不是充分条件，仅仅带来了便利。最为关键的是，要使得对外传播起到质的变化，还要有对应的内容和实事求是的目标。

受众是有猎奇心理的，比如《舌尖上的中国》，拍得很好，反响也是有的，进一步想，中国的美食是可以宣传的，但是让受众天天吃，天天看，是不现实的。一时的报道不能解决问题，文化交流是可以的，不切实际的目标是难以实现的。还有，中国海外宣传机构在数量上超过了美国之音，但影响力远远不及美国之音。所以这个影响不是绝对依靠技术的，如果世界上发生什么大事，公众产生想听听中国怎么说的想法，并且相信中国所发出的声音，这才是中国话语权发生大的改观的具体体现。

蔡：您指出，具体实践层面，"一带一路"倡议是提升中国综合软实力的一个历史机遇和切实举措，那中华文化可以为"一带一路"建设贡献哪些中国价值呢？

洪：我为什么讲"一带一路"是切实可行的举措呢，因为"一带一路"和我们以前讲的东西有所区别，以前我们在做对外宣传时，主要是在"讲"，讲我们要去怎么做，"一带一路"强调的是"做"，能够做的事情。在做的过程中实际上就把中国文化的一些价值观、中国政府的一些政策、影响力传递了出去，包括人员的交往、民心相通，等等。所以这就是一个切实可行的举措，不是刻意地通过中国媒体去宣传我们如何好，中华文化如何优秀等，当然我们在交往的过程中要注意尽量避免负面的影响，"一带一路"在做的过程中，实际上涉及综合软实力的七个指标，我认为，"一带一路"是提升中国综合软实力的一个历史机遇和切实举措，在这个过程中，中国文化和中国政府的影响力都可以不断在世界面前展现出来。

　　蔡：目前我们的访谈就到这里，非常感谢您能在百忙之中抽出时间接受我们的采访。

中华文化"走出去"战略研究

价值、内容和方法：中华文化海外传播共识的构建之路

张恒军　曹　波　孙冬惠[*]

摘　要： 目前，中国已经成为一个对世界有突出贡献和重要影响力的大国。中国需要进一步发挥自己在世界中的作用，以便更好地为人类的进步和世界的发展服务。这就需要中国积极改善和提升国家形象，进一步增强中国在海外的影响力。在海外积极传播中华文化，能够让世界从深层次上理解中国、拥抱中国。近年来，虽然中华文化海外传播效果显著，但仍有一些基本问题有待形成共识。中华文化海外传播必须是价值共识、内容共识和方法共识的相互统一。构建价值共识是为了回答为什么传播中华文化的问题，这是中华文化海外传播的基础；构建内容共识是为了回答传播什么文化的问题，这是中华文化海外传播的关键；构建方法共识是为了回答怎么传播中华文化的问题，这是中华文化海外传播的保证。

关键词： 中华文化海外传播　价值共识　内容共识　方法共识

引　言

随着中国国力的增强，"中国现象"已经成为一个引人注目的话题。

---

* 张恒军，大连外国语大学文化传播学院院长、中华文化海外传播研究中心主任、教授；曹波，大连外国语大学文化传播学院讲师；孙冬惠，大连外国语大学文化传播学院副教授。

不过由于世界对中国仍缺乏较为广泛的认知，导致在世界上产生了一种对中国崛起的恐慌情绪。约瑟夫·奈提出了著名的"软实力"说。他认为硬实力和软实力同样重要，并且在信息时代，软实力正变得比以往更为突出。① 现代世界无疑已经进入信息化时代，而文化是国家软实力的主要构成成分之一。这就需要国家从各个层面关注文化建设，挖掘优秀传统文化，弘扬当代特色文化，提升国民的整体文化力，增强国民的文化自信心。同时，还要积极推进中华文化在海外的传播，增强中华文化对世界的影响力，让更多的人了解中国文化，热爱中国文化。基于此，国家高度重视中华文化的海外传播。2016 年 11 月 1 日，习近平主持召开中央全面深化改革领导小组第二十九次会议并发表重要讲话，会议审议通过了《关于进一步加强和改进中华文化走出去工作的指导意见》。会议强调，加强和改进中华文化走出去工作，要坚定中国特色社会主义道路自信、理论自信、制度自信、文化自信，加强顶层设计和统筹协调，创新内容形式和体制机制，拓展渠道平台，创新方法手段，增强中华文化亲和力、感染力、吸引力、竞争力，向世界阐释推介更多具有中国特色、体现中国精神、蕴藏中国智慧的优秀文化，提高国家文化软实力。

近年来，中华文化海外传播效果显著，但仍然有一些基本问题有待形成共识。中华文化海外传播必须是价值共识、内容共识和方法共识的相互统一。以下就如何构建三个基础共识进行相应的讨论。

一 构建价值体系是中华文化海外传播的基础

随着中国的强大，海外"中国热"浪潮不断。中华文化在经过一段时间的沉寂之后再次引起世人的关注。目前，传播中华文化已经成为时代所需。尽管如此，大家对传播中华文化的价值仍然缺乏清晰的认识，也未形成广泛共识。综合各种客观情况来看，应当从国内和国际两种视野去审视

① 约瑟夫·奈所说的"软实力"，主要包括文化吸引力、政治价值观吸引力及塑造国际规则和决定政治议题的能力，"软实力"发挥作用，靠的是自身的吸引力，而不是强迫别人做不想做的事情。

中华文化海外传播的价值，从而建构起一套较为完备、较为统一的价值体系。

从国内视角来看，首先，文化是一种资源，具有广泛的经济价值，能够直接产生经济利益。文化的经济价值可以直接成为国家硬实力的构成部分。中华文化海外传播应当重视文化的经济价值，如果没有这种视野，就会把文化传播变成单纯的文化交流活动，难以产生广泛的影响和良好的效果。我们要改换思路，把文化"送出去"变成把文化"卖出去"。"支持把文化产品'卖出去'，是为了实现文化传播社会效益与经济效益的统一，反过来也促进我们对文化产品的打磨，发掘和强化自身的'吸引力'。"[1]对此，我们需要学习世界其他国家尤其是美国的成功经验，做好文化传播的产业链条，鼓励文化创新和对文化产品的打磨和创造。目前，我国文化产业占世界文化市场的比重不足 5%，而美国则占 42%。美国文化产业在GDP 中所占的比例已经达到 25%。[2] "早在第一次世界大战时期，时任美国总统威尔逊就曾感叹，美国最能干的大使是好莱坞，最有影响力的大使是卓别林。前总统克林顿也曾说过，美国文化产品卖到哪里，美国的价值观就延伸到哪里。"[3] 中华文化海外传播也应当重点关注和挖掘中华文化的经济价值，将中华文化传播由目前的"送出去"为主变为"卖出去"为主，只有这样才能真正实现让中华文化"走出去"的美好愿望。

其次，传播中华文化具有广泛的政治价值。传播中华文化能够塑造良好的国家形象，提升国外大众对中国的认知，提升中国在海外的影响力，从而达到提升国家软实力的目的。尽管中国在国际上的影响力越来越大，但是海外大众对中国仍然缺乏了解。很多人对中国的了解还比较局限，甚至对中国的印象依然停留在中国的旧社会时期，这对中国的长期发展影响很大。要改变这种现状，就需要大力传播中华文化，不仅要传播优秀的传统文化，而且要传播当代中华文化，从而达到让国外大众全面了解中国的目的。广泛开展中华文化传播能够帮助国家很好地开展国际交流，对国家

① 祁述裕：《文化传播要重视"卖出去"》，《人民日报》2014 年 11 月 7 日。

② 数据引自《文化软实力蓝皮书：中国文化软实力研究报告（2013）》，社会科学文献出版社，2013。

③ 祁述裕：《文化传播要重视"卖出去"》，《人民日报》2014 年 11 月 7 日。

的政治外交作用甚大，因此具有重要的政治价值。

以上是从国内层面出发来考察中华文化海外传播的价值。国家利益是国家存在的基本条件，站在国家立场看问题，这种思路在某种程度上是值得肯定的。然而从更加长远、更加广泛的视野来看，这种思路又是比较狭隘的，不利于中华文化海外传播的长远发展。

单纯站在中国立场上审视中华文化海外传播的价值，容易在传播过程中忽视受众的心理感受，从而使受众感到不适，甚至对中华文化传播产生抵触心理。所以我们还需要从更加广阔的国际视野和全人类的视角来看待中华文化海外传播的价值。

从国际视野和全人类的视角来看，中华文化不仅属于中华民族，而且属于全人类。中华文化历经数千年传承，积淀深厚，是世界上唯一一种没有断层的文化，对世界的发展起着巨大的作用。中华文化是世界文化的重要组成部分，例如，中国的哲学思想、伦理观念、社会制度等，将中华文化中的这些优秀成果传播出去，能够促进全人类的共同进步。因此，传播中华文化具有更加深层的人类价值。

中华文化在海外传播的过程中必然与其他文化发生接触和融合，而人类文明进步的重要动力之一便是不同文化的接触和融合。不同文化在接触和融合的过程中，各个民族能够根据本民族的需要和本地域的特点选择有利于自己的文化片段，并将这些文化片段通过一定的方式吸收到自己的文化之中，与本民族文化或本地域文化融合在一起，从而达到文化增值的目的。纵观世界上各个民族的文化发展历史都离不开这一重要过程。中华文化也是在不断融合诸多民族文化的过程中发展起来的。中华文化是东方文化的典型代表，其经过了数千年的发展，有许多地方是值得其他民族、其他国家学习的。重视中华文化的世界价值和人类发展价值，能够从更高的视野看待中华文化海外传播，也更有利于中华文化的海外传播。

二　构建内容体系是中华文化海外传播的关键

中华文化海外传播需要明确传播的内容，即我们首先要弄清楚我们需要向海外传播什么。如果没有内容的保证，中华文化海外传播将成为"无源之水，无本之木"，难以持久。因此，中华文化海外传播内容体系的构建是确保传播成功的关键因素。综合我国的现实和世界的需要，中华文化海外传播的内容应当集中在四个方面：优秀的核心中华传统文化、成功的当代中国文化、丰富的汉语方言文化和宝贵的少数民族语言文化。

目前，中华文化海外传播在内容选择上存在诸多问题。首先是存在"重传统，轻当代"的倾向，其次是传统文化中的核心内容不明确，再次是对汉语方言文化和少数民族语言文化不够重视。以下根据存在的问题探讨如何构建中华文化海外传播内容体系。

（一）明确中华传统文化中的核心内容

当下，虽然重视中华文化海外传播已经成为共识，但是在传播的内容方面仍然存在诸多问题。即使是受到广泛肯定的优秀传统文化部分，也未达到传播内容明晰、传播思路一致的效果。因此，需要构建传统文化中的核心内容，否则太泛则难以取得成效。我们认为，应当以中华传统文化中的哲学思想为内核，利用其他的文化样式将其展现出来。中华文化绵延数千年之久，其中的核心层次是几经历练和沉淀的哲学思想，是其他传统文化得以产生的土壤。中华哲学思想从上古时期的神话传说开始，经历春秋战国时期的百家争鸣到西汉时的儒家独尊，再到佛学的融入、玄学的出现、程朱理学对儒学的更新，直到近代对西学的吸收和改进，等等，经历了一个漫长的继承、扬弃和创新的过程，其中又以儒、释、道并立不悖为特点，在儒、释、道的融合过程中又以儒学为主体。这是中华传统哲学思想产生的基本线条，也是其他文化产生的根基。我国其他的优秀传统文化如骈赋文化、诗词文化、音乐文化、陶瓷文化、茶文化、戏剧文化、小说文化、史论文化等都包含着中华哲学思想的内核，也是在这个内核的孕育下产生出来的。

目前，中华文化海外传播较多注重形式文化的传播而忽视了核心文化的阐释。例如，孔子学院的教学中就存在诸多误区。孔子学院的志愿者多数以汉语教学为目的，而不注重对汉语及汉字中所蕴含的丰富多彩的中华文化内核进行阐释，这样容易导致汉语学习者产生焦虑，同时也达不到传播中华文化的效果。事实上，汉语和汉字本身就是中华文化孕育出来的产物。如汉字是汉文化的书面载体，其形态特点是方方正正，讲究对称，这本身就是汉文化"中和"思想的体现。而汉语作为汉文化最重要的载体，既是展现中华文化的窗口，也是中华文化的眼睛。结合中华文化教授汉语既能达到引人入胜的目的，减少教学阻碍，又能达到传播中华文化的目的。再者，目前多数文化传播团体也存在注重形式展示而轻视文化阐释的现象。从 2016 年参加海外交流的文化活动来看，许多活动未能达到预期传播效果，投入多，成效少，原因在于这些文化团体本身未能真正很好地理解中华文化的核心思想以及观众的文化爱好，难以和海外观众在思想上达成共鸣。中华文化海外传播活动不仅要吸引观众的眼球，更要抓住观众的心，让观众理解文化样式背后所蕴含的中华哲思。否则简单的演几场戏、开几次音乐会、搞几次武术表演等这样浅层次的文化形式的传播难以收获好的效果。

（二）重视当代中国文化的传播

进入现代以来，中国引进和吸收了大量外国文化，从而在一定程度上出现了文化缺失的假象。当代青少年从小在西方思想的浸染之下成长起来，缺少对中华文化的理解力，同时对中华文化的热爱度也有所减弱。而中青年一代受经济环境和社会环境的影响，出现过度重视物质追求，轻视精神追求的现象。一些人出现文化茫然、文化低落、文化自卑等心理，更有甚者认为中华文化已经没落，难以重振。这么理解是很片面的，也是极其消极的。中华文化绵延数千年，其原因在于中华文化具有很强的包容性。中国哲学中有"海纳百川"的思想，讲的就是兼容并蓄。中国当代文化是继承了优秀的中国传统文化，吸收融合了先进的外国文化而形成的新时代文化。改革开放以来中国所取得的巨大成功靠的就是这种新时代文化。同时，当代中国文化也在对传统文化的继承和创新的基础上不断推陈出新，日新月异。例如，当下国际上新儒学的兴起就是这种现状的表现之一。

应当引起我们关注的是，在中华文化海外传播的过程中，存在着严重的"重传统，轻现代"倾向，对当代中国文化的宣传缺失。中华传统文化固然重要，然而我们不能总是在过去文化繁荣的美梦中沉醉。我们应当关注中国的现在和未来。中国的改革开放取得巨大进步，这本身就是一种十分重要的文化现象，也是令世人感兴趣的部分。例如，提出"软实力"学说的著名政治学者约瑟夫·奈就十分关注当代中国文化。

中华文化海外传播应该重视对当代中国文化的传播。因为中国新时期文化最具代表性的便是和平文化、和谐文化、人本文化等。在这种文化思想的指导下，中国坚持走和平崛起的道路，创造出了引以为豪的"以邻为伴，睦邻友善"以及"平等互利"等新时代邦交文化。同时中国坚持改革开放、锐意创新，创造出一个又一个令世人惊叹的"中国成绩""中国速度"。中国人民刻苦攻关、坚持不懈，创造出成功的"中国道路""中国模式""中国制度"。这种社会现象背后蕴藏着丰富而深刻的中国文化，是值得我们探究也是值得世人学习的。

（三）重视汉语方言文化的传播

汉语方言文化是汉语方言和汉族地域文化的简称。方言是汉民族共同语普通话的地域变体，也是方言文化的载体。语言本身就是一种特殊的文化，因此方言属于特殊的方言文化。汉族地域文化是具有地域特色的中华文化，是中华文化的地域表现。

汉语方言文化是中华文化重要的组成部分，也是中华文化的地域表现。重视汉语方言文化的对外传播也是中华文化海外传播的一个重要方面，我们在向海外传播中华文化的过程中需要随时保持这样的认识。多样性是中华文化的特点之一，汉语方言文化是中华文化多样性的体现。传播汉语方言文化是保证海外大众全面认识中华文化的条件之一。海外华侨华人是传播中华文化的重要主力，他们中不少人使用的是我国的汉语方言，例如东南亚侨胞多使用闽粤方言，他们也更加熟悉闽粤文化。这些华侨华人不仅熟悉我国的传统文化，而且更加了解融入自己血脉的独具特色的方言文化。重视汉语方言文化的对外传播能够激起华侨华人对祖国的热爱，也能够促使他们更好地传播中华文化。

（四）重视少数民族语言文化的传播

如上所言，中华文化是多民族文化融合的结果，闪耀着我国各民族的智慧。同时，我国为数众多的少数民族语言文化是中华文化多样性的另一个体现。我国少数民族语言众多，分属于汉藏语系、阿尔泰语系、南亚语系、南岛语系和印欧语系。这是我国丰富而宝贵的语言资源，也是宝贵的文化资源。我国少数民族在历史的长河中和主体民族汉民族一起创造了丰富多彩的中华文化。和汉语方言文化一样，重视我国少数民族语言文化的传播能够让世界全面了解中国和中华文化。另外，我国有很多跨境民族，他们与居住在其他国家的本民族同胞有着共同的语言文化渊源。重视这些民族语言文化的传播，能够更好地为中华文化的传播打开便利之门。再者，少数民族华人华侨也是传播中华文化的重要生力军，在传播中华文化的过程中，重视我国的少数民族文化，能够凝聚全球华人的力量共同传播中华文化，同时也能让世界看到中华文化的丰富多彩。

三 构建方法体系是中华文化海外传播的保证

方法是事情成功的重要保证。好的方法能够达到事半功倍的效果，而不好的方法则往往事倍功半，甚至产生副作用。因此，在中华文化海外传播的过程中应当构建一套合理的方法体系。笔者认为，中华文化海外传播在理论和方法归属上属于大众传播，因此在构建方法体系时，应当主要参考和借鉴传播学的理论和方法，同时也要借鉴其他相关学科的理论和方法。在具体的传播过程中，应当采用多元化、多渠道的传播方法。总之，中华文化海外传播要以一定的理论为指导，以因地制宜为原则。

首先，中华文化海外传播应当主要借鉴传播学的理论和方法。传播学是研究人类一切传播行为和传播过程发生、发展的规律以及传播人与社会关系的学问，是研究社会信息系统及其运行规律的科学。简言之，传播学是研究人类如何运用符号进行社会信息交流的学科。中华文化海外传播属于一门实践性较强的学科，它与传播学、文化学、符号学、语言学、社会学、历史学等诸多学科产生关联。但从理论和方法归属上来看，它属于传播学研究的重要内容。在实际传播过程中，应当更多遵循传播学的方法体系。

其次，由于中华文化海外传播属于学科跨度较广的一门学科，因此，在方法体系构建过程中也要合理吸收相关学科的理论和方法论养分。文化传播实质上是符号"编码 – 传输 – 接收 – 解码"的过程，这时候就需要借鉴符号学的理论和方法。文化与语言关系密切，语言是文化的载体，是一种特殊的文化。语言与文化具有自相似性，存在异质同构的关系。借鉴语言传播的良好经验，能够在很大程度上促进文化传播。文化也属于一种特殊的社会现象，文化传播实质上是社会信息交流的过程，因此也需要借鉴社会学的理论和方法。文化是在历史长河中不断变化和积累起来的，因此文化传播与历史学的关系也十分密切，在传播过程中也需要关注和借鉴历史学的理论和方法。由此看出，中华文化海外传播方法体系的构建必须要借鉴吸收其他相关学科的理论和方法论养分。

再次，中华文化在具体的传播过程中，应当采用多元化、多渠道的传播方法。中华文化海外传播具有传播主体和传播受众广泛、传播内容繁多、传播效度多变等特性，这就要求传播方法必须是多元化和多渠道的。

多元化是指传播方式的多元化。中华文化海外传播不仅要重视人际传播，还要关注网络传播，尤其是要重视新媒体的作用。当今时代是信息化、数字化时代，网络新媒体具有传播速度迅捷、传播受众广泛的特点，利用好新媒体，能够达到迅速传播中华文化的目的。当然，我们仍要重视传统的人际传播，说到底，文化传播到最后仍然属于人与人的传播。

另外，中华文化海外传播应当重视传播渠道的广泛性。中华文化海外传播不仅要重视政府高层之间的交流，而且要借助民间渠道的传播。中华文化海外传播要重视民间个人、民间社团、文化企业、华侨华人等的作用。利用民间渠道传播中华文化，更容易被海外受众接受，而且民间力量散布在世界各地，在传播性能上具有"多、快、好"的特点。因此，只有更加广泛地借助民间力量才能保证中华文化海外传播的顺利实现。

总之，我们要以一定的理论为指导，采取因地制宜、历时和共时结合、研究和实践结合以及多学科联动的原则构建中华文化海外传播的方法体系。

总　结

　　如文章所言，中华文化海外传播趋势正盛，我们应当把握机遇，推动中华文化"走出去"，树立民族文化自信力、自觉性和自强心。若要较好地实施中华文化海外传播就需要构建三个基础共识：价值共识、内容共识和方法共识。首先，构建价值共识是为了回答为什么传播中华文化的问题，这是中华文化海外传播的基础。我们认为应当从国内和国际两种视野去审视中华文化海外传播的价值。从国内视角看，中华文化海外传播具有广泛的经济价值和政治价值等；从国外视角看，中华文化海外传播具有更高层面的世界价值和人类价值等。其次，构建内容共识是为了回答传播什么中华文化的问题，这是中华文化海外传播的关键。我们认为中华文化海外传播的内容应当集中在优秀的核心中华传统文化、成功的当代中国文化、丰富的汉语方言文化和宝贵的少数民族语言文化这四个方面。再次，构建方法共识是为了回答怎么传播中华文化的问题，这是中华文化海外传播的保证。我们认为中华文化海外传播在理论和方法上归属于大众传播，因此在构建方法体系时，应当主要参考和借鉴传播学的理论和方法，同时也要借鉴其他相关学科的理论和方法。在具体的传播过程中，应当采用多元化、多渠道的传播方法。

当代中国文化"走出去"路径探究

——基于唐宋文化对外传播方式的考察

杨　威　关　恒*

摘　要：唐宋时期是中华文化对外传播的鼎盛时期，其文化理念、文化产品等蜚声海外，对我国周边国家和地区产生了深远的影响。当代中国虽与历史上的唐宋时期在社会生态等方面大有不同，但在二者所共同面对的对外文化传播问题上，其所包含的文化传播理念、文化传播手段等的积淀却是一脉相承，且历久弥新。当前，在文化日益多元化的背景下，中国文化"走出去"面临诸多机遇与挑战。故此，探索当代中国文化"走出去"的具体实施路径，需要考察和借鉴在对外文化传播史上曾经发挥过重要作用的唐宋文化对外传播方式。

关键词：唐宋文化　"走出去"战略　文化传播

当下，实施中国文化"走出去"战略，积极探索与拓展"走出去"的方式和路径，已经成为近年来该研究领域的焦点问题。唐宋文化在中国文化发展史上具有举足轻重的地位——唐宋时期促成了"儒家文化圈"的第二次大扩张，也成为儒家文明辐射范围最广的时期之一。因此，本文试以唐宋时期中外文化交流为参照系，通过考察、剖析和借鉴唐宋文化对外传播的历史经验，旨在为当代中国的文化"走出去"战略寻求颇具价值的传统资源与参考范本。

---

* 杨威，海南师范大学马克思主义学院教授、博士生导师；关恒，哈尔滨工程大学马克思主义学院硕士生。

一 唐宋文化对外传播的历史文化背景

英国著名哲学家、历史学家柯林伍德曾指出,历史并不是"死掉的过去",而是"活着的过去"。[①] 面对源远流长的中国古代社会发展史,我们不应一味地着眼于历史事件,而要不断探索历史所能给予我们的活的价值。为此,我们认为,唐宋文化对外传播所取得的成功,不是简单历史事件的叠加,而是基于其历史文化背景以及在"宏大叙事"(Grand Narrative)意义上的鲜活的文化创造与复制过程。

唐宋在承续前代生产力发展成果的基础上,经过自身的不断磨合、调整与创新,获得了中国历史上颇为引人注目的长治久安和国祚延绵,并因此而声名鹊起、远扬四海。唐建立之后,通过均田制和租庸调制的配合实行,加之大规模兴修水利,经济稳步向前发展,农业生产也在一定程度上得以恢复。在国家大体安定和交通便利发达的基础上,手工业和商业亦不断得到发展——在长安、广州等大城市及沿海城市,商人的身影随处可见,其中不乏来自海外的商旅,这些外商成为唐文化传播的重要力量之一。此后,伴随着经济贸易的发展,越来越多的城市由封闭走向开放,市民阶层不断发展壮大,从而为唐文化对外传播提供了一个相对宽松的社会环境。此时,经济日益繁荣的唐朝已经不满足于开发本国市场,而是将目光投向整个亚欧大陆,并进一步开拓了丝绸之路。陆上丝绸之路的延续使得唐朝与阿拉伯地区开始了频繁的贸易往来,唐人将中国先进的物质文化、科技文化等传播至西方世界,唐文化也由此走向欧洲、走向世界。中西方在丝路上进行物产交换的同时,也在传递和交流着彼此的科学、医学和农业生产技术等,从而使唐文化在传播至许多国家和地区的同时也造福了当地的人民。

同样,在两宋320年间的历史发展中,其物质文明和精神文明均已达到了一个前所未有的高度。宋朝在借鉴和汲取陆上丝绸之路的经验、教训的基础上,开辟了海上丝绸之路。它凭借更为广阔的经济视野,使其思想

[①] R. G. 柯林伍德:《历史的观念》,商务印书馆,1997,第317页。

文化、制度文化等得以传播，并将自身的价值理念逐步融入周边国家和地区人民的生活世界之中。具体而言，在思想文化上，占据宋朝正统思想地位的新儒学，即理学，在以日本、朝鲜和越南为代表的"儒家文化圈"内得到了广泛传播，这一思想文化在潜移默化中影响着中国周边的国家和地区；在制度文化上，东亚诸国几乎均受到宋朝制度文化的影响，尽管其律令制度因国情不同会略有差异，但大多仍以宋朝的制度文化为参照范本。当时，璀璨夺目的宋文化无论是在农业技术，还是在文学、艺术等方面均处于世界领先地位，加之其繁荣的商业和频繁的海外贸易，从而形成了一种对外开放的自然态势，也使得宋文化的对外传播成为一个水到渠成的过程。

二 当代中国文化"走出去"面临的问题与挑战

毋庸讳言，当代中国文化的影响力和竞争力与当代中国的综合国力及国际地位不相适应。中国当代文化如欲走出国门，还要敢于直面挑战，解决一些棘手的问题。因此，这就预示着实施"走出去"战略不可能一帆风顺，未来之路可谓"路漫漫其修远兮"。尽管任重而道远，但是，中国文化要"走出去"却是中华民族复兴实现伟大"中国梦"的必由之路。对此，我们别无选择，只能在战胜艰难险阻中坚定地、义无反顾地走下去。具体而言，当前，当代中国文化"走出去"所遇到的问题与挑战主要体现在以下几个方面。

（一）当代中国文化的对内凝聚力不足，面临着西方文化霸权主义的严峻挑战

党的十五届五中全会首次明确提出要实施"走出去"战略，党的十七大报告提出要推动社会主义文化大发展大繁荣，党的十八大报告进一步指出："建设优秀传统文化传承体系，弘扬中华优秀传统文化，扩大文化领域对外开放"，"建设社会主义文化强国"。国家对文化"走出去"战略进行了整体设计，并且已经取得了一定成效。然而，这与我们的预期依然有不小的差距。究其原因，笔者以为，主要是中国文化"走出去"的"队

伍"较为分散,没有形成真正的合力和强大的内在凝聚力。面对强势的西方文化霸权主义,短期内还难以找到应对的策略和举措。并且,当前随着西方价值观念的不断渗透乃至涌入,部分国人在接受西方某些观念的同时也会出现忽视中国传统价值观的现象,误以为西方的某些东西更具优越性,以致缺乏乃至丧失民族自信和文化自信。这种情况的出现既不利于维护国家文化安全,也不利于中国文化"走出去"战略的实施和推广。因此,为了大力弘扬社会主义文化主旋律,增强其内部向心力和凝聚力,一方面要进一步夯实国家文化建设的基础,发挥新闻舆论的导向作用,壮大主流舆论群体,强化网络思想文化阵地建设;另一方面,还应构建推动中国文化"走出去"的长效机制,选择具有国际水准和市场发展潜力的文化精品,并设立专项经费予以支持,以促使其快速进入国际主流文化市场。

(二) 当代中国文化的对外竞争力较弱,面临国际话语困境的制约

文化竞争是一场没有硝烟的战争,其更多表现在文化市场的竞争上。在推动中国文化"走出去"的过程中,我们逐渐意识到中国文化和艺术大量走向世界并不意味着文化对外影响力和竞争力的显著增强。实际上,中国文化表面上"走出去"并不难,难的是如何吸引和争夺文化市场,用品质和声誉赢得认可与信赖。迄今为止,依然有很多国外民众对中国的印象还停留在改革开放之前,甚至不少国外学者对于中国文化的研究也仅仅专注于"文化大革命"时期。并且,已经"走出去"的文化产品也仍以传统文化产品为主,缺乏原创性、时代性和市场竞争力。在西方人眼中,依旧只有京剧、功夫、舞龙舞狮、唐装旗袍等传统中国文化符号——一个真实的、当代的、快速发展中的新中国形象并没有完全展现在世界面前。

同时,对外文化竞争力不足也导致我国受到国际话语困境的制约。新中国在相继摆脱了"挨打""挨饿"的局面后,又在某种程度上陷入了"挨骂"的境地。除却意识形态、政治制度等因素外,国际舆论往往还对我国的和平发展道路和国家发展战略产生些微偏见。部分舆论鼓吹"中国威胁论""历史终结论"等西方中心主义话语,甚至认为中国对第三世界

国家的援助属于"新殖民主义"等。这一系列质疑、指责和负面评价,不仅使我国承受着巨大的舆论压力,蒙受一些不白之冤,也给我国造成了严重的经济损失。因此,为了增强中国文化在国际舞台上的竞争力,摆脱国际话语困境的制约,一方面,我们应不断增强中国文化的原创力,打造独具中国特色的精英文化品牌,寻求和争取国际社会的认可与合作,进一步彰显新时期中国的魅力;另一方面,还必须争夺国际话语权,避免落入西方话语陷阱,想方设法为当代中国的建设和发展谋求更多的理解和认同,用传统儒家思想的"和谐""仁爱"等观点贯穿国家发展战略的始终。

(三)当代中国文化"走出去"的质量参差不齐,亟待形成常态化的文化输出机制

值得注意的是,当前,中国文化"走出去"还处于一种非常态中,尤其是在资本运作和管理体制等方面还不够完善,亟待形成常态化的文化输出机制。而且,不可否认,国内有少数文化企业和文化机构出于商业目的,一味追求经济效益而忽视社会责任,将一些低端低俗、假冒伪劣的文化产品输出到国外,破坏了中国文化产品在国际社会的形象。因此,国家要尽快制定和完善"走出去"的相关文化产品质量标准,使迈出国门的文化产品切实体现中国文化精髓、真正代表中国文化精神。正如习近平总书记在文艺工作座谈会上的讲话中所指出的,文艺不能在市场经济大潮中迷失方向,低俗不是通俗,欲望不代表希望,文艺工作者要以自己的艺术个性进行创新。[①] 因此,"走出去"的中国文化产品既要在市场上受到欢迎,又要在思想上、艺术上取得成功。在当前经济全球化、文化多元化的背景下,中国要在激烈的国际竞争中立于不败之地,文化"走出去"已成为不可或缺的影响因素之一。为此,我们要在吸收和借鉴传统文化对外传播方式的基础之上,不断增强中国文化的内在凝聚力,掌握国际话语权,使真正优秀的中国文化迈出国门、走向世界。

---

① 习近平:《习近平在文艺工作座谈会上讲话》,人民网,http://culture. people. com. cn/n/2014/1015/c22219 - 25842812. html。

三 考察唐宋文化对外传播方式 探索当代中国文化"走出去"的主要路径

总体而言，大体可以从文化传播主体、文化传播理念和文化传播手段等角度来对唐宋文化对外传播方式（或主要传播路径）进行阐述和分析。相比较而言，上述三个角度所涵盖的条目具体而繁多，尽管彼此之间的内容相互联系，且可能存在交叉互渗的情况，但每个角度仍各有其侧重点，具体体现在以下几方面。

（一）从文化传播主体角度分析

若从这一角度加以分析，笔者认为可以概括为文化传播的"三条主要途径"，即国家推广、民间交往和个体传播。

1. 国家推广

唐宋时期，由朝廷颁布诸如《元丰市舶法》等贸易规制来"招徕外夷"，借以推动海外贸易不断走向制度化、合法化，这为当前我国在推进中国文化"走出去"过程中制定指导性、纲领性政策文件，并使其深入贯彻落实提供了借鉴经验。唐宋时期，我国国力强盛、经济发达、文化繁荣，这就要求统治者开辟更为广阔的海外贸易市场以招徕外商。唐文宗太和八年（834 年）的"疾愈德音"之诏说："南海蕃舶，本以慕化而来，固在接以恩仁，使其感悦。""任其来往通流，自为交易。"[①] 这表明了唐朝统治者较为强烈的对外开放意愿和友好的对外开放态度。在前朝的影响之下，宋朝则更加重视海外贸易，不仅仿效唐朝设"蕃坊"，还专门设立"蕃学"，用以解决外商子女的教育问题。除欢迎和优待外商外，唐宋朝廷的犒劳和褒奖措施也十分突出，充分保护外商的合法权益。有鉴于此，在当今推动中国文化"走出去"的过程中，国家应将文化产业纳入经济发展规划之中，并成立国家文化产业银行，提供国家资助基金，同时设立中华文化国际传播贡献奖等国际性文化奖项，建立海外文化产业基地，重点支

---

① 董诰等：《全唐文》卷 75，《太和八年疾愈德音》，中华书局，1983，第 785 页。

持主流媒体在海外设立分支机构，提供体制机制扶持，并为中国文化"走出去"立法，制定指导性、纲领性的政策文件，从而为文化"走出去"战略的实施提供一个良好的政策支持环境。

2. 民间交往

在唐代，大量的留学生和留学僧入唐求学、求法成为当时的一种流行风尚，直接或间接地为唐文化的海外传播做出了巨大贡献，这为当前我国在推进中国文化"走出去"过程中构建面向外国青年的文化交流机制，并不断加强国际学术交流提供了借鉴经验。当时，入唐的留学生都对唐文化怀有仰慕之情，同时自觉肩负起国家间文化交流传播的重任。他们因长期在中国学习和生活，即便回国后也吟唐诗、说唐语。同样，在大批留学僧怀着极大热忱来唐朝请教佛法的同时，他们也学习了诸如天文、数学等其他方面的文化知识，并将其带回本国——留学僧在传播唐文化的同时，也深刻影响着本国的文化发展。在宋代，朱熹及二程等诸位"大儒"的讲学之风盛行，在一定程度上也有助于儒家文化的传播和普及。并且，与原始儒学相对而言，理学作为哲理化、精致化的新儒学，它在潜移默化地影响以日本、朝鲜和越南为代表的东亚各国的同时，也在当地普及开来，甚至长期占据主导地位。鉴古知今，唐宋时期民间交往方式的革新对当代中国文化的对外传播依然具有重要的参考价值，我们应构建面向外国青年的文化交流机制，不断加强和扩大海内外留学生群体之间的学习和交流，从而为当代中国文化"走出去"架设一座金桥。此外，一些颇具见地的国内学者也应走出国门"开坛设讲"，宣讲和解读当代中国文化的精髓，并致力于在国际著名出版社和学术期刊上发表高质量的理论著作和学术论文等。

3. 个体传播

诸如个体游历、经商、求学及跨国通婚等个体传播行为的不断涌现，使得海外诸国在潜移默化中受到唐宋文化的熏陶，这为当前我国在推进中国文化"走出去"过程中引导海内外华人以个体行为传播中国文化提供了借鉴经验。在历史上，唐宋时期盛行的科举考试制度不仅影响着东亚各国的制度文化，也使我国的读书人群体不断壮大，许多人为了开阔眼界、增长见识而游历他国。随着个体游历的不断涌现，不少读书人开始直接前往他国游学，在学习外国文化的过程中也传播着中国的传统文化。读书人的足迹遍布四海，中华文化也随之传播至海外。此外，民间商人之间进行的私人贸易也使得各种各样的中国物产源源不断地向海外传播出去，在无形中增加了各国人民对中国乃至中国文化的了解。笔者认为，在当代中国文化"走出去"过程中，个体传播方式依然存在，且行之有效。为此，我们应充分重视和发挥华人广布全球的独特优势，鼓励、支持并引导海内外华人在旅行、经商、留学乃至移民后能够身体力行地传播中国文化，从而使当代中国文化传播至世界的各个角落。

（二）从文化传播理念角度分析

若从这一角度加以分析，笔者认为，可以概括为文化传播的"五种基本理念"，即文化精神的确立、文化符号的创设、文化制度的保障、文化产品的输出和文化服务的支撑。

1. 文化精神的确立（观念文化层面）

一般认为，文化精神是文化结构中最为深层次的部分，是一种文化的灵魂。在特定的历史时期中华文化的表现形式虽各不相同，但在其一脉相承的文化底蕴中却孕育了共同的文化精神，这种精神既是文化的精髓，更是文化的灵魂。以"贵和""重礼""尚公"等为基本内涵的中国传统文化主导精神的确立，使得唐宋文化在其传播过程中，依然处于中国文化精神的引领之下。博大精深的唐文化之所以能够成为中国封建文化的高峰，是与当时统治者所推崇的传统文化精神息息相关的。唐宋文化最为显著的特征是文化的包容性，其在以儒学为官方哲学的同时，融合了道、佛等文化精髓。彼时，唐太宗秉承"爱之如一"的民族观念，认为"华夷一家"，推行团结、德化的民族政策，不仅促进了国家、民族间的友好相处，也为唐文化的传播和发展提供了一个友好的人文环境。在当代社会，文化传播已然进入一个崭新的时代，与唐宋单纯的实体传播不同，科学技术已成为文化传播的重要手段。在借助于互联网等新媒体平台进行文化传播的过程中，不乏唱衰中国、贬损中国文化的论调充斥其中，极易造成不良的社会影响。因此，在当今时代，能够在对外文化传播过程中坚守中国文化的主导文化精神便显得尤为重要。我们认为，首先，在文化"走出去"的战略构想中，应以"善邻""共赢""和合"开放包容的文化精神为指导，通过以点到线再到面，渐次进行对外文化传播；其次，在中国文化"走出去"的进程中，应当时刻坚守中华文化的主导精神，大力弘扬和传播与传统文化精神一脉相承的社会主义核心价值观。

2. 文化符号的创设（符号文化层面）

文化符号既是一个国家或民族的独特文化标识的抽象体现，更是其文化内涵的重要载体形式。在我国唐宋时期，相对发达的经济、政治、文化及海外贸易，使孔子、丝绸、瓷器（china）、功夫等逐渐成为中国的代名词，这些文化符号的创设充分展示了唐宋时期的中国形象。陆路、海上丝绸之路的高度繁荣，为世界呈现了一个具有悠久历史和灿烂文明的东方大国形象，以瓷器、丝绸等为代表的中国符号也深深镌刻在世人的脑海中并影响至今。而在当今时代，复杂多样的文化输出，使得世界文化更为多元。不同的国家都在创设自身符合时代潮流的新的文化符号，如日本的单反相机（而非"和服""武士道"等）、韩国的美容业（而非"酱汤""泡菜"等）等，它们均承载着不同国家、不同民族独树一帜或独占鳌头的文化内涵。因此，寻求和创设更加多元、更具时代感的中国当代文化符号，成为感知中国、认识中国以及讲好中国故事的重要途径。

3. 文化制度的保障（制度文化层面）

文化制度是"指一国通过宪法和法律调整以社会意识形态为核心的基本文化关系的规则、原则和政策的总和"①。在唐宋时期，虽然没有对社会意识形态的具体建构，但其多元的文化繁荣背后依然离不开文化制度的保障。一般而言，唐朝总是给人以兼容并蓄、开放大度的良好印象，然而，在书籍出版、流通等方面却是严格把关，其管理体系十分严密。这不仅是为了凸显儒家经典的崇高地位，而且是为了避免文字内容出现纰漏。其中，经史书籍必须由官方统一刊发，不允许民间私自传播。至两宋时期，书籍的刊行及传播则更加谨慎，朝廷曾多次颁布禁书令。诚然，朝廷所禁大多为危及封建统治的少数书籍，并不足以影响文化的整体传播和繁荣。唐宋时期，朝廷还通过设立特定的机构来进行典章整理，从而形成了能够

---

① 《中华人民共和国宪法》，法律出版社，1987，第38页。

代表和展现中国制度文化精髓的诸多典章制度，并得到中国周边一些国家和地区的认可，且被学习和效仿。这为当前我国制定有利于中国文化"走出去"的相关制度并成为文化传播的主导者提供了借鉴经验。同时，笔者认为，在一定周期内，适当对文化市场进行清理和整顿，这是对文化对外传播本身的一种保护。因为文化产品良莠不齐加之文化市场管理松散，极易使那些危害国家安全和社会稳定的内容扩散出去。有鉴于此，制订相关的文化保护和管理政策，并依法整顿文化市场，不仅有利于净化社会环境，促进文化市场的良性发展，还有利于提高文化对外传播的质量和效果。

4. 文化产品的输出（物态文化层面）

文化产品是指人类创造的一切能够提供给社会的可见产品，既包括物质文化产品亦包括精神文化产品。本文主要指物态文化层面的文化产品，即实际存在的物质文化产品的输出。我们认为，唐宋文化强大的影响力，在很大程度上得益于其对外文化产品输出的力度之大、数量之多和范围之广。在宋代，中国与东南亚诸国之间的远程航线被誉为"海上丝绸之路"。在封建朝廷的大力支持下，其丰裕的文化产品就是通过这条航线向外输出的，且输出产品种类繁多、用途广泛，远播海外。鉴此，我们认为，当代中国文化要"走出去"，成为全球主流文化话语权的掌控者，必须要坚持两条腿走路。因为仅凭国家推广层面的文化产品输出是远远不够的，还要更多利用商业渠道和市场化运作来输出文化产品，培育一批具有国际竞争力的外向型文化企业，并且要在文化产品的打造和输出过程中，实现由"中国制造"到"中国智造"的转变。

5. 文化服务的支撑（行为文化层面）

一般而言，文化服务是指满足人们文化兴趣和需要的行为，是政府、私人机构和半公共机构为社会文化实践所提供的文化支持，其中也包括各种文化活动等。回顾历史，我们不难发现，唐宋时期的封建朝廷均采取欢迎、优待等一系列"招诱安存"外商的办法和措施，为满足外商的文化兴趣和需要而提供了必要的帮助和支持。唐文宗时期，唐人对外商"常加存问"，热忱欢迎，主动创造外商来华贸易的便利条件，甚至在法律上给予其特殊优待；宋代则在外商来华时派遣特使进行抚慰、犒劳，建"蕃市"，兴"蓄学",对因灾而遭受损失的外商予以救助,这一系列措施在很大程度上吸引着众多外商来华,在进行贸易往来的同时也使得文化得到互惠传播。与此相应,在当代中国,政府部门、私人机构和半公共机构在提供各种形式的对外文化支持的同时,也应在国外设立专门的服务机构,以不同的服务形式满足国外民众的文化兴趣和需要。譬如,可以在海外举办"中国电影展""中国民族服装展"等,实施"中国图书对外推广计划",推动"中俄文化年""中澳文化年"以及中国文化游、中国文化周、欢乐春节行等活动的开展,从而满足国外不同群体对于中国文化的兴趣和需要,减少中国文化对外传播的阻力,增强自身的吸引力。

(三) 从文化传播手段角度分析

若从这一角度加以分析,主要可以概括为三种常用手段或方式,即对外文化教育、对外文化贸易和跨国人口迁移。

1. 对外文化教育

唐宋时期,封建朝廷在中国周边国家和地区广布学校,向其大量输入儒家思想,并设立孔庙举行"释奠礼",以使儒学能够落地生根,从而形成了极具影响力的"儒家文化圈"。此外,唐宋时期的教育体系亦较为完善,除却最高学府国子监外,还下辖有六学,足见其文化教育机构的完备。并且,各地节度使也为周边国家和地区的子弟专门办学,以使儒学能够大量传播。鉴此,当前要推动中国文化"走出去",应不断加强旨在推介中国文化的海外中国文化研究中心、孔子学院以及汉语教学实验点等的建设,进一步落实"国际青年声乐家汉语歌唱计划"及"全球孔子学院音乐之旅"等活动,鼓励代表国家水平的各类学术团体、艺术机构在相应国际组织中发挥建设性作用,并组织对外翻译优秀学术成果和各类文化精品等。①

2. 对外文化贸易

唐宋时期,特别是宋代,海上丝绸之路贸易往来频繁。通过丝绸之路

---

① 《中共中央关于深化文化体制改革推动社会主义文化大发展大繁荣若干重大问题的决定》,《前线》2011 年第 11 期。

的互市贸易和朝贡贸易，商人们在丝路沿线经商的同时，也传播着本土文化，因此，在这一意义上，古丝绸之路俨然成为文化沟通的代名词。与此相应，当今我国提出"丝绸之路经济带"和"21 世纪海上丝绸之路""一带一路"建设方略，以切实推动中国文化"走出去"，无疑是续写古丝绸之路辉煌的智慧之选。在"一带一路"的建设过程中，应优先推进政策沟通及道路连通，以使得亚洲各区域率先连接起来，彼此深化互信，达成基本共识。尽管建设丝绸之路的核心任务是开展国际贸易，但在进行国际经贸合作、产业升级的同时，也应充分发挥文化交流的作用。并且，在夯实经济合作的基础上，还应搭建文化沟通的桥梁，提升文化软实力，增强文化认同感。对外文化贸易是衡量一个国家文化水准的标志，也是一个国家文化崛起的集中体现。当代中国要实施文化"走出去"战略，需要主动参与国际文化市场的竞争，要把能够体现中华文化特色的现代文化产品输出去，同时还要积极培育外向型文化企业，打造科技含量高的名牌产品等。

3. 跨国人口迁移

人类在创造文化的同时，文化也依附于人类而存在，因此，跨国移民在进行空间流动的同时，文化也会随之而迁移。唐宋时期，除了由战争引起的移民之外，还有一部分平民因经济利益驱使而移居海外。这些古代移民中既有大臣使节、饱学之士，又有大批商人、手工业者等。古代移民人数众多，如安西四镇常驻汉军就达 3 万余人；至 8 世纪 80 年代，仅逗留在长安的两大都护少数民族奏事人竟有 4000 多人。[1] 随着中原与西域愈加频繁的人口迁移，在一定程度上促进了中原与西域之间的文化交流，推动着唐宋文化的传播与普及。回望当下，在推动中国文化"走出去"的过程中，应对我国人数众多的海外移民、华侨群体予以高度重视，并启动中国与其他国家间的人文交流机制，将国家推广和民间交往结合起来，发挥其在对外文化交流中的桥梁和纽带作用。大力支持海外侨胞开展中外人文交流，加深海内外中华儿女对祖国的情感牵绊，培育其国家意识。加强海外华人的爱国寻根教育，积极鼓励他们在异国他乡宣传和推广中国文化等。

---

[1]　张德阶：《汉唐王朝与西域关系史略》，《吉首大学学报》（社会科学版）1988 年第 1 期。

习近平总书记在出席纪念孔子诞辰 2565 周年国际学术研讨会讲话中强调:"不忘历史才能开辟未来,善于继承才能善于创新。只有坚持从历史走向未来,从延续民族文化血脉中开拓前进,我们才能做好今天的事业。推进人类各种文明交流交融、互学互鉴,是让世界变得更加美丽、各国人民生活得更加美好的必由之路。"① 汲取和借鉴唐宋文化对外传播方式的优长,以期为当代中国文化"走出去"寻求更为通畅、便捷的路径,正是坚持了习近平总书记所提出的"从历史走向未来,从延续民族文化血脉中开拓前进"指导方针的具体体现。国学大师陈寅恪曾说:"一时代之学术,必有其新材料与新问题。取用此材料,以研求问题,则为此时代学术之新潮流。治学之士,得预于此潮流者,谓之预流(借用佛教初果之名)。其未得预者,谓之未入流。此古今学术史之通义,非彼闭门造车之徒,所能同喻者也。"② 探究中国当代文化"走出去"的新路径,恰恰是以解决时代新问题为目的的,是符合当今时代发展潮流的明智之举。充分整合传统文化资源,汲取传统文化中所蕴含的智慧和力量,积极探索当代中国文化"走出去"的实施路径,已经是大势所趋。我们坚信:推动中国文化"走出去",让"中国红"融入"世界彩",这必将为"中国梦"的实现勾勒出更加美好的"世界图景"!

---

① 习近平:《从延续民族文化血脉中开拓前进——在纪念孔子诞辰 2565 周年国际学术研讨会暨国际儒联第五届会员大会开幕会上的讲话》,《孔子研究》2014 年第 5 期。
② 陈寅恪:《金明馆丛稿二编》,上海古籍出版社,1980,第 236 页。

"冲突"抑或"共存"

——试论全球化语境下中国当代精神文明的国际认同

孙　钰[*]

摘　要： 中国是世界文明古国之一，历史上曾经创造过举世瞩目的精神文明。但自近代以来，中国的精神文明却在西方文明和全球化的影响下处于一种"主体性焦虑"之中。在此背景下，中国当代精神文明与西方资本主义文明究竟会如何互动？本文认为，亨廷顿笔下"文明的冲突"可以被避免，而米勒认为的"文明的共存"则更有可能成为现实。本文首先回顾了"精神文明"的基本定义，接着分析了全球化语境下当代中国精神文明"主体性焦虑"的成因和表现，之后通过回顾马克思·韦伯对资本主义精神的学术建构，探求了中国当代精神文明走出焦虑的可能性路径。最后，从"认同"这一概念入手，试析了中国当代精神文明获得国际认同的前提条件，并结合习总书记的相关论述得出结论：全人类的共同价值才是文明之间互相认同和融合的契合点。文章最后还讨论了我国当代精神文明在寻求国际认同的传播实践中存在的一些问题。

关键词： 精神文明　主体性焦虑　国际认同

一　引言

中国是拥有 5000 年文明的历史古国，我们的先人曾经创造过辉煌灿烂

---

* 孙钰，大连外国语大学国际关系学院讲师、中国传媒大学传播研究院博士研究生。

的文明，其中既包括以"四大发明"为代表的先进物质文明，也包括春秋时期以儒家、道家、法家为代表，各种思想流派百家争鸣的博大精神文明。中国是正在崛起的新兴大国，在 GDP 总量跃居世界第二之后，中国正在寻求与之匹配的"软实力"。从国际关系的现实主义视角看，正在崛起的大国难免在"硬力量"方面与现存大国发生冲突，此判断被称为"修昔底德陷阱"①；而在文化方面，哈佛大学的亨廷顿教授在他的经典著作《文明的冲突与世界秩序的重建》当中提出，未来世界的冲突根源将主要是文化的而不是意识形态或经济的，全球政治的主要冲突将在不同文明的国家和集团之间进行，文明的冲突将主宰全球政治。据此我们似乎可以推断，中国的崛起也难免在"软力量"方面与以美国及其欧洲盟友为代表的西方大国之间发生冲突和对抗。

但是，德国政治学家哈拉尔德·米勒在 1996 年 12 月 16 日与亨廷顿教授就《文明的冲突》公开辩论之后，将自己的观点整理为《文明的共存——对塞缪尔·亨廷顿"文明冲突论"的批判》出版。在书中他对亨廷顿的观点进行了原则性批评，并最终得出结论：文明的冲突现象并非自然之力的结果，而是人为引起的，因此人类完全可以依靠自身的力量来逾越这个障碍。②

基于以上两种截然相反的观点，本文通过反观资本主义精神产生的诸多要素，试图探讨在全球化的语境下，我国当代精神文明通过"文化的反思"走出"主体性焦虑"的可能性，同时展望了我国当代精神文明以一种不冲突、不对抗的姿态走出国门，获得国际认同并与当今世界其他文明共存的美好愿景。

---

① 修昔底德，雅典历史学家、将军。他的《伯罗奔尼撒战争史》记录了公元前五世纪发生在斯巴达和雅典之间的战争。美国政治学家、哈佛大学肯尼迪政府学院的格拉汉姆·阿里森教授首先使用"修昔底德陷阱"一词，意指新兴大国与现存大国之间不可避免的战争。

② 〔德〕哈拉尔德·米勒：《文明的共存——对塞缪尔·亨廷顿"文明冲突论"的批判》，郦红、那滨译，新华出版社，2003，第 2 页。

二 "精神文明"概念辨析

在深入分析上面提出的问题之前，对"精神文明"这一概念进行适当的定义有助于限定本文的讨论范围。在我国现有的官方话语体系中，"精神文明"一词经常与"社会主义精神文明"和"精神文明建设"等话语紧密相连，而精神文明实质上指的是人类在社会历史发展过程中所创造的，体现人类文明进步的情况，是人类智慧、道德的进步成果。由此可见，"社会主义精神文明"是中国精神文明历史长河中的重要组成部分，"精神文明建设"表达的是执政党对于国家精神文化层面的一种积极介入，"精神文明建设"的主体则是广大人民群众。"精神文明"作为一种宏观概念在实际的国内传播和国际传播中总是要以具体的面貌出现：它可能是一种商业化的文化产品，抑或一套精心设计的官方话语。本文限于篇幅所限，对"精神文明"的丰富内涵不做过多探讨，而主要关注中国当代精神文明作为一个整体性概念的国际认同。

三 全球化语境下中国当代精神文明的"主体性焦虑"

分析全球化语境下中国当代精神文明的国际认同空间，首先要对中国当代精神文明做一番本体论考察，而在此过程中，全球化语境则是一个不可忽视的外在因素。一般认为，全球化是20世纪80年代以来在世界范围内日益凸显的新现象，是当今时代的基本特征。全球化没有统一的定义，一般来讲，从物质形态看，全球化是指货物与资本的越境流动，经历了跨国化、局部的国际化以及全球化这几个发展阶段。货物与资本的跨国流动是全球化的最初形态。在此过程中，出现了相应的地区性、国际性的经济管理组织与经济实体，以及文化、生活方式、价值观念、意识形态等精神力量的跨国交流、碰撞、冲突与融合。这个定义同时关注了物质形态和精神层面的全球化。

中国自改革开放，尤其是成功"入世"以来，在物质层面与全球各国的联系日益紧密，与之同时发生的是，中国在精神文化层面也愈加卷入全球化浪潮当中。"全球化是一把双刃剑"曾经是 21 世纪初的流行话语。从精神文明层面看，全球化确实给古老的中华文明带来了与全世界各种文明交流碰撞的机会，但在这个过程中，中国当代精神文明也正在经历着一种主体性焦虑，这种焦虑主要来自两个问题：如何看待中国古代精神文明和当代精神文明的关系；如何看待中国当代精神文明和西方当代精神文明的关系。

首先，中国作为世界闻名的古国之一，创造过举世瞩目的精神文明，其影响力之深远，世所罕见。但在鸦片战争之后，中国精神文化层面也受到了西方的挑战。借用萨义德在《东方学》题记中所说，"他们无法表述自己；他们必须被别人表述。"① （原话来自卡尔·马克思的《路易·波拿巴的雾月十八日》）在新文化运动当中，传统文化受到了批判，而在"文化大革命"中，中国古代的精神文明更是遭到了粗暴的损毁。20 世纪 80年代，在开放的社会风气下，一大批西方的精神文明产品涌入中国，在活跃文化市场的同时，也带来了中国精神文明新的"主体性焦虑"：中国的当代精神文明在全球化的语境当中处于何种位置？与西方精神文明相比，中国的精神文明能否成为象征主体，为国际文化空间提供新的话语表达？更值得注意的是，在 20 世纪 80 年代集体反思的社会文化氛围下，中国的知识精英也似乎未能彻底厘清中国古代的精神文明与中国当代精神文明之间的内在逻辑。因此，我们在争取精神文明的国际认同之前，必须"'用文化的反思'来克服危机"。②

四　走出焦虑："他山之石"的启示

在反思中国当代精神文明的时候，我们需要借助一个参照体系，并以此探求走出焦虑和获得国际认同的可能性策略。受历史原因和意识形态的影响，我国大部分民众对于"资本主义精神文明"曾经存在着严重误读。

---

① 〔德〕爱德华·W. 萨义德：《东方学》，王宇根译，生活·读书·新知三联书店，1999，题记。

② 〔德〕哈拉尔德·米勒：《文明的共存——对塞缪尔·亨廷顿"文明冲突论"的批判》，郦红、那滨译，新华出版社，2003，第 64 页。

众多误读之一认为，西方资本主义精神在于对金钱赤裸裸的，毫无道德底线地追求。而在《新教伦理与资本主义精神》当中，马克思·韦伯则对资本主义精神有如下的论述："对财富的贪欲，根本就不等同于资本主义，更不是资本主义精神。倒不如说，资本主义更多的是对这种非理性（irrational）欲望的一种抑制或至少是一种理性的缓解。"① 韦伯还认为，"事实上，这种伦理所宣扬的至善——尽可能的多挣钱，是和那种严格避免任凭本能冲动享受生活结合在一起的，因而首先就是完全没有幸福主义的（更不必说享乐主义的）成分掺在其中"②。结合韦伯的如上论断和现实中西方企业家的诸多慈善义举，当代中国理应更公允地看待资本主义精神文明。

韦伯接着深入分析了"理性精神"在资本主义社会机构、组织方式和法律及行政机关的体现。他随之提出了一个重要论断：理性精神是西方文化所特有的，是资本主义经济制度的一种社会精神气质。而在本书的最后，韦伯总结道："在构成近代资本主义精神乃至整个近代文化精神的诸基本要素之中，以职业概念为基础的理性行为这一要素，正是从基督教禁欲主义中产生出来的，——这就是本文力图论证的观点"③。

由此可见，韦伯对于西方资本主义精神的学术建构来源于西方文明的基督教传统，扎根于稳定的资本主义经济制度，深植于资本主义的社会结构之中，是一种稳定持久且广泛的"社会共识"，而在此精神文明基础上衍生出的"美国梦"只不过是其在大众文化层面的表征而已。但"美国梦"却成为一种大众流行话语，在国际上得到各国民众的认同。由此反观，中国当代精神文明该如何进行创造性的自我建构呢？

首先，在中国现代化的实践中应系统构建中国社会各个阶层共同认同的价值观，竭力弥合在收入、地域、代际以及教育等因素影响下日益扩大的精神文明鸿沟。为达成此目的，党的十八大提出培育和践行社会主义核

---

① 〔德〕马克思·韦伯：《新教伦理与资本主义精神》，于晓、陈维纲等译，生活·读书·新知三联书店，1987，第 8 页。
② 〔德〕马克思·韦伯：《新教伦理与资本主义精神》，于晓、陈维纲等译，生活·读书·新知三联书店，1987，第 37 页。
③ 〔德〕马克思·韦伯：《新教伦理与资本主义精神》，于晓、陈维纲等译，生活·读书·新知三联书店，1987，第 141 页。

心价值观的根本任务，强调要倡导富强、民主、文明、和谐，倡导自由、平等、公正、法治，倡导爱国、敬业、诚信、友善。这"三个倡导"24个字，凝练概括了国家的价值目标、社会的价值取向和公民的价值准则，既是社会主义核心价值观的基本内容，也是当代中国精神文明建设的愿景目标。

其次，应推动物质文明和精神文明的协调发展。物质文明是精神文明的基础，古人云"仓廪实而知礼节"。继续大力发展经济，提高广大人民的收入水平，努力扩大中等收入人群的数量，形成"两头小，中间大"的稳定社会结构，这都为当代中国的精神文明发展提供了决定性的物质基础。

最后，清醒认识在市场经济条件下资本配置的特点：资本具有天然的逐利性，因此往往流入更易自我增值的产业。因此，应适当使用行政手段引导资本进入文化产业，鼓励艺术工作者创造出能真实反映当代中国并有国际影响力的艺术作品。为达成此目的，应适当放松对文艺创作的条条框框，最大程度上激发民间的创造力。

五　当代中国精神文明的国际认同

1957年11月18日，在苏联召开的有64个国家的共产党和工人党代表团参加的会议上，毛泽东曾经借用《红楼梦》里面的一句话来形容当时的世界形势，他说："现在我感觉到国际形势到了一个新的转折点。……世界上现在有两股风：东风，西风。……中国有句成语：不是东风压倒西风，就是西风压倒东风。……我认为目前形势的特点是东风压倒西风，也就是说，社会主义的力量对于帝国主义的力量占了压倒的优势。"[1] 由此可见，冲突，无论是物质层面的还是精神层面的，才是冷战时代的主题。

半个多世纪后，在全球化的浪潮之下，世界各国在经济贸易上愈加互相依存，人员往来更加频繁，各种跨国组织和机构跨越国界开展业务。而在此过程中，各种不同的思想和观点也借助互联网新媒体技术搭建的平台

---

[1] 《毛泽东文集》第七卷，人民出版社，1999，第321页。

不断碰撞、融合和发展。在精神文明层面，"东风"与"西风"的零和博弈早已不是时代主题。这一切都为世界上多样文明的共存提供了物质基础、组织保障和思想来源。

在全球化的语境下，中国当代精神文明正在谋求国际认同，这是中国现代化进程的内在要求，也是中国市场经济发展到一定阶段后在象征性层面的必要表达。

精神文明的国际认同本质上是一个跨文化认同问题，而跨文化认同又与"文化认同"及"认同"两个概念紧密相连。詹小美、王仕民认为，"'认同'起源于拉丁文 idem（即相同，the same 之意），包括客观存在的相似性和相同性，指向心理认识上的一致性和由此形成的社会关系。认同作为概念强调的是认同的共性，即主体的承认、接受和皈依。在此过程中，认同的包容性扩大自我，把'我'变成了'我们'，进行'我是谁'、'我和谁在一起'的身份确立；认同的斥异性则排他设限，区分'我们'与'他们'，借以达到'我们是谁'的群体考量"①。他们还认为，"文化认同"具有民族蕴含，"文化认同是民族成员对本民族文化的承认、认可和赞同，由此产生归属意识，进而获得文化自觉的过程。民族文化认同彰显了民族成员共同的社会特征，是民族群体得以形成的理性基点"②。

在跨文化认同方面，上海师范大学外国语学院的戴晓东在他的论文《解读跨文化认同的四种视角》中归纳了阿德勒、吉川、金荣渊和他本人对这一问题的学理思考。几位学者都选取了一个"多元文化人"（multicultural man）作为研究视角，关注交际者如何摆脱单一身份认同的束缚，实现创造性的文化整合，并没有解释在宏观层面上一种精神文明如何获得群体认同。

在具体的操作层面，焦润明在"中日民间交流与东亚区域合作"国际学术研讨会上发表论文指出，"一切文化认同都是建立在本民族的文化背景前提下的。而跨文化认同则是基于本民族文化并超越于本民族文化的基

---

① 詹小美、王仕民：《文化认同视域下的政治认同》，《中国社会科学》2013年第9期。
② 詹小美、王仕民：《文化认同视域下的政治认同》，《中国社会科学》2013年第9期。

础上形成的对于人类普同文化的共识"①。

综合上面学者的研究成果，我们可以做出推断：中国当代精神文明的国际认同基于中国当代精神文明与西方主流文明在本质上具有的"客观存在的相似性或相同性"。这种"相似性或相同性"是否存在呢？

2015 年 9 月 28 日，习近平总书记在纽约联合国总部出席第 70 届联合国大会一般性辩论，并在《携手构建合作共赢新伙伴，同心打造人类命运共同体》的讲话中指出："和平、发展、公平、正义、民主、自由，是全人类的共同价值，也是联合国的崇高目标。目标远未完成，我们仍须努力。当今世界，各国相互依存、休戚与共。我们要继承和弘扬联合国宪章的宗旨和原则，构建以合作共赢为核心的新型国际关系，打造人类命运共同体。"② 本文认为上文提到的"和平、发展、公平、正义、民主、自由"便是我们寻求的中西当代精神文明的"相似性或相同性"。值得注意的是，习总书记用了"共同价值"而不是"普世价值"来阐述我国当代精神文明与当今世界价值体系的契合点，这体现了我国当代精神文明与西方资本主义文明"合而不同"的辩证关系。

正视现实，我们仍然可以发现中国当代精神文明在真正获得国际认同的路上仍存在挑战。首先，在我国当代精神文明的国际传播过程中，传播话语的选择更需考虑受众国家的历史文化。其次，中国当代精神文明的传播者不应只是官方机构，"中国故事"也不应只是空洞的宏大叙事，这往往会加强西方受众对于"中国式集体主义"的刻板成见，民间机构和个人也应该有更多机会发声，讲述个人的"中国故事"，从而与西方"个人主义"传统对接，获得更好的传播效果。

六　结语

近年来正在中国社会缓慢抬头的专制民族主义和民粹主义思想是当代

---

① 焦润明：《东北亚跨文化认同的前景、问题及其应对》，《日本研究》2006 年第 1 期。
② 戴木才：《全人类"共同价值"与社会主义核心价值观》，《光明日报》2015 年 10 月 28 日，第 13 版。

中国精神文明的毒瘤，应该警惕其发展和传播，以免其阻碍中国当代精神文明的国际认同。已故的中国前驻法大使吴建民曾经撰文详细分析了这两种主义产生的时代背景和具体表现，文章最后他总结道"民粹主义也好，民族主义也好，尽管他们列举的我们社会中面临的挑战是事实，但是他们提出的应对药方是错误的，是要把中国引向歧路。民粹主义的要害是反对改革，民族主义的要害是反对开放"①。毫无疑问，改革开放才是我国当代精神文明发展和寻求国际认同的根本动力源泉。

---

① 吴建民：《当今哪两股思潮特别值得警惕》，《人民论坛》2016 年第 13 期。

"一带一路"传播研究

美国民众的"一带一路"观与中国策略反思

——基于中美两国民众世界观调查的实证分析

徐明华　　冯亚凡*

摘　要： 中国提出的"一带一路"倡议引发了国际社会的广泛关注，各国态度迥异。基于美国的国际地位，其态度的重要性更是不言而喻。本文通过源于华中科技大学国家传播战略协同创新中心 2016~2017 年大型中美民意调查的数据，深入考察了美国民众的"一带一路观"，从全局观、大国观、邻国观、趋势认知四个方面展开分析。数据表明，虽然美国民众对"一带一路"倡议的认知并不深刻，但在政治、经济和科技上，都十分明确地认可中国的地位，而无论是哪一方面，美国民众心中不容置疑的世界头号大国都是美国。同时，对于美国民众，日本的国家印象和地位比较显著，并且对待中国的周边关系理解处于较为客观的认知上。美国民众也积极看好中美两国关系的发展，支持其在今后的道路上相互扶持。基于以上发现，本文进一步探讨中国战略传播的反思与实践启示。

关键词： 美国民众　"一带一路"观　国家形象　对外传播

---

* 徐明华，华中科技大学新闻与信息传播学院副教授、硕士生导师；冯亚凡，华中科技大学新闻与信息传播学院硕士研究生。

一 研究背景及意义

21 世纪，全球化推动国际社会的蓬勃发展，各国国力不断增强，国际关系日趋多极化和复杂化。作为目前世界超级大国的美国和最大的发展中国家中国，二者的国际交流、外交政策、军事战略、经济动态等，都成为世界瞩目的焦点，是不可忽视的两股力量。中美关系不仅影响的是两国利益，更关乎从亚太到中东、拉美甚至延伸至世界角角落落的区域发展。[①] 近年来，随着各国经济相继疲弱，中国面对冲击和复杂的周边环境，提出并推出了多条外交战略。其中，2013 年 9 月和 10 月，中国国家主席习近平在对中亚和东南亚的出访期间，先后提出了共建"丝绸之路经济带"和"21 世纪海上丝绸之路"（简称"一带一路"）的重大倡议，在国际上引发了广泛的讨论。

"一带一路"成为中国开展内政外交的重大倡议，在国际上也引发了强烈反响和各国广泛迥异的解读。诸多国家积极认可"一带一路"的建设，与此同时，区域内外也存在不少质疑和误解的态度。对于中亚、西亚和南亚的中小国家，学者马建英在其著作中指出，因为国家经济环境错综复杂，资金出现短缺，国家发展建设相对落后，所以他们对"一带一路"倡议总体上持积极态度。[②] 例如印度洋沿岸的重要岛国，马尔代夫和斯里兰卡均表示积极参与"一路"建设。而对于沿线区域的一些发展中大国，由于涉及领域利益的竞争和分歧，不乏质疑倡议的深层意图，故多数国家持支持兼质疑的双重态度。例如印度和俄罗斯，一方面试图维护"一带一路"倡议带来的经济利益和政治利益，另一方面排斥抵抗倡议在实施过程中存在的不确定性和潜在的风险。

美国作为世界上经济规模和国际影响力最大的发达国家，其对"一带一路"倡议的认知和态度显得尤为重要。美国不仅是中国外交的主要对

---

① 刘鑫：《构建中美新型大国关系研究》，山东师范大学，2015。

② 马建英：《美国对中国"一带一路"倡议的认知与反应》，《世界经济与政治》2015 年第 10 期，第 104～132 页。

象，也是影响中国周边环境最主要的因素之一，它作为亚太及欧亚大陆以外的国家，却深刻影响着中国的战略、政治、军事、经济等各个维度的发展。① 徐亮在其著作中表示，在某些对华不友好的势力认知中，中国"一带一路"的倡议构想，是要立足于欧亚区域，目的是整合欧亚陆海空间，建构"去美国化"的地区和全球秩序。② 国外一些学者认为，"一带一路"是针对美国"亚太再平衡"战略的现实考量，或堪比"马歇尔计划"，是中国挑战美国霸权的战略之举。③ 在部分美国政党和精英眼中，"一带一路"倡议为中美带来了广泛的竞争，威胁了美国的利益和国际地位，他们对倡议是存在较大疑虑的。但美国政府又同时选择性回应，在某些领域下显示了谨慎的理解和合作态度。

"一带一路"倡议的推进成为中国崛起和融入世界的一种强劲举措，也成为美国政府和学者充分重视和深刻研究的话题。在此复杂的国际格局和特殊战略发展的背景下，围绕"一带一路"下中美关系的研究迅速成为政治学、公共外交学、传播学等领域关注的焦点议题。当前国内外的大部分研究、各类分析视角呈现多元化态势，可将其归为以下三个方面：第一，从国际政治角度入手，试图回答的关键问题往往是美国对待"一带一路"倡议的战略解读，主要是通过分析中美关系的历史演变、外交格局以及军事利益关系的重构等，对倡议内涵进行深刻解读。第二，以经济为视角的解读，分析了"一带一路"倡议下，美国以及全球经济态势变化、中美经济面临的实际问题和转型挑战。第三，从新闻传播学视角分析，以"美国媒体对一带一路的建构""美国政府对一带一路的认知与应对"为研究主体，对中美上下看待倡议的态度、解读战略的框架、传播战略的方式等进行考量。大量研究多采用思辨范式，多从学理层面，运用框架等分析法，试图分析"一带一路"倡议的战略影响，并基于此建言献策，提出实践层面的改善建议。

---

① 龚婷：《"一带一路"：国际舆论反应初探及应对建议》，《对外传播》2015 年第 3 期，第 24 ~ 26 页。
② 徐亮：《美国对"一带一路"倡议的认知分类与反应策略》《学理论》2015 年第 32 期。
③ 李晓、李俊久：《"一带一路"与中国地缘政治经济战略的重构》，《世界经济与政治》2015 年第 10 期，第 30 ~ 59 页。

随着"一带一路"研究全面展开，与日趋深入的国家层面、战略视野层面的认知不同，从民众认知角度看待"一带一路"建设是一个同样重要却一直受到忽视的思路。学者叶方兴指出，民心的基本功能就在于"得天下"，是论证政权统治有效性和正当性的重要因素之一。① 吴瑛也指出，"民心相通"是"一带一路"倡议的社会根基。② "民心"反映的是民众对政治统治的认同和态度。所以，民众如何看待"一带一路"倡议，以及民众对"一带一路"沿线国家和地区的认知，都将成为这项政治决策的重要参考系。更重要的是，区别于层次清晰的战略解读，民众对"一带一路"的态度认知需要通过具体的数据加以佐证。"一带一路观"代表的是民众对于"一带一路"倡议背景下的格局认知和对沿线国家的印象评判，通过对民众"一带一路观"的诠释和勾勒，有助于走出政治或外交困囿，打开解读"一带一路"倡议的新视野。

在"一带一路"建设的过程中，寻求与沿线国家和文明的包容共生，减少理念冲突和文化冲突，有助于营造更好的国际环境。③ 在国际关系视域下，国家形象直接影响国家利益的实现与否④。跨文化传播中的中国与世界之间，存在着一个话语互构与形象互现的双向互动进程。⑤ 在"一带一路"倡议的推进中，民众的"一带一路观"不仅代表着公众看待"一带一路"的心态，更体现了"一带一路"倡议在受到文化冲突、舆论干扰下的传播反馈。民众作为国家的重要组成部分，其对该倡议的评判与认知，对倡议的完善和调整有积极意义。

尽管美国不是"一带一路"域内的国家，但其作为世界大国，国际地位不言而喻。美国民众对"一带一路"的态度和认知，对本文的研究具有重大意义。美国是国际秩序和游戏规则的主要创设者和主导者，并且，

① 叶方兴：《作为传统政治话语的"民心"：蕴涵及其功能》，《河南师范大学学报》（哲学社会科学版）2010 年第 5 期，第 55～58 页。
② 吴瑛、李莉、宋韵雅：《多种声音　一个世界：中国与国际媒体互引的社会网络分析》，《新闻与传播研究》2015 年第 9 期，第 5～21 页。
③ 梁海明：《"一带一路"海外传播应避免的几大误区》，《中国记者》2015 年第 10 期。
④ 张昆：《超越文化差异型塑理想国家形象》，《当代传播》2015 年第 5 期，第 24～25 页。
⑤ 张昆、张明新：《中国公众的世界观念调查报告（2015）》，《人民论坛》2015 年第 19 期，第 6～16 页。

"一带一路"沿线区域存在着诸多盟国和军事利益体系，它具有随时介入某些国家地区内政的资源和手段。因此，在中国推进"一带一路"倡议的过程中，把握好美国对此的态度尤为重要。进一步了解美国民众的"一带一路观"，不仅可以窥视美国主流媒体对倡议的态度和描述，更可以帮助中国对倡议进行区域评估。

综上，本文将参考华中科技大学国家传播战略协同创新中心 2016～2017 年中美民意调查的数据，结合"一带一路"倡议的分析，构建并考察美国民众的"一带一路观"，得出相应启示和建议。

二 研究设计及数据来源

（一）研究设计

本文中的"一带一路观"，指的是民众对于"一带一路"倡议背景下的世界格局认知、沿线区域内外典型国家的印象评判，以及对倡议发展趋势的理解。本文将从全局观、大国观、邻国观、趋势认知这四个方面进行详细探讨，以上四个部分是构成美国民众"一带一路观"的关键所在。

首先，民众的全局观是指民众对于"一带一路"倡议的全局认知，包括对待倡议的态度、对倡议价值的理解、对倡议发展趋势的预判等方面。把握美国民众对"一带一路"倡议的整体认知情况，以此判断该倡议在美国的普及程度以及民众对其的好感程度，帮助理解和考察美国的进一步外交政策，同时重构中国的策略选择。

其次，大国观是指民众在政治、经济、科技、文化等各方面对世界实力大国的认知和印象评判。国家的发展速度和软实力水平的提升是难以衡量的，但国际上的认知对其来说却有决定性的描述意义。民众对一个国家各方面实力的印象，能体现其在政治、经济、科技、文化等软实力上的影响力。本文通过探析美国民众对"一带一路"区域内外大国的认知，明晰美国民众如何在内心建构世界各国的形象，了解他者视域下的大国风范和实力，以此塑造新的对外传播路径。

再次，邻国观是指民众对中国周边海陆接壤国家的相关认知，包括对其综合国力的概括性评判，以及对其盟友属性的辨识。周边邻国区域作为中国的战略依托带，是与中国互联互通、利益密切的发展区域；① 同时，国家利益往往依靠于同盟国家之间建立的关系网络。所以，积极发展与周边邻国的和睦友好关系是中国地缘外交的重心。剖析美国民众对中国邻国的印象，以及它们与中国的关系，也是构建美国民众"一带一路观"不可或缺的部分。它帮助在他者视域下审视中国地缘政治的现状，了解他者眼中的周边竞争关系，为本国发展提供新鲜视角和建设性意见。

最后，趋势认知是指"一带一路"倡议实施背景下民众对于世界格局的变动以及未来趋势发展的预判。本文中美民众"一带一路观"的趋势认知包括美国民众对中美竞争关系的理解、美国民众关于中国发展对美国影响程度的态度和评判，以及他们对中美关系的未来发展趋势及其对世界格局的影响程度的看法。通过剖析美国民众的趋势认知，能有效规避两国的恶性竞争，提前化解多边阻力和政治风险。

（二）数据来源

本文的研究数据来源于华中科技大学国家传播战略协同创新中心 2016～2017 年"中国人的世界观"中美民意调查。美国部分的调查，委托美国本土研究机构 Qualtrics 公司执行。该公司的调研样本库由超过 600 万的用户构成。调查中共计发放邀请 35000 份，响应数为 7500 人，成功样本为 2200 人（占 29%）。

本次调查不仅强化质量控制，Qualtrics 公司还设定了配额要求，以确保受访者人口构成与美国成年网民的结构保持一致。配额标准以 2010 年美国人口调查局（United States Census Bureau）公布的美国成年民众人口统计学构成为要求执行（男 49%，女 51%；18～24 岁 10%，25～34 岁 20%，35～44 岁 20%，45～54 岁 30%，55 岁及以上 20%；白人 61%，拉美裔 18%，非裔 16%，亚裔 5%）。所得样本的构成为：性别上，男性被访者占 52%，女性占 48%；年龄方面，18～24 岁被访者占 10%，25～34 岁占 20%，35～44 岁占 20%，45～54 岁占 29%，55 岁及以上占 21%；种族方

---

① 张蕴岭：《中国周边的新形势与思考》，《国际经济评论》2014 年第 5 期，第 35～43 页。

面，白人占59%，拉美裔占17%，非裔占14%，亚裔占5%；职业上，全职工作者占40%，兼职工作者占11%，退休者占15%，自由职业/学生占11%，失业者占13%（其余10%为其他工作形式者、伤残者和不愿意回答者）；收入上，自认为家庭收入处于社会底层、中下、中等、中上和上层者，分别占10%、25%、35%、26%和4%。此样本对美国成年网民具有较好的代表性，故未对数据做加权处理。

三 数据分析及结论

（一）"一带一路观"之全局观

本文通过以下问题来判断美国民众对于"一带一路"倡议的全局认知：您如何看待中国目前正在实施的"一带一路"倡议？在选项中包含以下四个方面的量表选择：①这项倡议的提出，是中国崛起的必然产物。②对中国而言，这项倡议的价值更多体现在政治而非经济上。③这项倡议体现了中国倡导的和平合作、互利共赢的发展理念。④这项倡议将会促进沿线区域多种文明和文化的交流。在量表的设置中，分值越高表示被访者愈加同意观点，选项满分为5分。

将四个表述的选项数据及百分比整理可得美国民众"一带一路全局观"认知数据图。如图1所示，对于"这项倡议的提出，是中国崛起的必然产物"的看法，美国民众持"不知道"态度的人占41.7%，持"半同意半不同意"者占28.1%，持积极态度"同意"和"完全同意"者分别只占19.7%和4.3%；近一半美国民众对倡议都持不了解态度。对于"这项倡议的价值更多体现在政治而非经济上"的态度，美国民众中超过一半人持有中立或不了解态度。对于"这项倡议体现了中国倡导的和平合作、互利共赢的发展理念"和"这项倡议将会促进沿线区域多种文明和文化的交流"的看法，美国均存在近70%的民众持有中立态度，即"半同意半不同意"或"说不清/不知道"。

由此可知，超过四分之一的美国民众对"一带一路"倡议选择中立态度，与此同时，近40%的人表示不清楚或不了解此倡议。综上，美国民众对于"一带一路"倡议的认知并不深刻，对其发展前景并不了解和关注。

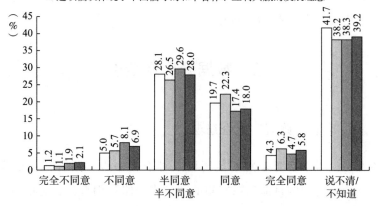

图 1　美国民众"一带一路全局观"认知数据图

（二）"一带一路观"之大国观

美国民众对世界大国的认知在政治、经济、科技三个方面分别是怎样分布的？本调查向美国被访者列出了一系列国家，并提出了问题：以下哪些是你认知中的政治/经济/科技大国，整理并排名相关国家的有效数据进行分析。分值越高说明美国民众的选择数越多，表示此国的选项实力越强。

如图 2 所示，从政治的实力认知排名上看，美国民众眼中的政治大国均依次是美国、中国、俄罗斯、英国、德国、法国、日本，这些基本都是国际地位较高的发达或发展中国家，在政治方面对全球确实存在较大的影响力。而美国民众认为以色列、沙特阿拉伯、朝鲜、伊朗、伊拉克的政治实力也较高，排名都在前 13 名以内，这可能是受美国政治战略部署所影响，这些国家对美国有着特殊的战略意义。

从经济的实力认知上比较，美国民众眼中的经济大国分别是美国、中国、日本、英国、德国、俄罗斯、加拿大；美中次序不变，日本位列第

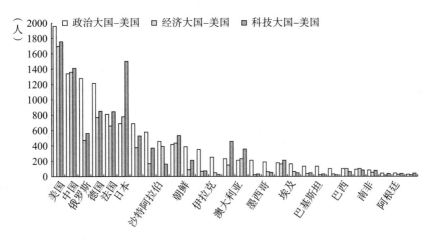

图2　美国民众对世界大国的认知分布图

三，但选择数远远低于美、中，不及美国选票的一半；英国紧紧跟在日本之后，差距不明显。此外，法国、沙特阿拉伯在美国民众认知中经济实力也较强。

对于科技大国的认知，美国民众的排名是美国、日本、中国、英国、德国、俄罗斯、加拿大，日本超越中国位列第二，得到美国民众的积极认可。与此同时，美、日、中三国遥遥领先于其余国家。

从整体来看，美国民众对世界政治、经济、科技实力大国的认知几乎趋于同步，存在少许差异。无论是政治、经济还是科技，美国都稳坐头把交椅，是美国民众心中不容置疑的世界头号大国。而美国民众眼中的中国，在政治和经济上都存在较大的优势。日本也是美国民众心中各方面都较强的国家，尤其是科技实力。综合三个方面来看，美国民众的大国认知主要分成两类：稳定的发达国家和快速崛起的发展中国家。前者包括美国、德国、英国、法国、日本、俄罗斯、加拿大、澳大利亚，后者则包括中国、韩国、以色列和印度等。

（三）"一带一路观"之邻国观

研究中涉及的中国邻国（陆地和海上相邻）分别有俄罗斯、朝鲜、巴基斯坦、印度、越南、韩国、日本、菲律宾、印尼、新加坡。研究中向美国被访者列出了一系列国家作为选择，并提出了以下几个问题：①对这些国家的印象如何？②自认为了解以下国家或地区吗？③您如何看待中国与如下国家之间的关系？在数据的编码中，分值越高说明选择数越多；在国家印象和了解程度的量表设置中，分值越高，表示被访者对这个国家的印象越好或是了解程度越高。在问题"您如何看待中国与如下国家之间的关系"中，包括以下态度的选项："竞争关系""合作关系""既有竞争又有伙伴关系""都不是""说不清"，分值越高说明选择数越多，即该项关系越显著。

图 3 是美国民众对中国邻国的国家印象打分。如图 3 数据所示，美国民众对日本的印象是排名第一的。其余国家的印象排名依次是菲律宾、新加坡、韩国、印度等。而所有邻国中，美国民众对朝鲜的印象分值最低，不及日本的一半。

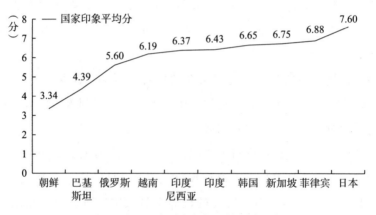

图 3　美国民众对中国邻国的国家印象

图 4 是美国民众对中国邻国的了解程度排名。日本仍然位列第一，是美国民众最为熟悉的中国邻国，其次是俄罗斯、朝鲜、韩国、印度等。其中，特别值得关注的是，国家印象打分较低的朝鲜，美国民众对其的了解程度居然与韩国并列第三。从整体上来看，美国民众对中国各邻国的了解程度趋于稳定，没有较大的波动，基本维持在"了解一些"的水平上。

图 5 是美国民众对中国与邻国国家关系的选择。通过采访美国民众来了解他者眼中的周边竞争关系，使得中国能更全面地关注"一带一路"背景下的同盟关系。有别于接壤邻国，同盟国家在政治外交和地缘意义上都非比寻常，国家发展和其国际地位总是能透过盟国关系得到直接的评判。

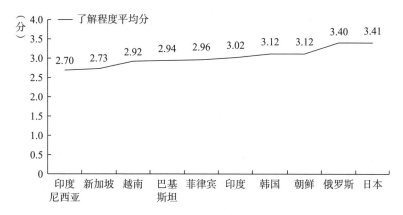

图 4   美国民众对中国邻国的了解程度

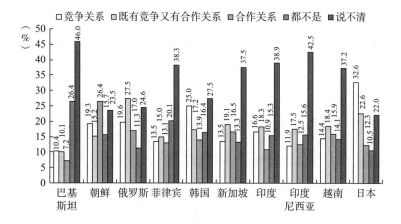

图 5   美国民众对中国邻国国家关系的选择

图 5 中数据显示,巴基斯坦、菲律宾、印度、印度尼西亚、新加坡、越南这些邻国与中国的关系,在美国民众心中都不太清晰,近四五成的民众都选择了"说不清"的选项。朝鲜被美国民众较多选择为"合作关系",占26.4%;俄罗斯则被选为"既有竞争又有合作关系",占27.5%;韩国和日本则更偏向于被选择为"竞争关系",分别占25%和32.6%。

综上,对于美国民众,日本的国家印象和地位更加显著。同时,美国民众对待中国的周边关系的理解处于较为客观的认知上。

(四)"一带一路观"之趋势认知

本调查通过以下问题来判断美国民众对于"一带一路"倡议的趋势认

知：①在您看来，在以下方面，中国是否已经或将会超越或优于美国，成为相应领域的世界领导者？②如果站在美国的立场来看，您认为中国的经济和社会发展，对美国的影响有多大？③您如何看待中美两国在今后的发展趋势？

问题"中国是否已经或将会超越或优于美国，成为相应领域的世界领导者"在选项中包含"经济""政治""文化""科技""社会发展总体水平"五个方面，并设定以下态度的选项："已超越/优于美国""将会超越/优于美国""永远不会超越/优于美国""说不清"。图6是美国民众在各方面实力上对中美水平的认知比较。数据显示，美国民众在经济和科技上较为看好中国，分别有21.7%和24.8%的人选择了"中国已超越美国"，30.9%和29.1%的受访者选择了"中国将会超越美国"。而在政治、文化、社会发展总体水平上，美国民众对本国充满了绝对的自信，选择"中国永远不会超越/优于美国"的人分别占58.1%、39.8%和50.5%，部分选项数量甚至过半。

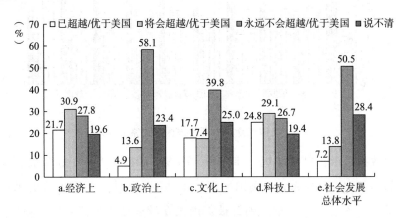

图6　美国民众对中美实力水平的比较

问题"您认为中国的经济和社会发展，对美国的影响有多大"在选项中包含"对美国的积极影响"和"对美国的消极影响"两个方面，并设定5级态度量表。图7相关数据显示，无论是积极方面还是消极方面，美国民众更多的认为中国经济和社会的发展对美国存在相关影响。分别有25.4%和27.3%的美国民众选择了对美国有"一般"和"比较大"的积极影响，有24.3%和22.7%的美国民众选择了对美国有"一般"和"比较大"的消极影响，但是仍有21%的美国民众表示消极影响不大。

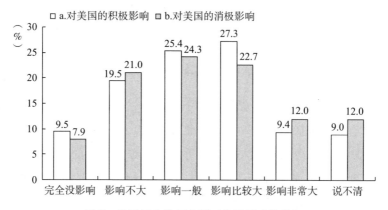

图7　美国民众关于中国对美国影响的认知

问题"您如何看待中美两国在今后的发展趋势"在选项中包含以下四个方面的5级量表选择：a. 两国关系对世界的影响会更大。b. 两国的文化交流会越来越多。c. 这两国在军事上的摩擦将会更多。d. 两国在经济上的相互依赖会越来越大。在量表的设置中，分值越高表示被访者越加同意观点，选项满分为5分。如图8所示，关于积极立场的表述a/b/d中，美国民众大多持同意态度，所占比例分别是51.2%、45.1%和42.5%。而关于消极立场的表述"两国在军事上的摩擦将会更多"，美国民众更偏向于不同意或中立态度。由此而知，美国民众积极看好中美两国关系的发展，支持其在今后的道路上相互扶持。

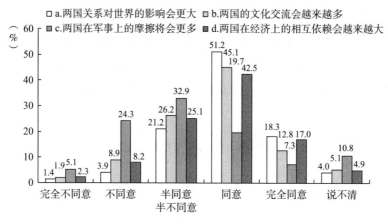

图8　美国民众趋势认知

四 启示及思考

（一）"一带一路"传播策略分层，多元建构提高传播力度

数据分析表明，美国民众对于"一带一路"倡议的认知十分陌生，偏离中国政府战略传播的期望效果。由此可推测，"一带一路"倡议的对外传播中，实际传播效果与投入的传播力度之间存在较大的差异。对受众国来说，这种差异可能来源于受众国国民的自身特征，同时也受到政府宣传、媒体建构、人际传播[①]等因素的直接干扰。而对中国来说，国际地位的提升未能转化成话语优势，过度依赖官方媒体的单向宣传，缺少对国外受众的研究和对异国文化的把握，缺少接近民众的双向互动和差异化传播，都可能导致传播效果大打折扣。

战略传播类似于国家形象的构建，在他国的传播效果往往取决于各类声音相互博弈的结果。在"一带一路"的对外传播过程中，结合当前国家形象的跨文化传播现况，中国在"一带一路"倡议的具体传播策略上可分为以下三个方面：首先，与他国政府建立良好关系，政府扮演了重要传播者的角色，并对维护和推进倡议发挥着积极作用；其次，有效借助国外媒体，对倡议的内容、进程、效果等进行相关建构，消除刻意扭曲和误导，通过媒介手段达到一定的影响力和感召力；最后，重视倡议在民间的传播，借助人际接触的复杂和多元化特征，丰富倡议的内涵和外延，使得民众认知度和好感度都有所提高。与此同时，还要注意传播主体的多元化建构，基于不同的传播渠道、不同的目标受众，实现有效的和有针对性的精准化传播。例如，将接地气的中国故事穿插在生动的演讲中可能更容易引起美国普通民众的共鸣等。

（二）积极把握邻国关系，加强盟国战略合作

"一带一路"涉及大国关系、周边关系、发展中国家等中国外交的多

---

① 徐明华、周创：《大学生与中国国家形象建构——基于中外大学生对华态度的实证研究》，《今传媒》2014 年第 2 期，第 44～46 页。

个重要方向。① 本文研究显示，美国民众对中国邻国和盟国的认知均无法
体现出中国的地缘优势。从两个层面对此进行理解，首先可能是中国地缘
外交本质上未能实现其优势，其次可能是外交成果未能被美国等世界大国
重视。历史表明，大国崛起都遵循"先周边、再世界"的规律。② 接壤邻
国和互助盟国是中国崛起的重要依托，近年来，中国综合国力与日俱增，
外交关系和平稳定，但许多周边国家仍对此充满了警觉和忧虑。基于他者
视域，中国的地缘外交仍未达到互信互强的目标，同时，外交成果也未完
整登上国际舞台。如何实现"一带一路"地缘政治想象，将其潜力转化为
现实，成为中国战略改进的关键问题。

中国在发展友好型国家，建构地缘政治传播体系的同时，首先，应当
积极把握和应对邻国关系，加强与其的外交合作，实现诚恳对话，使之形
成"一带一路"倡议联盟国家体系。借助地缘优势，在增强邻国民众对中
国的好感度，提高中国的邻国影响力的同时，也提倡国民通过各种渠道，
对邻国的历史、文化、科技等进行了解，提升国民对邻国的认知度和熟悉
程度。借助地缘战略，整合由于地理位置而产生的外交抉择，③ 帮助解决
大国崛起所面临的发展困境。充分考虑毗邻小国的利益诉求，开展平等互
利的共赢合作，探索和夯实邻国经济体系的发展和潜力。其次，中国利用
日益提升的国际地位和话语实力，帮助邻、盟小国在全球范围内更好地发
展，同时建立自己主导的联盟体系和影响力。中国已经置身于复杂的地缘
环境，是全球地缘政治的参与者，要通过主动和积极的外交战略来消化地
缘政治所带来的机遇。④

---

① 宋国友：《"一带一路"战略构想与中国经济外交新发展》，《国际观察》2015 年第 4 期，第
22～34 页。

② 张昆、张明新：《中美公众的世界观念调查报告（2016）》，《人民论坛·学术前沿》2017
年第 1 期，第 56～67 页。

③ 李晓、李俊久：《"一带一路"与中国地缘政治经济战略的重构》，《世界经济与政治》
2015 年第 10 期，第 30～59 页。

④ 周平：《"一带一路"面临的地缘政治风险及其管控》，《探索与争鸣》2016 年第 1 期，第
83～86 页。

（三）坚持中国特色的内部价值体系和对外传播建设

在美国民众的认知中，中国已然是世界上崛起的大国，无论在政治、经济、科技、文化等各项软硬指标上，中国的地位都得到了明确的认可。为了实现更宏伟、更远大的目标，中国应该更聚焦于中国特色社会主义发展道路，坚持中国特色的国家风范与气度，构建属于中华文化的吸引力和影响力，培育专属的大国自信和气质，成为当之无愧的"实力大国"。

由于近百年的历史中国际格局和国家实力环境的改变，中国民众总是体现出对国门以外价值观的向往与追求，甚至演变为多元包容之外的盲目崇拜。然而，研究数据显示，中国近年来抗争性的崛起已经逐渐赢回世界大国的身份。在对外传播、融合多元价值的同时，我们应摒弃传统的崇洋心理，我们不必刻意追求美国化的多元思想，应该建立中国特色的价值体系。媒体作为民众认知世界的窗口，同时也是映射中国内部发展进程的镜子。要建立自信大方、慷慨冷静的国民自我认知，需要媒体诚恳的对话与全方位的建构。

讲好中国故事，助力"一带一路"

——以亚美尼亚埃语大孔院为例

高　航　高清宇[*]

摘　要：本文以亚美尼亚"布留索夫"埃里温国立语言与社会科学大学孔子学院为例，分析在中国文化"走出去"战略下，孔子学院如何讲好中国故事。"布留索夫"埃里温国立语言与社会科学大学孔子学院将语言教学与文化传播结合在一起，将文化作为语言教学的材料，将语言教学变成文化推广的媒介；因地制宜设立文化体验课程，根据当地民众喜爱武术、中医这一特点开设武术与中医特色课程；在校际合作中，依托埃里温国立语言与社会科学大学，与大连外国语大学分别成立了中国文化中心与亚美尼亚研究中心，在传播中国文化的同时，调研亚美尼亚的风土人情；巧妙结合"走出去"与"请进来"，以"请进来"促"走出去"；积极通过各类文化活动、文艺演出推介中国文化，讲好中国故事。

关键词：孔子学院　文化传播　特色课程　校际合作

早在 1848 年，马克思和恩格斯就在《共产党宣言》中富于创见性地预言了全球化的历史必然性，"资产阶级，由于开拓了世界市场，使一切国家的生产和消费都成为世界性的了。……不管反动派怎样惋惜，资产阶级还是挖掉了工业脚下的民族基础。……古老的民族工业被消灭了，并且每天都还在被消灭。……[①]正像有物质生产就有物质流通一样，有文化生产也就必然

---

[*]　高航，大连外国语大学孔子学院工作处（汉语国际推广基地办公室）职员；高清宇，大连外国语大学孔子学院工作处（汉语国际推广基地办公室）职员。

①　《共产党宣言》，人民出版社，1964，第 25 页。

有文化传播。美国著名传播学家威尔伯·施拉姆把"文化传播"定义为："A通过C将B传递给D，以达到效果E"，"这里A是信息发出者，B是信息，C是通向信息接受者D的途径或媒介，E是传播所引起的反应"。孔子学院（A）就是这样的一个通过汉语教学、文化推广、学术交流、组织汉语水平测试（C）等各类活动，将汉语知识和中国传统文化（B）传递给外国友人（D）的平台，以期达到传播和弘扬中国文化精髓，使各民族、国家之间在文化上相互理解、尊重、民心相通的效果（E）。

为响应中国文化"走出去"战略的号召，提升学校专业学科建设和国际化办学水平，自2007年以来，大连外国语大学分别在俄罗斯、日本、韩国、哥伦比亚、圭亚那、巴西、亚美尼亚、葡萄牙和意大利这9个国家建立孔子学院。孔院建设工作开展十年以来，培训学生近3万人，组织国际性研讨会、论坛等学术交流活动20余次，参与交流的中外学者达1200余人，各孔院通过汉语教学、开展学术交流和文化推广活动，成为所在国讲述中国故事、展现中国风采的靓丽名片。本文以大连外国语大学、亚美尼亚"布留索夫"埃里温国立语言与社会科学大学孔子学院为例，旨在探索以孔子学院为平台的中国文化传播的成功经验与不足，积极助力"一带一路"倡议实施。

一 亚美尼亚"布留索夫"埃里温国立语言与 社会科学大学孔子学院简况

亚美尼亚"布留索夫"埃里温国立语言与社会科学大学孔子学院（以下简称"埃语大孔院"）于2009年2月正式揭牌运营，是亚美尼亚共和国境内唯一一所孔子学院。自2014年孔子学院总部/国家汉办正式批准大连外国语大学成为埃语大孔院中方承办院校以来，大连外国语大学不断加强与外方的沟通协作，建立了良好的合作机制，使孔子学院的各项工作得到了有效推进，汉语学习者从最初的1个班5名学生，发展到现在的超过1400人。埃语大孔院不断创新发展，在汉语教学和特色文化课程、中亚交流及中华文化传播等领域取得了卓越成效，受到当地民众的好评和肯定。目前该所孔子学院已成为当地民众了解中国文化和学习汉语的重要平台和主要途径。

除此之外，埃语大孔院已经全面融入亚美尼亚的主要高校，真正实现了"汉语走进课堂"的目标。2016 年 12 月，在第十一届全球孔子学院大会上，埃语大孔院获得"先进孔子学院"称号，时任国务院副总理刘延东女士亲自为其颁奖。

二　在教学环节中讲述中国故事

（一）依托汉语教学讲故事

自成立至今，埃语大孔院一直以汉语教学为己任，注重汉语教学质量，学生人数稳步增长。截至 2016 年 12 月，埃语大孔院已有注册学生 1447 人（见表 1），同比增长 52%。自 2014 年大连外国语大学成为埃语大孔院中方承办院校以来，埃语大孔院以本部为中心，向周边地区辐射，至 2017 年，已于当地著名的埃里温"契诃夫"第 55 学校和"马尔加良"第 29 学校设立了 2 个孔子课堂、9 个汉语教学中心。同时，埃语大孔院协助埃语大开设汉语翻译和跨文化交际系，并使之成为大学的独立院系。

表 1　埃语大孔院基本情况

课程名称		内容	课时/学年	教材	学生人数（人）
基础汉语	中小学	语音、汉字基础、语法	68/136（业余班）	《快乐汉语》《跟我学汉语》	831
	大学		136	《新实用汉语 1》	210
	成人		136		121
中级汉语		听、说、读、写、译	136	《新实用汉语 2－3》	164
高级汉语			136	《新实用汉语 4－5》	22
初级语音		听、说、读	68	自选教材	6
语法		汉语语法	68	自选教材	10
中级听力		听、说、读、写	136	《成功之路》	41
高级听力			136		30
翻译		翻译实践	68	自选教材	6
写作课		写作	68	自选教材	6
合计					1447

在吸收大量学生学习汉语的同时，埃语大孔院采用了一批富含中国文化元素的教材，在汉语语言教学的同时，巧妙地引入对中国文化的推介，使两者错综交融——文化成了语言教学的"材料"；语言教学成了文化推广的媒介。

以埃语大孔院中小学基础汉语课程所采用的《快乐汉语》为例，该套教材是一套对外汉语视听教材，以旅游生活为切入点，拍摄足迹遍布全国各地，特色文化元素选取得非常广泛。埃语大孔院在中小学基础汉语课堂中使用该套教材，利用其视听的特色方式，紧紧抓住学生的注意力，激发学生对中国文化的兴趣。学生在观看《快乐汉语》学习汉语知识的同时，潜移默化地了解了中国文化。

《快乐汉语》中的中华文化元素主要包括成语俗语、神话传说、民间故事、民间工艺、民族风情、传统节日、礼仪、禁忌等，几乎涵盖中国特色文化的方方面面。这些文化元素如果仅靠埃语大孔院教师讲解，其一，覆盖面远不及《快乐汉语》节目的涉及面广；其二，单纯的语言描述或者几张幻灯片展示难以展现出中华文化的深度与内涵，使得学生接受起来并不如接受视听材料那样直接；其三，学生学习语言的注意力将会在教师文化讲解的过程中被打断，语言学习进程必然受拖累。

埃语大孔院选取的《快乐汉语》等教材，配合汉语教师及志愿者科学的使用方法，有效地将语言教学与文化传播结合在一起，达到了依托汉语教学讲述中国故事的效果。

（二）设立特色鲜明的文化体验课

在教学环节中，除了在语言课中潜移默化地进行文化推介，埃语大孔院还结合当地汉语学习者和民众的兴趣爱好及实际需求，设置了更加直接的文化体验活动——开设中国武术文化体验课、组织中医文化推广讲座。

针对亚美尼亚人民热衷中国武术这一特点，埃语大孔院专门挑选了有武术特长的汉语教师志愿者并开设了武术文化体验课。在这些武术文化体验课中，孔院教师不仅教授八极拳、咏春拳和双节棍等，还会讲解武术中所蕴含的中国哲学思想，通过武术拉近学生与中国文化的距离。比如，中国武术讲究"四两拨千斤"，即用小力战胜大力，这与西方的单纯比较战斗力大小而预测胜负的方式截然不同。"力虽小，然击于关节，效大；力虽大，而化之虚无，效小"这种具有东方特色而又饱含智慧的哲学理念令学生如痴如醉，同时也解释了为什么在西方频频"秀肌肉"的同时，中国没有正面对抗，而是提出"一带一路"合作共赢的伟大倡议。

埃语大孔院还积极举办中医文化讲座，开展中医文化推广活动，邀请国内中医药专家为 50 余名当地医生及医科大学学生做中医介绍与培训。

埃语大孔院结合当地实际需求，因地制宜地开展特色文化课程，让孔院学生及当地民众近距离接触中国文化，感受中国文化，直至喜爱中国文化，接受中国文化。这种具有针对性的文化课程设置策略，极大地提升了埃语大孔院文化推广的受用率，同时有效地避免了文化资源浪费。

鉴于埃语大孔院在汉语教学和文化推广方面所取得的突出成绩和当地民众对埃语大孔院的广泛认可，亚美尼亚教育科学部分别于 2015 年 5 月和 9 月签发了《〈亚美尼亚初级汉语教学大纲〉批准令》和《亚美尼亚中小学汉语教学许可证书》，这意味着自此汉语课程正式纳入亚美尼亚基础教育课程体系。正如亚美尼亚教育与科学部副部长所言，孔子学院的语言教学与文化体验模式为埃里温的基础教育开了先河，具有里程碑式的意义。

三　校际合作中的文化交流

自埃语大孔院成立以来，大连外国语大学与埃里温国立语言与社会科学大学（以下简称埃语大）成为友好交流院校，来往密切，交流频繁。大连外国语大学派出中方院长 1 人、汉语教师 4 人、学生志愿者 21 人赴亚美尼亚任教；埃语大派出来华孔院奖学金生共计 91 人，其中 11 人在大连外国语大学汉学院学习；两校分别成立了中国文化中心与亚美尼亚研究中心；定期组织来华团组、中华传统文化演出团及其他互访活动，如 2014 年大连外国语大学派出大学生艺术团赴亚美尼亚参加埃语大孔院举办的"孔子学院成立十周年"庆典活动。

（一）成立中国文化中心

中国文化中心作为我国文化外交战略的重要组成部分，积极宣传我国文化价值理念，展示我国文化艺术形式，促进与各国人民的人文交流，为文化外交工作向纵深发展奠定了坚实的基础。2015年，在外方学校主动要求、埃语大积极协调下，埃语大孔院发挥自身优势与特长，积极配合，最终促使中国文化研究中心在图马尼扬中学成立，次年4月，埃里温重点中学也成立了本校的中国文化中心。两所中国文化中心的成立，是中国文化"走出去"战略的实践，也是埃语大孔院致力于中华文化传播和中亚文化交流的重要成果。

中国文化中心以埃语大孔院为依托，组织汉学家举行座谈会、举办高层次文化沙龙、研讨会和专题学术交流会等活动。埃语大孔院也借助中国文化中心这个平台邀请了更广泛领域的专家学者，为学生提供了更多了解中国文化的机会。这一系列举措激发了学生对中国文化的兴趣，促使他们在自己擅长或感兴趣的领域进行中亚文化比较探索与研究，从而全方位地感知中国文化。除此之外，中国文化中心还与埃语大孔院深度合作，通过举办展览、筹办演出等各种文艺活动展示中国文化。

中国文化中心成为继埃语大孔院之后，又一个让亚美尼亚民众了解中国的窗口。它在帮助中学生认识中国、了解中国，鼓励学生进入孔子学院系统学习汉语和中国文化方面做出了积极贡献。

（二）成立亚美尼亚研究中心

要讲好中国故事，首先要了解听众。

在亚美尼亚建设中国文化中心的同时，在上海合作组织大学中方校长委员会主席、大连外国语大学前任校长孙玉华教授和时任亚美尼亚特命全权驻华大使阿尔缅·萨尔基相的积极推动下，亚美尼亚研究中心在大连外国语大学正式揭牌成立。大连外国语大学亚美尼亚研究中心是中国成立的首个亚美尼亚研究中心，这不仅是大连外国语大学和埃语大两校间的合作，而且是两国文化交流的实践成果，是两国政治互信的体现。

大连外国语大学亚美尼亚研究中心以埃语大孔院为依托，为大连外国语大学师生提供了一个学习亚美尼亚语，了解亚美尼亚文学、艺术及其历史、文化的学习与研究平台。在大连外国语大学派往埃语大孔院的21名汉语教师志愿者中，曾在亚美尼亚中心学习、体验过的志愿者们表现出了能更快融入当地生活，更"接地气"地进行语言教学的特征，这为埃语大孔院讲好中国故事，传播好中国文化奠定了坚实的基础。

2016 年 10 月，亚美尼亚研究中心成立后迎来了第一批来自埃语大的客人，埃语大代表团成员与中心的工作人员在师资培训、学生交流、科研合作等方面进行了深入的交流。埃语大代表团成员对亚美尼亚研究中心自成立至今的发展给予了高度评价，对大连外国语大学学生热衷于亚美尼亚文化表示赞赏，对中亚两国多领域合作，尤其是文化交流与教育领域的合作寄予厚望。

（三）亚美尼亚教育工作者访华团及学生夏令营

相较于单纯的文化"走出去"，适时的"请进来"也会产生意想不到的效果。

埃语大孔院自成立以来积极参与孔子学院总部/国家汉办来华团组项目，定期组织亚美尼亚教育工作者访华团及学生夏令营来华参观交流。自 2014 年起，埃语大连续三年组织来华团组及学生夏令营，共计教育工作者 30 人、学生 160 余人来华访问。

2014 年，亚美尼亚重点中学校长斯捷潘尼杨和图马尼杨中学校长图尼杨曾参加埃语大孔院组织的教育工作者访华团。这一项目让他们有机会来到中国，访问中国的院校及其他教育机构，亲身体验和了解中国教育和社会文化。中国之行让他们成了中国文化的爱好者，使他们产生了把中国人文思想和中小学教学管理模式引入自己学校的想法，并促使亚美尼亚两所中国文化中心的成立。

请外国的教育"中枢"进来，让"中枢"们沉浸在中国文化的大环境中，切身体会中国文化的博大精深，打动了这些教育"中枢"，便相当于打动了外国的教育工作者，打动了在外国教育体系内的学生。如此一来就让中国文化"走出去"的路子越走越宽，"走出去"的步子越迈越大。

（四）孔院文化活动异彩纷呈

自 2014 年起埃语大孔院开始举办各项文化推广活动，本部和各教学点全面推广春节、元宵节、中秋节、国庆节、全球孔子学院日等节日庆祝及文化体验活动，其中具有代表性的活动有：中小学生中国新年贺卡展、《我眼中的中国》绘画展等。此外，孔院还积极致力于推进中国文化进社区活动，在埃里温市的各个主要社区及察赫卡佐尔市等地举办武术、茶艺和书法表演。与此同时，埃语大孔院积极参加"亚美尼亚全国高校博览会""亚美尼亚基础教育博览会""世界语言文化日巡展"活动，扩大中国文化和孔子学院的影响力，吸引更多的亚美尼亚人学习汉语，了解中国。

2016年11月，埃语大孔院与亚美尼亚国家电视台合作推出的中学生《最强大脑》第五季在该电视台正式开播。《最强大脑》是最受亚美尼亚中学生欢迎的知识竞猜节目，除电视直播以外，该节目内容还同期在YouTube和Facebook等主要社交网站上发布，影响甚大。往期电视直播受众人数达到30万人次，赛季总决赛收视率在亚美尼亚境内曾高达95%。《最强大脑》第五季的比赛还首次为外国文化知识开辟专栏，设置了"中国"模块。大赛除设立常规奖项外，还为最了解中国文化的选手设立了单项奖。主动选取"中国"模块且回答正确率最高的选手将获得参加孔子学院夏令营项目的资格。中国文化知识走进亚美尼亚中学生的《最强大脑》比赛，进一步加深了亚美尼亚民众对中国的了解，也为中国文化在亚美尼亚的推广开辟了崭新的、高效的渠道。在媒体文化推广方面，埃语大孔院还与亚美尼亚"新闻之声"广播电台合作，启动空中汉语课堂，全年播放孔院推出的《跟我学汉语》节目，与亚美尼亚国家电视台、ATV电视台及门户网站www.tert.am合作，共同推出电视系列片《中国文化百题》，受众广泛，为亚美尼亚民众提供了一个进一步了解中国文化、认识中国的平台，让汉语走进千家万户。

全方位、立体化的文化推广活动使得埃语大孔院成了当地民众聆听中国故事，体味东方智慧的桥梁和纽带，在中亚文化交流互鉴、促进民心相通的进程中扮演着不可或缺的角色。

四　"一带一路"助力孔院平台的文化推广

2013年，国家主席习近平在访问哈萨克斯坦和印度尼西亚时提出了"一带一路"倡议。古丝绸之路见证了陆上"使者相望于道，商旅不绝于途"的盛况，也见证了海上"舶交海中，不知其数"的繁华。亚美尼亚作为古丝绸之路上的重要驿站，自古便与中国联系密切，"一带一路"的伟大倡议更是为中、亚两国的多领域合作提供了契机。

为响应"一带一路"提议，埃语大孔院充分发挥交流平台作用，先后举办了"21世纪的丝绸之路经济带：合作与展望"国际学术研讨会、"解读中国经济"专题讲座和圆桌会议、"丝绸之路"百名中小学校长国际论坛高端研讨对话等国际级学术交流活动。这些学术活动加强了中亚、高加索地区孔子学院的经验交流与教科研合作，使其互通有无，取长补短，积极把握"丝绸之路经济带"所带来的新机遇，实现优势互补，并为推进孔子学院汉语教学事业发展及中亚文化交流提供了新的机遇与空间。这些活动得到了亚美尼亚国民议会、教育部、文化部的大力支持，亚美尼亚副议长、教育部部长、文化部副部长等当地政要积极参与，为推动两国政府和高校在文化、经济、教育及其他领域的合作起到了重要作用。

正如王义桅教授所言："在新的时代背景下，孔子学院与'一带一路'可以携手同行，相辅相成：孔子学院是文明复兴的时代体现，也是中国魅力的生动写照。古丝绸之路播下的中国与沿线国家友谊的种子，经孔子学院浇灌后生根发芽，再经过'一带一路'建设开花结果。'一带一路'强调共商、共建、共享理念，与孔子学院一脉相承。弘扬和平合作、开放包容、互学互鉴、互利共赢的丝路精神，也因此为孔子学院未来发展提供了新的动力。""一带一路"倡议的实施，增进了中亚两国之间的密切交往，尤其对中国而言，将会有更多的中国企业赴亚投资。埃语大孔院是亚美尼亚当地民众了解和理解中国"一带一路"倡议的媒介，同时也为当地的华为科技公司、中兴公司、中国水电建设集团国际工程公司等中资企业提供了关于当地文化风俗、政策法规、人文环境等方面的信息，为中国企业"走出去"和更好地融入亚美尼亚提供大力支持。

"一带一路"伟大倡议正在将中国机遇变成世界机遇，将中国梦与世界梦融通，这一伟大构想将为孔子学院的再次腾飞插上一双翅膀，埃语大孔院也终将在这条传播中华文化，构筑伟大中国梦的道路上越走越远。

五 孔院发展中的经验与展望

在大连外国语大学及埃里温国立语言与社会科学大学的共同努力下，埃语大孔院经过8年来的探索和不懈努力，已经成为亚美尼亚地区中国文化传播的重要支点。埃语大孔院作为中国文化对外传播的成功案例，值得我们汲取经验，总结不足，指导孔子学院继续良性发展。

（一）孔院发展经验

1. 因地制宜开展特色文化活动

埃语大孔院每年举办各项文化体验和推广活动，深受当地民众喜爱，这不仅得益于孔子学院总部/国家汉办、中外方承办院校的支持，孔院工作者的辛勤付出，也得益于埃语大孔院因地制宜，充分结合当地民众的思维方式、学习习惯、实际需求和兴趣爱好，举办了有中国特色、深受民众喜爱的传统文化活动。将中国武术、茶艺、书法等特色文化穿插在单纯的汉语教学进程之中，寓教于乐，让亚美尼亚学生在轻松愉快的氛围中学习汉语，感受中国文化。另外孔院举办中国文化进社区活动，让市民在家门口感受来自遥远东方的文化魅力，真正做到了让中国文化走进亚美尼亚的千家万户。

2. 精心挑选课程教材

如何选择合适的对外汉语教材是困扰孔子学院可持续发展的一个问题。目前各家孔院使用的教材大多是以中国社会为背景而编写的对外汉语教材，忽视了教材使用国人群的国别、母语、文化背景以及跨文化交际的禁忌，同时也忽略了不同学习者的年龄、知识水平以及学习目的等的差异，不能提高学习者的学习效率，达到汉语学习的目的。因此，在教学方面，埃语大孔院针对不同层次学习者的学习特征采用了不同的教材，如《快乐汉语》《跟我学汉语》《新实用汉语课本》《成功之路》，以满足各个层次学习者的不同需求；对翻译实践、写作等课程的教材不做统一要求，而是根据亚美尼亚当地的具体情况、不同汉语学习者的年龄、学习目的的差异挑选有针对性的教辅材料。这种教师上课自选教材的模式，可以根据学生的兴趣爱好和实际情况挑选最适合学生的学习材料，取得更好的教学效果。

3. 定期组织交流互访活动

大连外国语大学和埃里温国立语言与社会科学大学友好关系的维续和定期互访交流也是保障孔院发展，积极推动文化传播的动力源。校际间的友好往来为两校搭建了学术交流与合作的平台，增进中亚双方的了解和文化认同，从而促进和推动了埃语大孔院和大连外国语大学亚美尼亚研究中心的发展。

4. 不断完善孔子学院理事会制度

大连外国语大学和埃里温国立语言与社会科学大学在孔子学院建设过程中始终秉承中外双方共建、共享、共管、共赢的理念，多年来建立了牢固而融洽的友好关系。双方院校管理层都十分重视孔院建设工作，积极参加各项活动，为孔子学院提供各类资源。两校坚持孔子学院理事会制度，每年定期召开孔子学院理事会。实践证明，理事会制度的不断完善确保了埃语大孔院各项决策的充分磋商与有效实施，进一步规范了孔子学院的发展方向，为孔子学院的未来发展创造了良好条件。

（二）孔院未来发展方向

1. 走原创性发展道路

国际化、协同化、自主化，是孔院实现创新发展的工具与手段，是孔院汉语教学及文化传播能力提升的保障。其中创新能力的提升是国际化、协同化、自主化的出发点与归属，孔院只有努力创造自己原创性的思想，有自己独特的东西，才能在国际舞台上长久立足。

法国的法语联盟已经有100多年的办学历史，德国的歌德学院也拥有超过50年的办学历史，他们的发展历程和办学理念都有许多值得学习和借鉴的地方。原创性是孔院可持续发展的根本和保障，结合孔子学院自身的办学特点，满足不同学习群体的需求，对孔子学院的发展具有重要意义。未来埃语大孔院将致力于打造适合本土学生学习，有效提升亚美尼亚学生汉语水平的品牌教材，争取在学术原创性、推广原创性文化活动方面拔得头筹。

2. 注重本土教师师资队伍建设

缺乏专职教师是制约埃语大孔院进一步发展的瓶颈。孔子学院一直采用教师轮换制的任教方式，总部派遣中方院长，汉语教师及汉语教师志愿者是其主要的师资来源。公派教师的任期一般为两年，志愿者的任期为一年。这种师资轮换方式，教师任期短，流动性大，容易影响正常的教学活动，不利于孔子学院长期稳定的发展。目前埃语大孔院主要的师资力量都是由大连外国语大学派出的中国教师，今后孔院将进一步鼓励亚美尼亚汉语教师来中国进修，积极培养亚美尼亚的本土汉语教师，建立本土汉语教师队伍。本土汉语教师能更加了解当地的教学情况和学生情况，有利于促进孔子学院的长足发展。

六 结语

通过汉语教学、中华文化推介，孔子学院以自己独有的方式在世界文化的舞台上展示中国文化，讲述中国故事，成为文化全球化浪潮里的中国名片。短期而言，孔子学院可作为提供汉语教学的重要平台，为当地热衷学习汉语的人提供更多的教育资源。长期而言，孔子学院可以进一步提升其在公共外交与相关项目对接中的作用，一方面为热衷研究中国的学生、学者提供来华调研或攻读学位的项目；另一方面也可吸收当地的复合型人才参与孔子学院的办学工作，解决其就业的同时也有利于开发更适合当地的教育项目，从而让中国经济发展的红利更多惠及沿线国家与地区。

最后借用习主席的一句话："文明在开放中发展，民族在融合中共存。"文化交流是民心工程、未来工程，潜移默化，润物无声。在发挥文化桥梁作用和引领作用，加强各民族和国家间文化认同、相互理解和尊重方面，孔子学院任重而道远。

参考文献

马克思、恩格斯：《共产党宣言》，人民出版社，1964。

〔美〕萨姆瓦等：《跨文化传通》，陈南、黄光明译，三联书店，1988。

王璐璐：《对外汉语教学情景剧〈快乐汉语〉文化元素及传播体验的考察》，博士学位论文，华中师范大学，2012。

吴明：《浅谈中国武术与哲学思想的融合》，《山西师大体育学院学报》2005 年第1 期。

阮耀华：《海外中国文化中心运行模式、困境与发展对策研究》，博士学位论文，对外经贸大学，2015。

王义桅：《"一带一路"助孔子学院高飞》，《人民日报》（海外版）2015 年 2 月 17日。

刘晶晶、关英明：《海外孔子学院的教材选择与编写》，《沈阳师范大学学报》（社会科学版）2012 年第 1 版。

郭伟、李广平：《以国际化推动大学一流特色学科建设——访浙江师范大学副校长、非洲教育研究中心主任楼世洲》，《世界教育信息》2016 年第 2 期。

戴俊红：《孔子学院的文化交流意义与可持续发展》，《人民论坛》2015 年第32 期。

林迎娟：《"一带一路"沿线国家的孔子学院发展模式探析》，《未来与发展》2016年第 8 期。

朱竞若、杜尚泽、裴广江：《习近平出席"一带一路"国际合作高峰论坛开幕式并发表主旨演讲》，《人民日报》2017 年 5 月 15 日。

曲昌荣：《用跨文化交流视角讲好中国故事——从习近平访问美国脸谱平台报道看领导人出访国际传播新趋势》，《新闻大学》2016 年第 3 期。

叶枝梅：《浅析对外交流何如"讲好中国故事"》，《现代国际关系》2016 年第9 期。

王海兰：《孔子学院助力"一带一路"建设》，《中国社会科学报》2016 年 6 月 15日第 6 版。

陈刚华：《从文化传播角度看孔子学院的意义》，《学术论坛》2008 年第 7 期。

王贤森、杨耀防：《"一带一路"建设与孔子学院的使命》，《九江学院学报》（自然科学版）2015 年第 4 期。

贺潇潇：《讲述中国故事，传递东方智慧——于丹谈中华文化的对外传播》，《对外传播》2009 年第 12 期。

"一带一路"建设中孔子学院的发展机遇*

李　丹　王路平**

　　摘　要：孔子学院是中国崛起的产物，与中国的大战略、大布局密切相关。"一带一路"为孔子学院的升级发展提供了千载难逢的历史机遇。首先，"一带一路"建设为沿线孔子学院融入当地需求、提升办学效益带来机遇；其次，"一带一路"为沿线孔子学院推进本土化战略提供机遇；再次，"一带一路"建设为沿线孔子学院促进中外人文双向交流提供机遇；最后，"一带一路"建设将为提升汉语地位和中国软实力提供机遇。孔子学院作为汉语国际推广的前哨，必将在"一带一路"中大有可为，也必将为提升中华文化软实力再创辉煌。

　　关键词："一带一路"　孔子学院　软实力

　　自从 2004 年全球首家孔子学院创办至今，孔子学院已经走过了十三年的发展历程。十二年一个生肖轮回，在走完第一个"本命年"之后，孔子学院应如何适应新形势，抓住新机遇，实现新作为？"一带一路"建设恰逢其时，为孔子学院的新发展提供了良机与沃土。刘延东副总理在第十一届全球孔子学院大会开幕式上指出，孔子学院"要主动参与'一带一路'建设，充分发挥培养语言人才和熟悉当地政策信息等优势，为中外企业合作搭建平台，提供信息咨询服务，加强职业技能培训，服务好各领域务实

---

　　* 本文系厦门大学繁荣哲学社会科学项目"'走出去'计划"（项目编号：Y07200）、国家社科基金重点项目"'一带一路'背景下孔子学院本土化路径研究"（项目编号：16AGJ009）研究成果。

　** 李丹，厦门大学公共事务学院政治学系教授、博士生导师，英国卡迪夫孔子学院前任中方院长；王路平，厦门大学公共事务学院政治学系硕士研究生。

合作，以语言互通促进政策沟通、贸易畅通、民心相通"。这为孔子学院与"一带一路"的良性互动指明了方向。

一 "一带一路"建设是孔子学院新一轮发展的时代背景和地域环境

"一带一路"是中国新一轮的改革开放战略，是中国与周边亚欧非国家打造互利共赢共同体的新型国际合作战略，也是中国在初步崛起的历史条件下以更加积极主动姿态引领全球化的战略。"一带一路"的战略意义非常重大，这是"未来中国30年大战略""21世纪上半叶的大战略""第三次对外开放"（商务部原副部长魏建国），中国"中长期统领性战略""引领中国未来开放大战略"（张茉楠），或"新35年（2014～2049年）改革中国和世界大格局的大战略"（张燕生）；境外人士说这是"一个绝妙的计划""巨大的工程"（A brilliant plan, a vast project, Francis Cheung and Alexious Lee, CLSA）；国外媒体也称这一战略是中国"标志性外交政策"（Signature foreign policy, Charles Clover and Lucy Hornby, FT）；"中国魅力攻势再现"（The return of China's charm offensive, Lucio Blanco Pitlo III, *The Diplomat*）；"野心勃勃的外交壮举"（An ambitious feat of diplomacy and engineering, Michael Schuman, *Bloomberg News*）；"中国雄心的清晰愿景"（The clearest vision yet of China's ambitious, *The Diplomat*）；"中国最新的全球化浪潮"（China's latest wave of globalisers, *The Economist*）；"中国面向全球的经济政策框架，致力于品牌重塑和活力振兴的全方位努力"（The backbone of China's globally oriented economic policy, a rebranding and reinvigoration of diverse existing efforts, *MoneyWeek*）。

孔子学院是中国崛起的产物，与中国的大战略、大布局密切相关。"一带一路"这一"改革中国和世界格局的大战略"构成了孔子学院新一轮发展的时代背景和地域环境。"一带一路"建设与孔子学院发展存在着高度战略契合和密切的逻辑关联。

（一） 二者都是中国致力于中外友好合作交流的象征

公元前 138 年，张骞出使西域，本来以政治军事为目标的西行之旅（汉武帝让其说服大月氏与西汉一起攻打匈奴），却成为历史上的文明交流之旅，他开辟的通向西域的通道，被司马迁评价为"凿空"之行，开辟了联结东西方文明的丝绸之路。公元 1405 年，郑和的船队满载着中国的丝绸、瓷器、茶叶等精美物品一路向南、向西，开辟了中国与东南亚、西亚、中东、北非的海上丝绸之路。郑和先后七次下西洋，历时 28 年，将先进的中华物质文化、精神文化、政教文化等远播海外。2004 年，中国第一所孔子学院在韩国首尔设立，标志着中国正式开启对外语言文化传播事业。至 2016 年底，中国已经在全球 140 个国家和地区设立了 513 所孔子学院和 1073 个孔子课堂，各类面授学员达 155 万人，网络注册学员为 59.7 万人。2016 年全年共举办各类文化活动 4.1 万场，受众 1300 万人。2013 年，习近平总书记提出建设"丝绸之路经济带"和"21 世纪海上丝绸之路"的倡议，受到国际社会的高度关注，得到沿线各国的认同和欢迎。"一带一路"连接历史面向未来，将中国人民追求文明发展进步的梦想与沿线各国人民的梦想有机地衔接在一起，勾勒了人类合作共赢的美好前景。连接陆上、海上的"一带一路"与"心灵高铁"孔子学院携带着相同的中华文化基因、怀揣着相同的友好合作目的，搭建了中外互联互通、和平交往交流的桥梁。

（二） 二者都是中国崛起、造福世界的"龙的礼物"

孔子学院是我国在海外设立的以教授汉语和传播中国文化为宗旨的非营利性公益机构。它秉承孔子"和为贵""和而不同"的理念，推动中外文化的交流与融合，以"建设一个持久和平、共同繁荣的和谐世界"为宗旨。自孔子学院开班以来，国际舆论的主流充分肯定了中国汉语国际推广和孔子学院建设对推动文化交流沟通、促进世界和谐发展的重大意义。有的学者通过实证研究分析了孔子学院对所在国促进出口贸易的影响发现，美国每一个孔子学院的建立都给所在州带来了 5% ~6% 的出口增长。这个结论强有力地证明了孔子学院给美国带来的直接经济利益。"一带一路"

旨在共同打造政治互信、经济融合、文化包容的利益共同体、责任共同体和命运共同体，最终实现中国与沿线国家的共同繁荣。自 2013 年秋提出倡议以来，"一带一路"已有 100 多个国家和国际组织共同参与，40 多个国家和国际组织同中国签署了合作协议，亚投行、丝路基金等新型跨境投融资机制成立并开始发挥作用，中国企业在沿线 20 多个国家建设了 50 多个境外经贸合作区，一系列重大项目落地，沿线国家体会到了实实在在的获得感。

（三）二者都是中国提升国家形象和软实力的重要工程

孔子学院以语言为媒，以文化为桥，搭起了人们心灵相通的纽带，成为世界认识中国、中国与各国深化友谊的窗口。它的诞生，标志着中国在硬实力建设取得重大突破和成就之后，逐渐在文化多样化的历史大潮中开始软实力崛起的历程。孔子学院被《纽约时报》誉为"迄今为止中国出口的最好最妙的文化产品"。新加坡《联合早报》称，"孔子学院的推广，有助于外界了解中国，消除外界对中国和平崛起的误解"。中国的快速崛起及其巨大的体量，引起了外界的猜测与不安，引发了一些不利于中国的负面国际舆论。20 世纪 90 年代后，"中国威胁论""中国责任论""中国殖民论"等言论甚嚣尘上，在这样的背景下，2009 年商务部推出的"中国制造"广告、2011 年国务院新闻办推出的"国家形象片"，这些由中国政府主导的国家形象塑造活动，耗资巨大、引人注目，但是对提升中国国家形象并没有起到立竿见影的明显效果。相比之下，孔子学院这一海外办学的方式，"则可以将汉语和中国文化带到他们身边，让外国学生和公众在这样的文化氛围中感受和认知中国，让'中国'成为一个触手可及的存在"。因此，孔子学院成为中国软实力的代表性品牌。"一带一路"虽然以经济合作为主干，但却以人文交流为灵魂，不仅在整个建设过程中人文先行，而且人文脉络贯穿始终，其最终目标也是要与沿线国家共同打造政治互信、经济融合、文化包容的命运共同体，这与孔子学院总部理事会主席刘延东提出的孔子学院建设"更富魅力的国际教育文化共同体"目标是异曲同工、殊途同归的。正是在这个意义上，本文提出，"一带一路"建设为沿线孔子学院实现转型升级和可持续发展提供了难得的历史机遇和广阔的发展空间。

二 "一带一路" 是孔子学院升级发展的难得机遇

(一) 为沿线孔子学院提升办学效益带来难得机遇

质量是孔子学院的生命线。如果说，孔子学院在其发展的前十年是开创期，以数量求生存，以速度促规模，重在立足扎根，那么，当前孔子学院的发展则进入深化期，以质量赢口碑，以内涵促发展，必须精耕细作。孔子学院转轨之时也正是"一带一路"从倡议到实施之际，该战略使孔子学院的发展与时代需求接轨、与所在国家发展同步成为可能。2015 年 12 月，孔子学院以"适应需求、融合发展"为主题召开了第十届孔子学院大会，这是孔子学院从自身发展出发对"一带一路"战略的热切回应。时任国务院副总理刘延东在大会开幕式上提出，"孔子学院自身要挖掘潜能，主动服务各领域务实合作，特别是在'一带一路'沿线国家和亚非拉发展中国家，注重将语言教学与职业技能培训紧密结合，助力当地青年就业"。"一带一路"沿线的 60 多个国家中，大多数是发展中国家，人均收入中等偏下，人口结构年轻。随着这些国家与中国在政治、经济、文化等领域的全方位合作逐渐展开，"汉语热"蔚然成风，成为青年人到中资企业就业、来华留学旅游、与中方开展业务合作的金钥匙，这是推动孔子学院融入当地需求、提升办学效益的内在动力。孔子学院应抓住这一契机在师资力量、教材适用性、教学方法和目标上进行适时调整和转型，使"三教"由以我为主、从我出发向当地为主、本土出发转变。在教师配备上，目前的模式是"铁打的营盘，流水的兵"，孔子学院虽植根当地，但汉语教师都是由国家汉办从各个高校"抓壮丁"（原国家汉办主任、孔子学院总部总干事许琳语）而来，专职教师、本土老师较少；在教材使用上，由中方编的教材依然占主流，不能满足多语种、地方性、特殊性需求；在教学方法上，中式教学需要因地制宜就地转变，将系统灌输、专业授课、学历教育模式适时调整，与更接地气的务实培训、灵活授课、应用型人才培养相结合。因此，能否围绕"一带一路"建设中当地的新需求，将汉语教学与实用培训、岗位技能有机融合，使教学更好地为学生成材服务、为当地发展服务，成为孔子学院检验教学质量与效益的试金石。

（二）为沿线孔子学院促进中外人文双向交流铺设便利桥梁

民心相通是"一带一路"建设的灵魂，孔子学院就是促进民心相通的桥梁和纽带，促进中外人文双向沟通更是孔子学院深入持续发展的动力。孔子学院建立之初，主要提供语言教学服务，以教授汉语为主，为各国民众提供学习便利。在"一带一路"建设中，中国与沿线国家的交往不断拓展，联系更加密切，单一的语言教学已经不能满足当地的需求，加强文化交流与人文互动、提供商旅信息咨询服务、推进教育科技文化合作、推介东道国优秀文化成果等服务已经提上日程。2016 年 4 月，时任国家汉办主任、孔子学院总部总干事许琳在厦门大学举办的"21 世纪海上丝绸之路"大学校长论坛上指出："孔子学院下一个十年的重要工作是推动双边交流，不仅要做到'走出去'，还要做好'引进来'，不仅要做好语言的交流，更要做好文化的交往，让中外文明相融相生，互相促进，共同发展。"时任国务院副总理刘延东在 2016 全球孔子学院大会开幕式上明确指出，"要发挥好孔子学院在促进中外人文交流的重要作用，将'走出去'和'引进来'相结合，在传播中华文化的同时，积极吸收借鉴各国优秀文化成果，把孔子学院打造成为推动文明互学互鉴的使者"。"一带一路"沿线人文交流的繁荣将对孔子学院进一步发挥综合文化交流平台作用提出新要求，推动孔子学院从单一的语言教学向多元服务功能发展，从单向"走出去"向"走出去"与"引进来"双向交流发展，从简单的你来我往向深层次互学互鉴发展。这是孔子学院发挥优势顺势而为的良好机遇，一方面，有利于孔子学院在牵线人员交流互访、促成来华合作项目、推动教科文卫交流等工作中更好地发挥作用，另一方面，推动有条件的孔子学院牵头承担沿线国别研究、组织译介沿线文化经典、助力文化遗产长廊建设，为促进多元文明共荣做出更大贡献。

（三）为沿线孔子学院推进本土化发展创造良好条件

本土化是孔子学院的发展方向。孔子学院地处海外、异域生长，要想枝繁叶茂、开花结果，本土化是必然之路，也是孔子学院办学的一贯思路。孔子学院总部原理事会主席陈至立在2007年第二届孔子学院大会上就提出"加快汉语教师本土化步伐"。此后，孔子学院新一届理事会主席刘延东在第四届孔子学院大会上又提出"创新汉语教学本土化方法"，"真正融入当地实现本土化发展"；第九届大会更是提出"希望孔子学院加快推进本土化，促进融合发展"；第十届大会明确未来方向就是"逐步实现孔子学院的本土化"；第十一届大会重申"要推动孔子学院的本土化发展"。这些年孔子学院一直在朝着本土化的方向努力，但由于缺乏外力推动和适当契机，本土化进程比较缓慢，效果不太明显，"中外两张皮"的现象还比较突出，这是一些外方人士习惯以"他者"眼光挑剔孔子学院的客观原因。虽然孔子学院"属于中国，也属于世界"，但不少国外人士仍然认为孔子学院是中国的、由中国人建的、属于并服务于中国政府的，这种认知差异与孔子学院本土化发展不充分、不深入、不到位有关。"一带一路"将使沿线国家从中国增长、中国制造、中国技术中受益，沿线人民也将在中国援助、中外合作、人文交流中不断增进亲近感，这些都有助于改变孔子学院中外双方你我泾渭分明的状态，为孔子学院本土化提供沃土和良机：贸易畅通将为孔子学院因地制宜开设新课、扩大零基础成人生源、倒逼教学实用化改革提出新要求；资金融通将为孔子学院吸纳社会资本、实现资金来源多样化、凸显公益性、民间性提供历史契机；政策沟通将有助于从上到下消除"文化入侵论""意识形态输出论"等不良舆论，形成中外共商共建共享、外方主动积极参与孔院建设的良好局面；设施联通与民心相通也将为加速中外融合、加强资源整合、方便人员流动、赢得当地民众理解支持提供设施相通、民意相亲的双重保障。

（四）为培育孔子学院品牌、提升中国文化软实力提供肥沃土壤

"一带一路"的内核是凝聚全球性跨区域大型国际合作的民心工程。从基础看，民心相亲是润滑其他"四通"的社会根基；从内容看，软实力是持久合作的助推器和稳定器；从过程看，人文先行且文化交流的纽带贯穿始终；从目标看，建设利益相融、责任共担、命运相系的共同体是最终归宿；从实践上看，目前"一带一路"项目执行中的风险主要来自对沿线国家民情了解不充分、民意沟通不到位。我们定位为好邻居、好朋友、好同志、好伙伴、好兄弟的一些沿线国，目前大多数青年人喜欢美国文化远胜于中国文化，这一情况如果不改善，势必将制约"一带一路"的推进。"一带一路"是中国全面崛起的重要标志，也是中华民族实现从物质文明到精神文明全面腾飞的有力翅膀。西方大国经济崛起之后，先后都走上了以硬实力带动软实力，再以软实力助推硬实力的发展道路。语言是文化软实力的重要元素，是民心相通的铺路石，语言文化推广机构的建立也通常标志着大国从经济崛起到文化崛起的传导和转换。法语联盟、英国文化委员会、歌德学院、塞万提斯学院、美国文化协会都曾见证了这些大国全面崛起的历程。"一带一路"作为中国在平等文化认同下倡导国际合作框架，与西方列强借以推行语言文化软实力的殖民体系、霸权体系自然不可同日而语，其旨在建设贯通东亚、东南亚、南亚、西亚、中亚直达欧洲和非洲的经济大走廊，必将大大提升沿线广大地区的汉语使用率，凸显孔子学院的功能作用和品牌价值。汉语作为联结这一世界上最长走廊的沟通桥梁，无论经济往来、政治合作还是文化交流，都离不开语言的沟通，这既是所有合作的先决条件，也是前期合作的重中之重。"中文成为全球性语言"将不仅仅是预言，"一带一路"的开发建设，将加快中文成为国际性语言的进程，孔子学院作为一张达成理解、促成合作的亮丽名片，其语言文化国际推广的明星品牌效应将大幅提升。古老的丝绸之路上越来越多的人学习汉语、了解中国，这是扩大孔子学院招生、提升中国软实力的源头活水。借助语言的翅膀，借力孔子学院的平台，中华文化将在"一带一路"沿线推广传播，中外文明日益深入交融，中国文化与价值理念不断深入人心，这是一个"各美其美，美人之美，美美与共，天下大同"的美好进程。孔子学院必将在"一带一路"建设中大有作为，成为中国提升软实力的金字招牌和有力支撑。

跨文化传播研究

海外志愿者跨文化交际影响因素与对策

朱　勇[*]

摘　要：加强培养具有跨文化能力的国际化人才已成为世界高等教育界的共识。汉语教师志愿者遍布全球，代表着中国的形象，肩负着传授汉语与促进中国文化"走出去"的使命。志愿者的跨文化交际能力对于其工作与生活有着重要影响。我们通过访谈、教学日志等质性方法对在意大利、澳大利亚、波兰等国的志愿者进行了研究，对他们在海外遭遇的跨文化问题进行了归因分析，在此基础上我们从认知、情感和行为等角度对志愿者跨文化能力培训提出了建议。

关键词：海外汉语志愿者　跨文化交际

一　引言

20 世纪 50 年代，美国与世界各国交往增多，尤其是马歇尔计划推出后，美国人援外的机会大增，但是由于美国各部门对员工缺乏必要的跨文化培训，许多人无法胜任这类跨文化援助工作。这段历史对当下的中国应该是前车之鉴。目前中国国力大增，提升中国的国际形象意义重大，提高国人的跨文化能力则是一项现实课题。

随着 2005 年世界上第一所孔子学院的成立，汉语热已成燎原之势。截至 2016 年底，全球范围内已建成 511 所孔子学院，1000 所孔子课堂。孔

---

*　朱勇，北京外国语大学中文学院副教授。

子学院和孔子课堂为世界各国民众学习汉语，了解中华文化发挥了积极作用，也为推进中国同世界各国人文交流、促进多元多彩的世界文明发展做出了重要贡献。大批的中方管理人员、汉语教师以及志愿者奔赴世界各地，传播汉语和中华文化。仅2015年，孔子学院总部就派出中方院长、教师及志愿者16100人，其中汉语教师志愿者（简称"志愿者"）人数为9048人。志愿者主要从所学专业为对外汉语、汉语言文学、外语、教育学、历史、哲学等文科专业的在职教师、在读研究生、本科以上应届毕业生中招募选拔，经培训合格后派出任教，任期一般为一年。

志愿者是汉语国际传播的主力军。他们在世界范围内演绎着汉语的魅力和中国文化的精彩，展现着近距离的中国形象。志愿者如何适应新的文化环境，有效而得体地与不同文化的人交往，在跨文化环境中顺利完成国际汉语推广任务是一种现实的挑战，而他们的跨文化交际能力是成功与否的重要影响因素。要想在海外成功传播中国文化，不仅需要扎实的语言功底、丰富的文化知识、灵活的教学技巧，还需要有较强的跨文化交际能力。刘延东在第九届孔子学院大会上的主旨报告中指出，希望孔子学院"要与所在国家的文化环境相交融，贴近当地民众思维、习惯、生活的方式，提高跨文化交际能力，让孔子学院成为不同文化相互了解、不同国度人民相互走近的窗口"。

目前关于海外跨文化交际、跨文化适应的研究多集中于中国留学生，而对担任汉语教师志愿者这一特殊群体的研究相对较少。亓华、倪树干对2008~2009年赴澳大利亚的27名志愿者的跨文化适应问题进行了研究，发现赴澳志愿者的社会适应和心理适应都较好，其跨文化适应的困难主要集中在人际交往和教学管理工作方面；① 杨军平对14位志愿者在菲律宾10个月教学期间的跨文化适应展开研究。② 此外，还有一些针对志愿者的跨

---

① 亓华、倪树干：《赴澳国际汉语教师志愿者跨文化适应研究》，《国际汉语教育》2012年第1期。
② 杨军平：《赴菲律宾汉语教师志愿者跨文化适应研究》，《第十届中国跨文化交际国际学术研讨会论文集》，中国跨文化交际学会、国际跨文化交际协会、美国中华传播研究学会，2013。

文化敏感度和效能感进行的研究，主要有夏娜、夏百川①，刘雨晨②以及唐琛③。这些研究有助于我们了解中国学生、志愿者的跨文化适应和跨文化能力情况。不过现有研究存在以下几点不足：研究对象的赴任国别相对单一，且没有放在统一的理论框架下进行，研究结论比较微观；缺乏深度的访谈，对跨文化问题的归因不足。因此本文力图对赴外志愿者的跨文化问题进行较为全面的梳理和分析。我们将通过对多个国别（澳大利亚、意大利、波兰、西班牙、匈牙利、泰国、蒙古、尼泊尔等）的汉语志愿者进行访谈，并借助日志和相关案例，了解他们遇到的带有普遍性的跨文化问题，对这些问题进行跨文化影响因素分析，并据此提出相应的对策。

关于跨文化交流的障碍，拉雷概括为六点：对相似性的假定（认为人与人之间有足够相似之处，沟通十分容易）、语言差异、非言语语言的误译、先入之见与刻板印象、评价倾向（赞成或不赞成他人或群体的言行。因为没有尝试从他人世界观的角度理解别人，反而认为自己的才是最自然的）和高度焦虑。④

二 研究方法

本文的研究方法有三种，均属于质的研究。

（1）访谈法。在质的研究中，访谈法具有特殊和重要的功能，能了解受访者的所思所想和情绪反应，了解生活中曾经发生的事情，解读他们的行为所隐含的含义。通过访谈，可以走进受访者的内心世界，了解他们的心理活动和思想观念。本文采用的是半结构性访谈。

（2）案例法。案例是包含问题或疑难情境的真实发生的典型性事件。通过案例可以了解志愿者在海外遇到的真实的跨文化问题，有助于剖析案

---

① 夏娜、夏百川：《对外汉语专业学生跨文化敏感调查研究》，《牡丹江大学学报》2013 年第 9 期。
② 刘雨晨：《国际汉语职前教师与在职教师跨文化敏感度对比》，《北京地区对外汉语教学研究生论坛论文集》，北京大学对外汉语教育学院，2013。
③ 唐琛：《汉语国际教育专业跨文化敏感度和效能感调查研究——以西安建筑科技大学汉语国际教育本科专业为例》，《西安建筑科技大学学报》（社会科学版）2015 年第 1 期。
④ 〔美〕贝内特、关世杰：《跨文化交流的建构与实践》，何惺译，北京大学出版社，2012。

例背后的影响因素。

（3）反思日志。反思日志是志愿者在教学和生活实践中真实记录自身发展的一种表达方式，通过反思日志可对自己的教学、生活进行反思。

三　跨文化交际影响因素

（一）语言障碍

语言是人类进行信息交流与沟通的主要手段，语言能力是跨文化交际的重要组成部分。当两种彼此难以理解的语言相遇而形成强大的语言障碍时，双方的共同语言就显得尤为重要。[①] 语言不通会使志愿者与当地人交际时产生重重障碍。

1. 语言障碍与交际广度

语言不通是志愿者交际圈狭小的一个重要原因。志愿者的主要交际圈包括外方同事、合作教师和学生。跨文化交际一般会选择一种语言作为载体进行沟通，操当地语言者往往在语言上占优。比如说，有的志愿者不懂意大利语，她们在与意大利人沟通中，需要集中注意力去听或不停地去猜，然后通过语言或非语言的各种方式给予回应。

2. 语言障碍与话题深度

因为语言的问题，很多志愿者无法做到维持较长的话轮，往往浅尝辄止、难以深入。

因为话题不是很深，也没有太难的词汇。"太深的话题我真的也不会，比如有人问我中国的宗教信仰之类的问题，说到儒家、道家、中医之类的，我也说不明白。本来对这些没有太深的了解，用英语就更不会说了。"（访谈 1，澳大利亚）

3. 语言障碍与信息技巧

信息技巧主要指在跨文化交际过程中有效利用语言和非语言传达信息的能力。我们发现，志愿者信息技巧缺乏的主因也是语言障碍。志愿者不

---

① Selmer J.，"Language Ability and Adjustment：Western Expatriates in China"，*Thunderbird International Business Review*. 2006（48）.

会说当地语言（匈牙利语、波兰语和意大利语等），与当地人交流主要依靠英语和非言语行为。虽然有志愿者后来逐渐可用少量当地语言进行沟通，但不管是英语还是当地语言，志愿者表示沟通困难一直都存在。语言不通导致信息无法准确传递。此外，即便使用同一媒介语，交流过程中因为社会生活、文化、习惯等的差异，双方的表达可能也会有很大差异，还是无法有效进行跨文化沟通。

4. 语言障碍与交际信心

语言障碍在一定程度上影响了志愿者的交际信心。中外双方在交流互动时常常没有很大把握。

"我觉得没有把握主要还是语言的问题吧，像每次去邮局寄东西或者办什么事情之前，我都挺担心的，担心自己说不清楚，平时生活中我有时也尝试着主动跟意大利人沟通，比如跟邻居聊个几句呀，但最后都因为听不懂而尴尬收尾，我发现意大利人真的很能说，我一个简单的问题，她会噼里啪啦地回答一大堆，我顿时就傻眼了，只能回一句我听不懂，然后对方就没有了再跟我聊下去的意愿，后来我就不再主动说意大利语了，除了简单地打招呼。"（访谈 2，意大利）

志愿者掌握了一些意大利语，可以满足日常生活需要，但多停留在简单的寒暄阶段。语言不通带来的尴尬，让她们开始产生回避意识。根据不确定性减少理论（Uncertainty Reduction Theory）[1]，人际交往中，人们都希望不断寻求信息以减少不确定性。如果无法预测将要发生的事情，不确定性会增加，那么就会降低互动参与者的亲密性。跨文化交际应该就是这种典型的情况，当志愿者与外国人交际时，由于语言障碍而无法获得相关信息来减少不确定性，焦虑感和挫败感就会增加。在这种挫败感下，志愿者希望马上结束交际，最终导致交际失败。语言本身对人的思维、情绪和行动有着很大的指导和限制作用，[2] 因此双方语言不通，会对彼此的交际信心都有所影响。

---

[1] 周爱保、周鹏生：《人际交往的不确定性减少理论（URT）述评》，《心理科学》2008 年第 6 期。

[2] 彭凯平、王伊兰：《跨文化沟通心理学》，北京师范大学出版社，2009。

（二）文化差异

文化作为集体潜意识是一种被内化了的心理观念，是一个民族比较深层又稳定的东西。文化差异是导致人们编码和解码信息的最大障碍。在跨文化交际情境中，不同文化在思维方式、价值观、交际方式、行为方式、冲突处理等方面的差异都可能导致交际中的一方无法正确解码另一方的信息，引起交际障碍，从而影响交际者的交际信心和对自己跨文化效能感的判断。

1. 不同的风俗习惯

一位刚到俄罗斯的志愿者受到了孔子学院外方院长和学生们的热烈欢迎，有学生送上黄菊花、白菊花组成的花束，让这位志愿者非常尴尬。与此类似，在泰国的志愿者也遇到同样的问题。在泰国，白色是吉祥如意、纯洁的象征，寄托了许多美好的寓意，宋老师在参加一次篝火晚会时，泰国同事让她戴上白色菊花参加表演，她既吃惊又为难。[1] 这些都是由于不同的风俗习惯导致的。

下面的日志则反映了中国和澳大利亚在权力距离方面的差异。澳大利亚是一个权力距离较小的国家，因此中国志愿者对他们见到"校长"时的称呼和态度很不适应。

"在学校办公室，校长进来了几乎没人理会，顶多打个招呼，还是各做各的事情。如果是休息时间，大家都在中间的圆桌周围坐着，没有空位，校长进来也不会有人站起来给她让座。他们跟我提到校长时也几乎从不使用"principal"这个词，都是直呼其名。"（日志 1，澳大利亚）

2. 个体主义与集体主义

个体主义与集体主义是 Hofstede 比较文化价值观的一个重要维度。个体主义关注自己的成就，强调个人和自我。[2] 集体主义社会是在社会共同责任和期望的基础上赋予状态的社会。中国是典型的集体主义社会，人们视个人为互相依存的集体的一部分，以集体的规则约束自己，习惯于在行

---

① 张恒君：《汉语国际教育案例与点评》，华语教学出版社，2015。

② Hofstede, G., *Culture's Consequences*: *International Differences in Work-related Values*. Beverly Hills. CA: Sage, 1980.

为中不断调适自我以适应他人的需要，所以在为人处事时往往会考虑很多，考虑自身行为是否恰当。在中小学课堂中学生的种种表现体现出各自文化的特点。研究发现，中国志愿者到达美国中小学后，最大的不适应是跨文化课堂管理。跟中国学生尊敬老师、守纪律相比，美国学生喜欢打断教师，"坐没坐相""顶嘴、反驳教师"等情况让中国志愿者非常苦恼。① 这里面既有权力距离的东西方差异，也有个体主义与集体主义的碰撞。

3. 时间观的不同

志愿者在国外常常会遇到由于时间观不同而引发的问题。比如说在蒙古的志愿者张同学曾经和其他几位志愿者一起等蒙古老师等了两小时。Hall 提出了两种时间观取向：单向时间取向和多向时间取向。② 单向时间取向的文化认为时间是重要资源，讲究计划性。多向时间取向的文化则认为计划可以根据具体情况随时修改，时间比较灵活。由于中意、中蒙时间观有所不同，所以容易引起一些跨文化交际的误会和矛盾。

4. 非言语行为的差异

跨文化交际中，信息的社交内容只有35%是语言行为，其他都是通过非言语行为来传递③，如眼神、面部表情、手势、体距、沉默等体态语言。在是否领会对方的微妙意思方面，有些志愿者表示，透过交际对方的神态、表情和身体的动作手势等可以大致感知对方想表达的微妙意思，但部分志愿者表示对所在国的非言语行为并不敏感。

"意大利人的神态表情非常丰富，他们的体态语也很丰富，说话的时候都是伴随着手部的动作，就好像是一个复杂的暗语系统，每次都让我眼花缭乱，跟意大利人交流的时候，透过他的面部表情什么的我可以知道他是高兴的还是不高兴的，是喜欢的还是厌恶的，但是我并不知道他具体是表达一个什么样的意思。"（访谈3，意大利）

意大利是身势语十分丰富的国家，曾有人调侃，意大利人不打手势就

---

① W. Zhou, G. Li, *Chinese Language Teachers' Expectations and Perceptions of American Students' Behavior*: *Exploring the Nexus of Cultural Differences and Classroom Management. System*, 2015 (49).

② Hall, E. T., "Monochronic and Polychronic Time", In L. A. Samovar & R. E. Porter (Eds.), *Interculture Communication*: *A Reader*, 1994: 262–271.

③ Samovar, L., *Intercultural Communication*. Belmont CA: Wadsworth Publishing Company, 2004.

说不了话。意大利人日常生活中经常使用的能准确示意的手势就有 250 多种，① 这些手势大都独具意大利特色。相比意大利，中国人较少使用手势语，人们只是习惯性地摇头或摆手。志愿者表示，解码复杂的意大利手势语是一件十分困难的事情。

澳大利亚的志愿者在访谈时所讲到的乘坐公交车的经历反映了中澳体距文化的差异。"坐公交车他们排队，也会站在非常远的地方，以至于我以为他们不是在排队，但他们其实是在排队。还有几件类似的事情让我觉得他们好像对身体距离还是很介意的，就不喜欢蹭来蹭去的，不像我们中国人，被挤惯了。"（访谈 4，澳大利亚）

（三）个体差异

跨文化交际的效果，除了受语言、文化、环境差异等客观因素的影响，还受志愿者主观因素的影响。志愿者的性格和心理差异，个人的认知方式、知识和态度等都是制约跨文化交际的重要因素。同样的交际环境，交际的效果却可能不一样。

1. 性别差异与交际广度

志愿者中女性居多，我们发现，男性志愿者的交际面明显比女性志愿者大。大部分女性志愿者比较矜持，一方面很少主动与人交际，另一方面对交际对象的选择要求较多，他们一般只选择熟悉的有共同话题的人交往，且交往对象大都是女性。男性志愿者在这方面则相对开放一些，他们比较大胆，可以迅速接受并融入新群体。

2. 人格差异与效能感

人格特征作为较稳定的个体特征，对人的跨文化交际具有显著影响。个体的人格特质，如外向型、开放型、宜人型、尽责型等对个体适应新的社会文化有着积极的影响，而有些因素如神经质则呈现消极影响。② 研究表明，高水平的外向型和开放型人格以及低水平的神经质能够预测良好的

---

① 田平沙：《不打手势说不了话的意大利人》，《新湘评论》2015 年第 14 期。

② McCrae, R. R. and Costa, P. T., "Validation of the Five-factor Model of Personality across Instruments and Observers". *Journal of Personality and Social Psychology*, 1987（52）.

跨文化效能感。① 访谈中我们发现，志愿者在外向型、开放型这两个人格维度上表现出较大的差异，那些外向型和开放型人格取向的志愿者，他们比较主动、自信心强、善于交流，更愿意主动开口说话。而有些性格较被动的志愿者，他们在交际过程中更多地依赖于交际对方。

"因为我不是那种特别主动的，我自己不太善于交流、找话题，我比较喜欢跟有安全感的、让我觉得我跟他在一起怎么说都没有问题，或者我自己可以找到一些我能找到的话题，有话可说的这种人聊天，但如果说那种我不太熟悉的，他比较乐意跟我交流，这种让我比较有安全感的，我也是比较喜欢跟他们进行交流的。"（访谈5，意大利）

这类志愿者的性格属于被动型，对陌生的异文化开放程度较低。在交往初期，如果对方主动找话题来亲近自己，他们才会慢慢地放开，交际才能深入地进行下去，如果对方也不主动，交际过程就容易中断。

3. 民族中心主义与身份维持

民族中心主义是对跨文化交际影响最直接的一种心理因素。访谈发现，志愿者有不同程度的民族中心主义。民族中心主义程度较高的志愿者，在交际中更倾向于维持自己的文化认同。民族中心主义程度较低的志愿者，他们在交际中对不同于本民族价值判断的文化现象所持态度比较开明，容忍度和接受度都比较高。

"我对匈牙利人可以直呼老师的名字这一点至今不习惯。有一次我在上课的时候，一个外国学生直接喊我的匈牙利语名字，可能是大脑里已经根深蒂固的思想吧，我虽然不意外，但当下就有点生气，就觉得这对我是一种不尊重，后来我就跟学生解释了中国人比较尊重老师，所以一般不直呼老师的名字。"（访谈6，匈牙利）

志愿者因为外国学生直呼自己的名字而觉得不受尊重，她不是不知道学生直呼她的名字其实并没有特殊含义，但依然会觉得不舒服，这就是民族中心主义的表现（虽然不像种族歧视等那么严重）。跨文化交际过程中，

---

① Mak, A. S. and Tran, C., "Big Five Personality and Cultural Relocation Factors in Vietnamese Australian Students' Intercultural Social Self-efficacy". *International Journal of Intercultural Relations*, 2001 (25).

很多人会不自觉地忽视双方文化的不同，按照自己的价值标准去衡量其他民族的行为。

（四）工作环境

跨文化交际的广度受工作环境影响较大。志愿者中女性居多，因处在陌生的异文化环境中，所以更倾向于选择那些熟悉的有安全感的人交往，工作中经常接触的人就是志愿者首要的交际对象。

"我们在波兰的工作和生活环境相对来说比较单一，就是学校、孔院，然后就是生活部分，交际圈比较窄，大家平时工作也很忙，没有出去交际，所以能长时间交谈的人可能都是同事吧，就是你的工作环境决定了你所接触的生活环境，限制了你的圈子。"（日志2，波兰）

志愿者的交际对象主要包括以下几种类型：孔院的同事，包括中方同事和外方同事，主要是中方同事；合作教师或搭班教师；外国学生；最后是一些普通的当地人。工作圈的人，包括同事和合作教师，都是志愿者比较熟悉且安全的人，志愿者愿意同他们保持一个长期稳定的交往关系。聚焦于孔院同事和合作教师这两个群体，我们发现部分志愿者与这两个群体的交往也并不深入。

"其实我跟我的搭档每次见面的时间不是很长，我们自己住在XX，然后其他外方教师住在其他城市，只有在去高中上课的时候才会见面，上课的时候也是我上我的课，她上她的课，只有课程中间下课那么一小会儿会说那么两句，然后在这个时候我们交流的都是汉语教学。"（访谈7，意大利）

随着下设孔子课堂的增多，大部分志愿者承担的是孔子课堂的教学任务。访谈7的志愿者，她们每周固定时间乘火车或城际巴士到孔子课堂上课，由于当天往返，一般都是上完课就马上返回，所以只有在上课的时候才能跟搭档进行短暂的交流，其余时间因为不在同一座城市少有机会交往。

此外，依托于孔院和外方的照顾，志愿者生活中的很多事情不需要独自去面对，因而减少了很多可能遇到的矛盾和麻烦。孔子学院大都将志愿者的住所安排在一起，便于互相照顾和管理，这也导致志愿者除了与同事和学生交往之外，与当地人交往的欲望并不强烈。访谈中曾经遇到一件事，一位在韩国担任教师志愿者的同学认为自己没有什么跨文化问题，因为她基本上就是上课——回家——上课，两点一线的生活模式。这恐怕还不是个例。

综上所述，我们的发现跟拉雷的研究有相似之处，比如在语言差异、非言语行为等方面。此外相似性假定和评价倾向以及刻板印象、高度焦虑等在志愿者中也有所表现，而且其中有些现象是综合性存在的，比如说语言能力与高度焦虑。

四 对策

我国大学生，尤其是涉外专业的大学生，相关的外语类和跨文化类课程要逐步完善，要更有针对性和操作性。Chen & Starosta 建立了以促进交际者承认、尊重、容忍、整合文化差异，成为合格全球公民为目标的跨文化交际能力理论模型。[①] 他们认为跨文化交际能力包括在跨文化交际过程中交际者认知、情感、行为三个层面的能力。下面我们从认知、情感和行为等三个角度提出增强跨文化能力的对策。

（一）认知层面

认知层面强调的是对自身和交际对方文化的理解，即跨文化意识。从目前来看，志愿者对本国文化和对象国文化的学习还不充分，甚至还比较欠缺。

"来之前对澳大利亚的文化也不是很了解，只有地理上的了解。比如他们很喜欢关注及讨论各类比赛，我也不是很感兴趣。"（访谈8，澳大利亚）

在尼泊尔担任志愿者的赵老师有一次认真地给学生指导作业时，学生总是不停地摇头，这让她觉得很气愤，觉得学生太不礼貌了，这其实是因为她不了解尼泊尔人用轻微摇头表示同意。知己知彼才能形成跨文化交际的知识基础和初步的跨文化意识。

---

① Chen, G. M. and Starosta, W. J., "The Development and Validation of the Intercultural Sensitivity Scale". *Human Communications*, 2000 (3).

此外，志愿者在海外教学中普遍会遇到课堂管理问题。如果赴任前进行中外课堂管理方面的比较性知识培训，那么在海外的跨文化课堂管理工作一定会顺利得多。

（二）情感层面

情感层面强调的是个人在某种特殊的情景或与不同文化的人交际时，情绪或情感的变化，即跨文化敏感。一个跨文化敏感的人应该主动驱使自己理解、欣赏、接受不同文化之间的差异，同时这种积极的情感回应最终导致对文化差异的承认和尊重。

提升志愿者的跨文化意识、培养提高共情能力可以帮助志愿者尽快适应新的文化环境。共情是个体通过想象在认知、情感和行为等方面进入和理解文化他者世界的能力，是形成跨文化人格的核心要素。① 开放型和外向型人格的志愿者往往能以积极主动和开放兼容的心态对待与自身文化不同的所在国文化。志愿者在跨文化交际的过程中，应有意识地放开自己，在面对与自身文化观念不符的文化现象时，学会用理性情绪对待，尝试用尊重、宽容甚至欣赏的态度去看待，通过视角的转换对文化差异进行换位理解和感受，继而克服自身的思维定式，培养多元文化人格。

（三）行为层面

行为层面体现的是在跨文化环境下完成交际任务或实现交际目的的能力，即跨文化效能。这种能力包括可以明确表达、实现交际目标并与他人成功合作，通过使用言语与非言语交际技能适应不同的情景与环境。

一是加强实效性的语言能力建设。语言能力是进行跨文化交际的前提，跨文化交际的有效性依托于主体正确解码跨文化交际双方传递的信息的能力，② 了解当地的语言有助于克服误解，使人们更容易与当地人进

---

① 孙有中：《外语教育与跨文化能力培养》，《中国外语》2016 年第 3 期。

② Shannon, C. E. &Weaver, W., *The Mathematical Theory of Communication*. Urbana：University of Illinois Press, 1949.

行沟通[1]。语言不通是赴外志愿者跨文化沟通面临的最大困扰，不仅影响着志愿者跨文化交际的广度和深度，还影响着其交际信心以及跨文化效能感的方方面面。提高志愿者语言能力的重要性由此可见。语言能力的培养不能局限于对听、说、读、写、译等语言技能的培养，语言是特定文化的产物，外语能力与跨文化能力密不可分。

对志愿者语言能力的培养，首先要解决的问题是让志愿者会说这门语言，对于一些小语种，如果有条件，行前培训应开设专门的课程供志愿者学习，作为志愿者，要始终保持积极学习的状态，工作之余多参加一些语言培训课程。访谈中一位志愿者提到，学习小语种让其跨文化交际状态有了一个明显的转变，最初因为不会当地语言没办法交流而害怕外出办事，学习之后，自己慢慢地开始享受与当地人交际的过程，可见，掌握所在国语言是增强志愿者交际信息和效能感的重要手段。

二是增强非言语能力。每一种文化都有自己的一套非言语行为模式，不同的文化中，同样的非言语行为可能表示不同的含义，这为跨文化交际的双方解码对方含义带来了一定的障碍。比如在权力距离较大、崇尚群体主义的中国文化中，人们重视等级观念，提倡"长幼有序""尊老爱幼"，也更强调上下级之间的关系，具有权力意义的符号和行为更多，比如称呼带有头衔等。在权力距离较小、崇尚个体主义的澳大利亚，价值观念中个人的独立性更重要，强调人与人之间的平等，往往只有弱者才需要被人照顾，只要自己能够完成的事情，他们一般都不愿意让人帮助，对长幼与上下级也不存在太多区别对待，长辈或者上级常常对小辈或者下级说"Thank you"。志愿者赴任前有必要了解目的国的一些常用的非言语行为，避免由此带来的跨文化交际障碍。

五 结语

加强培养具有跨文化能力的国际化人才已成为世界高等教育界的共

---

① Viktorija ólafsson，"The importance of Intercultural Competence."Vieskiptafrðeideild Háskóla íslands Leiebeinandi：Tóra Christiansen Júní，2009.

识。在这个全球相互依赖日益加深的时代，教育的紧迫任务就是要培养具有跨文化能力的公民，他们在面临涉及多元文化视角的问题时，能够做出明智的、道德的决策。① 无论是着眼于中国全方位走向世界的人才需要，还是着眼于全球高等教育的发展趋势，进入新时期的中国高等教育都应该尽快肩负起跨文化国际化人才培养的紧迫使命。每年赴外任教的数以万计的国际汉语教师志愿者，他们是名副其实的国际化人才后备军，加强对他们的跨文化能力培训意义重大。

---

① King, P. M. & Baxter Magolda, M. B. , "A Developmental Model of Intercultural Maturity", *Journal of College Student Development*, 2005（46）.

多重接近性视角下中华传统文化的跨文化传播

——以中医题材电影为例

胡晓梅[*]

摘　要：媒介产品和受众之间存在语言、历史、地域、价值观等多方面的文化接近性。从多重接近性理论出发，虽然中医复杂深奥的理论体系很难直接接近海外受众，但中医题材电影可以寻求我国对外交往过程中传统医学和海外受众在历史、地理方面的交融，并从主题和价值观层面寻找适合受众理解的普世性内容。中外合拍在传统文化他者视角转换中的优势也能进一步促进海外受众对中医文化的理解，缩减海外受众与异域传统文化之间的距离。

关键词：多重接近　中医　电影　跨文化传播

著名电影人英格玛·伯格曼曾说过："没有哪一种艺术形式能够像电影那样，超越一般感觉，直接触及我们的情感，深入我们的灵魂"。电影作为一种综合艺术，凭借人物、画面、声音、文字、氛围、情绪的整合作用，成为文化传递和价值观建构的重要载体之一，也成为我们了解"他者"和被"他者"了解的重要窗口。随着全球化尤其文化全球化进程的不断推进，独具特色的民族文化内涵得以通过电影这一重要的文化表征形式实现跨国意义流通。然而，经过近20年的海外传播后，功夫片和动作片依然是外国观众最喜欢的中国类型片，外国受众对于中国电影中文化符号的

　＊　胡晓梅，浙江大学传媒与国际文化学院博士研究生。

认知仍然停留在中国功夫、自然景观和中国建筑等文化内涵中较为表象的层面，感兴趣的比例分别为 54.5%、43.5% 和 30.5%。如何让本土文化走向世界，如何让更多层次的中国文化元素通过电影载体得到普遍认知，在全球化语境下实现中华传统文化的跨文化传播，是电影创作者和研究者需要深入思考的问题。本文将使用多重接近性的理论视角，聚焦作为国粹之一的中华医学，试着探讨这一问题。

一　当前中医题材电影跨文化传播现状

著名中医文化传播专家金宏柱教授认为，"中医药以其最具中华文化代表性的文化价值和保障民众健康的医疗保健实用价值，最有可能打造中华民族文化品牌，也最有可能通过民族文化品牌输出而推动中华文化走向世界"。这个论断虽有值得商榷的地方，但中华医学是中国传统文化的精髓之一，这一点毋庸置疑。可以说，中医理论的文化根源、哲学思想、思维特征等都可以在中国传统文化中找到依据，中国传统文化的精神内核渗透了中医的各个方面。因此，作为中华传统文化天然载体之一的电影，对于传播中医文化有着不可推脱的责任。

（一）新世纪前后中医题材电影的变化

从 20 世纪 20 年代初期明星影片股份有限公司拍摄的无声电影《劳工之爱情》开始，以中医文化作为主题元素的电影大约有 20 余部。按照约瑟夫·M. 博格斯和丹尼斯·W. 皮特里对电影主题的划分，这些电影可以分为角色主题、情节主题与思想主题三个类别，其中讲述古今医学大家成长经历及其个人成就的角色主题类电影最多，比如《李时珍》《神医扁鹊》《华佗与曹操》《天下第一针》《苍生大医》等。

从拍摄时间和表现内容来看，2000 年后拍摄的中医题材电影数量略高于 2000 年之前，表现内容和形式也更加丰富。除了继续以著名医者为人物原型创作的、反映中医名家在各个历史时期不同遭遇的角色主题类电影，如"中华医者"系列电影以外，新世纪的中国电影人还将中医题材更多地拓展到情节主题与思想主题。比如反映明朝末期内忧外患特殊时期的电影

《大明劫》，就将名医吴又可临危受命抗击军营瘟疫的故事作为主要情节，将吴又可创立瘟疫论的医学成就置于明朝衰亡的宏大历史背景之中进行叙述。而 2000 年上映的思想主题类电影《黄连厚朴》，则直接用黄连和厚朴两种常用中药材为题来隐喻人生，让女主角在对这两种中药药性的逐步认识中意识到人生真谛。

从电影对中华医者的影像呈现来看，2000 年以后的电影对医者形象的描摹与刻画比 2000 年之前更加多元化。2000 年以前拍摄的中医题材电影中，医者们人生经历的曲折多变与困顿艰辛是电影对中医文化的重要呈现。《李时珍》《神医扁鹊》《云深不知处》等电影普遍色调阴沉暗淡、音乐悲怆缓慢，人物形象充满悲剧感，将中华医者形塑为时代背景下命运苦难却不屈不挠的职业坚守者。新世纪以后拍摄的中医题材电影中，困顿艰辛的中医群体呈现被弱化了许多，代之以性格角色更为丰富多样的个体形象。在 2008～2015 年陆续播出的"中华医者"系列电影中，既有靓丽活泼的艾草治疗发明者鲍姑、帅气潇洒的药学始祖唐慎微，也有老成持重的温病学创始人叶天士和呆萌可爱的针灸学家王惟一。影片叙事不再指向人物的一生经历，而是围绕人物最重大的贡献选取几个片段展开。风格也不再像以前那样沉闷晦暗，而是略微带点轻喜剧色彩，色调明朗，节奏明快。

（二）中医题材电影的跨文化传播

借助视听影像手段传播中医文化已经开始引起国家和媒介机构的重视。《黄帝内经》《中医》《针灸》等大型专题纪录片的播出，多角度展示了中医这一中华文化瑰宝。热播纪录片《舌尖上的中国》在介绍中国美食的同时也展现了养生保健等中医思想与中国传统美食的完美融合。在电影领域，尽管新世纪以后中医题材电影在题材类型和人物塑造方面有了一定突破，但总体来看中华医学通过电影得到的跨文化展示机会仍然非常有限。2001 年，以中医刮痧疗法产生的误会为主线的电影《刮痧》在戛纳电影节亮相。2011 年，以"国医大师"李振华为原型的影片《精诚大医》获得第 16 届美国洛杉矶国际家庭电影节最佳启蒙电影奖和电影节最高荣誉奖"组委会鼓舞奖"。影片《大明劫》于 2013 年 10 月在中国及北美地区上映，获得第九届中美电影节金天使奖。2014 年拍摄的反映按摩中心盲人技师生活的影片《推拿》走得最远，先后在德国、美国、法国等国上映，并斩获柏林国际电影节银熊奖最佳摄影、亚洲电影大奖最佳电影等奖项。除此之外，其他中医题材影片很少能走出国门，"中华医者"系列电影甚至只在中央电视台电影频道播出。从整体上看，中医题材电影的跨文化传播情况与中医在我国文化中的重要地位不符，与我国文化大国的国际地位不相适应，不利于我国文化软实力的提升。

二　中医题材电影"多重接近"的可行性

中华传统医学与西方现代医学是完全不同的两个系统。中医属于高语境文化，吸收中国古典哲学的儒释道精神，强调人体系统与外界万物相生相克，处于阴阳调试、气血循环的不断变化之中。中医通过"望闻问切"的诊断方式辨明病因剖析病理，再综合运用中药、针灸、按摩、食疗等治疗手段来恢复人体健康。这样的医学理念让生活于西方工具理性思维体系下的海外受众难以接受，更难理解中医所蕴含的文化内涵。他们可能从未听说过那些中药的名字，从没想过野外田间生长的"草"也可以治病，气血、经络、穴位等概念听起来更是玄之又玄。同时，中草药的辨识度与美感度均不高，中医诊疗手段中只有针灸和按摩的观赏性比较强，导致中医文化缺少适合影像表达的视觉符号，无法像功夫、饮食、戏曲、服饰、建筑等其他中国传统文化元素那样在电影中得到大量展示。但是，这并不意味着中国电影对中医文化的呈现难以实现跨文化传播。相反，从多重接近性理论出发，如果媒介产品内容与受众之间存在着多重文化接近性，那么受众对媒介产品的接受程度也会大大增加。

约瑟夫·斯特劳哈尔（Joseph Straubhaar）在 1991 年提出文化接近性（Cultural Proximity）理论，指出在媒介产品的消费过程中，受众更倾向于接受与自身文化相近的媒介内容。随着文化全球化的发展，LaPastina 和 Straubhaar 在 2005 年修正并丰富了文化接近性理论，提出多重接近性理论（Multiple Proximities）。他们在研究电视观众的喜好时发现，基于受众复杂、多重的文化身份认同，媒介产品的文化接近性实际上包含了语言、地域、历史上的接近性，宗教、习俗方面的接近性，节目类型上的接近性，以及受众对媒介产品所呈现的现代性的向往等多个层面。根据 La Pastina 和 Straubhaar 的理论，媒介产品如果希望成功实现跨文化输出，寻找媒介内容与目标受众之间的"多重接近"是一种可行的策略。

事实上，中医题材电影在寻求跨文化传播的多重接近性方面已经做出了有益探索。中医题材电影《刮痧》之所以能够在美国、法国、捷克、日本等国获得好评，很重要的一个原因正是在于电影从地理、历史、价值观等方面实现了与西方观众的"多重接近"。影片启用美国制作人和大量美国演员，全程基本都在美国取景拍摄，中间更有不少英语对白，从地理、演员和语言层面实现文化接近性。故事以刮痧作为引起家庭变故的核心情节，反映了一个普通华人家庭在美国的奋斗历程，以及中美双方在医疗观念和法律观念上的冲突与碰撞，让海外受众尤其大量华人移民进而从历史与现实中感受到文化接近性。另外，关键人物美国老板的态度转变也从价值观接近层面帮助影片进一步抵达海外受众。美国老板一开始对刮痧行为感到震惊与愤怒，但出于对主角个人的信任与了解，他试着去理解这一独特的中医治疗手段，并在最后通过亲自体验刮痧来说服法官赢了官司，帮助主角一家团圆。这种行为背后的心理变化符合美国乃至西方主流社会所宣称的多元文化价值观。

正如电影《刮痧》所展示的那样，在人员流动和观念融合迅速的时代，媒介产品内容与受众文化体验之间的关联也越来越多。多重接近性理论的有效运用，能够帮助中医题材电影建构更多与海外受众的关系，推动以电影为载体的中华传统医学跨文化传播。

三 多重接近性视角下中医题材电影跨文化传播策略

多重接近性理论强调受众和媒介产品内容在多个层面上的接近，这种接近性既可以是符号层面的，也可以是意识形态层面的；既可以是历史层面的，也可以是现实层面的。如果从多重接近性理论出发，试着从历史地理和故事主题方面寻找中华医学与海外受众之间的关联，以中外合拍方式创造更多符合海外受众文化认知的故事框架，中医题材电影也能够搭建起传统医学跨文化传播的桥梁。

（一）历史地理接近：用史实串联过去与现在

从历史上看，自古代开始，我国就通过经济活动和外交活动与其他国家展开多方面交流合作。在这个过程中，伴随着商贸往来及人口迁移，中华医学也与众多中国传统文化元素一起从周边国家开始向全世界逐步渗透。"一带一路"沿线国家都有中医药使用历史，近些年随着中医药货物贸易的不断发展以及中医药服务贸易的兴起，中医药更是成为很多国家的新的经济增长点。在一些东南亚国家如马来西亚、印尼、新加坡、菲律宾，由于海商贸易和躲避战乱的原因，以及西方殖民政策的影响，亦有大量华人移居此地并使中医文化在该地区落地生根。从 20 世纪开始，伴随早期华人移民和大量中医专业毕业生涌出国门到海外行医，中医文化在欧美国家的生存空间也得到拓展。以美国为例，根据美国国家卫生研究院（NIH）公开发表的资料统计：1998 至 2012 年间，美国共花费 2.36 亿美元资助了 248 项中医研究，其中包括针灸 160 项、中医中药 36 项、太极拳 33 项和气功 19 项。中华医学包括中医中药、针灸、按摩推拿及气功、太极拳等多种疗法，作为一种重要的补充替代医学已经正式进入美国医疗保健体系。这些事实说明，中医尤其针灸和推拿已经至少在某些国家成为一种亚文化现象，并积累起一定的受众基础。中国和其他国家的交流合作，以及华人对外迁移的历史，也是包含中医文化在内的中华传统文化进入他者文化的过程。中医题材电影可以着眼于这些特定历史阶段，通过聚焦中医文化与当地文化的冲突、纠葛与融合，或更宏大意义上的华人在海外奋斗扎根的历程，创造中医文化与海外受众的历史共鸣，从历史接近性层面实现中医文化的跨文化传播。

从地理上看，韩国、日本紧邻中国，两国文化与中国文化基本同源，同属于"汉字文化圈""儒教文化圈"，有着大致相似的文化传统、文化结构、文化心理积淀、文化价值观念以及文化思维方式。相比欧美受众，东亚和东南亚地区受众对中国历史文化的理解程度更高，对于中医文化及其著名人物也有一定了解，比较适合中医题材电影中以人物为主题的跨文化传播。比如作为福建省重要民间信仰的"保生大帝"，在东南亚地区也同样拥有较高知名度，信众众多。"保生大帝"原型是北宋年间泉州府名医吴本，因医术高超、医德高尚而被当地百姓建庙供奉。随着闽南一带老百姓移居海外，对"保生大帝"的尊崇和信仰也被带到台湾及东南亚地区，成为当地重要的宗教文化活动。反映"保生大帝"生平的台湾电影《云深不知处》，在东南亚地区也曾产生一定反响。电影创作者应充分利用中国电影在创作和拍摄经验方面的优势，选择吴本这样在亚洲相邻国家和地区享有一定认知度的中医人物，利用我国与周边国家地理接近所产生的文化融通，制作出适合亚洲受众文化体验的优秀中医题材电影。

（二）主题接近：用故事搭建理解与共鸣

电影创作是一门艺术，在有限的时长内，其功能主要在于展示和传递文化以引起人们关注，而不在于讲解或解剖文化。鉴于中医文化理念与海外受众间的距离，中医题材电影可以尝试在一些能够吸引外国观众的电影主题中，将中医文化嵌入适当的叙事背景中，通过主题接近部分地、有侧重性地展示中华传统医学。

根据《2011年度"中国电影国际传播研究"调研分析报告》，外国受众对中国历史最感兴趣，其次是中国哲学和中国古代习俗。中华医学蕴含着丰富的哲学、历史、人文和现实意义，存在较大故事挖掘空间，而故事是人们处理信息的基本形式之一，富有张力的故事可以增强电影吸引力，削减文化差异可能造成的抵抗。正如影片《大明劫》将瘟疫学说创始人吴又可的成就置于大明朝晚期内外交困的历史背景之下，治疗明军瘟疫的叙事主线与镇压李闯叛乱的副线交错发展，共同昭示着一个朝代的兴衰起落，影片因此从一个医者的个人成就跳脱出来而具有更普遍的历史意义。影片《推拿》则将推拿中心作为故事发生的主要场所，将中医按摩作为盲人群体的主要谋生手段，借此描摹盲人群体的生存境遇，探讨现代化社会中残疾人的欲望和权利。这些电影不再就医论医，而是将中医与中国历史、当代社会勾连起来，将中医文化作为主要背景、情节或特定叙事元素融入关于中国历史及现实题材的电影叙事，从主题上与海外受众产生接近与共鸣。未来中医题材电影不妨多采用这种方式，选择历史发展规律、人权、情感等具有普遍意义的、易为海外受众理解的电影主题，将中医文化的某些面向植入电影叙事，通过故事价值的共通性从不同侧面呈现中医文化。前述历史接近性亦可与主题接近性相结合，创造更多通往受众理解的途径。

（三）人员接近：用合拍创造认同与融合

无论采用历史地理接近，还是主题价值接近，都是为了让中华医学能够进入海外受众的主体诠释范畴。合拍片是达到这一目的的方式之一。合拍片对于本土文化的好处在于："可以打破各国、各民族对于本国、本民族文化的固守，突破对自身文化和他者文化的单一视角表现，而以一种更为开放的胸怀迎接异质文化的注入和他者视角的介入"。纵观新世纪以来华语电影北美市场票房排名前十的影片，如《卧虎藏龙》《英雄》《饮食男女》《喜宴》《一代宗师》等，合拍都是获得观众认可的重要因素之一。

多重接近性理论认为，受众文化认同多维且复杂，既来自于同种语言的使用，也来自于同一空间的聚居，宗教、历史、种族、性别、家庭，甚至性与暴力都可能带来文化接近性，引起受众共鸣。采用中外合作拍片，可以从两方面实现这种多重接近。一方面，国外知名导演、演员、创作者等海外受众熟悉的人员加入，有助于受众产生认知亲近带来的心理接近性，比如《大明劫》专门邀请日本著名歌手小野丽莎为影片演唱片尾曲，为影片获得海外认同增加筹码。另一方面，如果影片从前期阶段开始就有外方人员加入，双方可以从切入角度、叙事、情节设置、线索推进等涉及受众文化理解的核心部分着手，寻找海外受众能够接受的表现形式，让电影中的中国传统文化元素经由合拍方的理解与诠释进入并融合到他国文化中，从而减少文化折扣，增加文化接近性。比如，电影《刮痧》里中美创作人员的合作使影片将中国传统文化在美国被认知与接受的状况刻画得丝丝入扣，符合国外受众的思维特性和文化观念。此外，外方人员的加入也能促使已有的历史地理接近或主题接近更好地发挥作用。

四 结语

中医理论起源于中国古代文化，融合了哲学、历史、天文、地理、数学等多种知识。中医所讲究的天人合一、动态平衡、中庸和谐等核心思想来自于中国古代哲学思想，中医在发展过程中又不断吸纳中国文化精髓，成为中华传统文化的重要体现之一。因此，在国家大力提升文化软实力的今天，将中医文化通过影像艺术传播到海外，是中国电影义不容辞的责任。中医属于高语境文化，其内含的符号和话语体系对于海外受众有较高理解要求，难以像功夫、美食、建筑等其他传统文化那样在较短时间内广泛传播。但是正如近年来美国、巴西和墨西哥等电视剧大国采取故事内容普世化的策略来迎合多元的受众认同一样，中医题材电影也可以从多重接近性出发，寻求我国对外交往过程中传统医学和海外受众在历史、地理方面的交融，并从主题和价值观层面寻找适合受众理解的普遍性内容。中外合拍在传统文化他者视角转换中的优势也能进一步促进海外受众对中医文化的理解，缩减海外受众与异域传统文化之间的距离。

全球化背景下，中国电影展开传统中医文化的跨文化传播势必会遇到许多困难，但以电影这种流行文化媒介为载体向世界传递中国传统文化，值得我们尝试并为之付出努力。

文化传播中形象译介的对应形式与话语同义

——以陈明明《领导人讲话和党政文件中形象表述翻译探讨》为例

王晓娜 *

摘　要： 本文以译介专家形象表述的翻译实例和研究成果为基础，阐释文化传播中形象译介的对应形式及其制约因素，探讨与之相关的文本话语同义建构的多种可能及其构成原理。

关键词： 文化传播　形象表述　对应形式　话语同义

有学者指出，中国文化"走出去"的本质是中国文化的译介，政府文献的译介是中国文化译介的重要部分，[①] 而其中的形象表述又是译介的一个难点，如何处理直接关系到中国文化传播的准确性和有效性。译介专家在形象表述的翻译方面积累了丰富的经验，很多学者据此进行研究获得了丰硕的成果。这些宝贵的译介经验和研究成果对于我们探讨源语和目的语的对应形式，研究其中所蕴含的文本话语的同义关系，从一个新的角度揭示文化传播中的译介原理很有启示。

本文的讨论主要以陈明明[②]的《领导人讲话和党政文件中形象表述翻译探讨》[③] 为基础。陈文参照外交部翻译司和中央编译局关于国家领导人2013 年以来 60 多篇对外讲话、文章以及近两年来政府工作报告的有关形

---

* 王晓娜，大连外国语大学文化传播学院教授。

① 参见陈勇《译介学视阈下中央文献翻译研究》，《第二届中央文献翻译与研究论坛——中国重要概念翻译与对外话语体系建设论文集》，第 170～177 页。

② 陈明明，外交部外语专家、前外交部翻译室主任。

③ 该文为"第二届中央文献翻译与研究论坛"（2016.9.26～27，大连外国语大学）宣读论文。

象表述①的翻译经验，列举了大量翻译实例，对形象表述翻译的基本原则和处理方法进行了具体而细致的研究。文中所概括的形象表述翻译的两个基本原则是：尽可能忠实于原文（Be as faithful as possible）；在忠实性和可读性之间发生矛盾时，英语可读性优先（Be as free as necessary），避免硬译。陈明明给出的在翻译实践中具体处理的四种方法是：忠实原文进行翻译；忠实原文翻译或意译均可；不拘泥于原文，在翻译中灵活处理；对于个别跨文化理解障碍太大的形象表述可不必翻译。

按上述任何一种方法对形象表述进行译介，都要涉及源语和目的语的对应形式，而呈现任何一种对应形式都可以反观文本话语层面的同义关系。那么，源语和目的语的对应形式到底有哪些？每种对应形式实现的条件是什么？各种对应关系所蕴含的话语同义构成又是怎样的？这些都是本文所要探讨的主要问题。

一 形象表述与源语和目的语的对应形式

文本中的具体形象表述都有特定的内涵义，作为形象表述一定要借助具体的意象，而形象表述相对直陈又呈现出不同的风格色彩。形象表述的源语和目的语的对应必须以文本话语的内涵义一致为前提，同时可能存在某一方面的差异，或者是意象差，或者是风格色彩差。具体的对应形式不同，所形成的差异也不同。源语和目的语的对应形式具有多样性，诸如，同类意象相对应、异类意象相对应、意象和直陈相对应等，其中以意象和直陈相对应的类型最为复杂，这也是本节所要讨论的重点。

（一）同类意象相对应——源语和目的语意义差为零

形象表述的源语和目的语同类意象相对应，意味着源语和目的语同类意象的内涵义相同。陈文中关于"忠实原文进行翻译"的例句②就属于这

---

① 陈文中的形象表述指的是：成语、俗语，接地气的流行用语，网络语言和用典等。
② 本文所分析的例句及英译全部来自陈明明《领导人讲话和党政文件中形象表述翻译探讨》，所用例句的序号根据本文的需要重新编排。

一类型。例如：

（1）近 40 年的中欧关系，已由一棵小苗长成枝繁叶茂的大树，这棵树上挂满了累累果实。（李克强在 2014 年中欧论坛讲话，这一比喻在各种讲话中多次使用）

Over the past four decades, China-Europe relationship has grown from a seedling plantlet to a luxuriant tree that has borne rich fruits.

直译①：在过去的四十年间，中欧关系已经从幼苗长成结满丰硕果实的茂盛大树。

（2）使中国经济这艘巨轮破浪远航。（李克强《2016 年政府工作报告》）

We should ensure that China's economy, like a gigantic ship, breaks the waves and goes the distance.

直译：我们要使中国经济如一艘巨轮破浪远航。

（3）经济发展不是短跑，而是没有终点的长跑。（李克强在 2014 年中欧论坛的讲话）

Economic development is not a sprint but rather long-distance running that will never end.

直译：经济发展不是短跑，而是一个永远没有终点的长跑。

（4）开创新合作深海域（李克强在 2014 年中欧论坛的讲话）

We should explore the deep ocean of cooperation on innovation.

直译：我们应该探索在创新中合作的深海域。

（5）织密织牢社会保障安全网。（李克强《2016 年政府工作报告》）

We will build an extensive and tightly woven social safety net.

直译：我们将建构一个广泛并编织紧密的社会安全网。

上述"忠实原文进行翻译"所给出例句中的形象表述都是比喻。从英译及汉语直译可以看出，目的语的译介有所调整，但是喻体的意象和源语一致，本体和喻体之间的相似联系也和源语一致，源语和目的语的形象表述是吻合的，二者话语内涵义对应，意象对应，由形象性体现出来的风格色彩也是相对应的，所以意义差为零。

---

① 为便于直观比较，本文为所有的英译内容添加了汉语直译。

（二）异类意象相对应——源语和目的语具有意象内涵差

陈文提出，在忠实性和可读性之间发生矛盾时，翻译灵活处理，应向英语可读性倾斜。我们前面已经谈到，源语和目的语的对应是以两种语言的话语内涵义一致为前提的，因此源语和目的语的忠实性和可读性发生矛盾，应该限制于表达形式的层面，这种矛盾可以发生在不同的形式层面。就比喻来说，不同语言的比喻系统中喻体意象的意义是不完全对应的，源语和目的语表达同一理性意义的意象有差异是比较普遍的。所以，源语向目的语转换就有两种选择，一是保留源语的意象，这就是所谓的忠实性，但对于目的语来说这是一种异化的意象，对于目的语受众来说，可能会影响可读性；二是选择目的语受众所熟悉的意象，这种"归化"向目的语可读性倾斜的同时也形成了和源语意象的差异。在目的语的意象和源语的意象不一致时，一般的译介都是采用归化的处理方法，汉语的"力大如牛"对应英语再直译成汉语就是"力大如马"了；汉语"巴掌大的地方"对应日语再直译成汉语就是"猫的额头大的地方"；汉语"人多得插不进去脚"对应俄语再直译成汉语就是"人多得放不下一个苹果"了；等等。这些大家所熟悉的现象所显示的源语和目的语的对应形式，就是异类意象相对应，二者具有意象差。

（三）意象和直陈相对应——源语和目的语具有风格色彩差

意象和直陈相对应有三种情况，第一种情况是，源语的形象表述在目的语中既可以构成同类意象相对应的关系，又可以转化成直白陈述，这是一种可自由选择的意象和直陈相对应的形式；第二种情况是，源语的意象在目的语文本中必须以直陈形式相对应，即不可译意象和直陈相对应；第三种情况是目的语文本最好以直陈形式对应源语意象，即可不译意象和直陈相对应。意象和直陈相对应必然形成目的语文本和源语文本的形象与直白的风格色彩差。

1. 可选择的意象和直陈的对应形式

可自由选择的意象和直陈的对应关系，是以源语和目的语的同类意象相对应为前提的。陈文中所列举的"忠实原文翻译或意义均可"的例子就属于这种类型。例如：

（6）金山银山，不如绿水青山。（习近平讲话）

a）Gold mountains and silver mountains are not as good as clear waters and green mountains.

b）Nothing is more valuable than a clean environment.

直译 a）金山和银山不如清澈的水和绿色的山。

直译 b）没有什么比一个干净的环境更宝贵的了。

（7）让旅游成为世界和平发展之舟。（李克强在 2016 年世界旅游发展大会上的讲话）

Let tourism become a ship sailing towards global peace and development.

Enhance global peace and development through the development of tourism.

直译 a）让旅游业成为全球和平与发展的船舶。

直译 b）通过旅游业的发展促进全球的和平与发展。

显然，如果所译介的目的语选择 b）的直陈方式，那么源语和目的语的对应关系就是意象和直陈相对应，二者在话语层面就具有形象和直白的风格色彩差。

2. 不可译的意象和直陈的对应形式

源语的意象不可译，在这里是指不能直译，之所以如此是因为直译不能准确地反映源语形象表述的内涵意义。例如：

（8）不忘初心（习近平 2016 年"七一"讲话中多次使用）

外电译法：We must never forget our original aspirations.

直译：我们永远不能忘记我们最初的愿望。

陈文评论说，此译法忠实原文，但问题是：original aspirations 给人的感觉是当初的 aspirations，可能不是现在的 aspirations。外国人译时力求忠实，但不一定达意。

陈文这里所说的"忠实原文"显然是外电文本的意象和汉语文本的意象相似，所谓不达意，则是目的语意象不能表现出源语意象的内涵。考察一下当下"不忘初心"所出文本就可以清楚地看到这一点。

我们党已经走过了 95 年的历程，但我们要永远保持建党时中国共产党人的奋斗精神，永远保持对人民的赤子之心。一切向前走，都不能忘记走过的路；走得再远、走到再光辉的未来，也不能忘记走过的过去，不能忘记为什么出发。面向未来，面对挑战，全党同志一定要不忘初心、继续前进。（《习近平告诫全党：不忘初心　继续前进》，央视网，2016 年 7 月 1 日）

共产党人的初心是全心全意为劳苦大众谋利益的赤子之心。共产党人的初心是为了祖国和人民的利益不屈不挠，敢于斗争、善于斗争的奋斗精神。（《〈人民日报〉：不忘初心好扬帆》，人民网，2016 年 8 月 11 日）

显然，在 2016 年 7 月 1 日以来中国国家领导人的讲话和报纸社论中，"不忘初心"中的"初心"其特定内涵可以解释为，中国共产党与生俱来的"责任和使命"。所以目的语文本中的 original aspirations 无法呈现"初心"在源语当下语境中的内涵义。陈文重译为：We must stay true to our mission . 或 We must reaffirm/renew our commitment. 以"我们必须忠于使命"的直陈形式来对应于源语的"不忘初心"，虽然失去了形象义，但却呈现了其特定的内涵义。

（9）"靡不有初，鲜克有终。"实现中华民族伟大复兴，需要一代又一代人为之努力。（习近平 2015 年天安门阅兵式讲话）

陈文解释说，"靡不有初，鲜克有终。"出自《诗经·大雅·荡》，意思是没有不能善始的，可惜很少有能善终的。但如按其本意直译为：a）While many can make a good start, few can work hard enough to achieve success，完全不能表达此典故在特定语境下的意义，故需在译文中调整。译文为：b）As an ancient Chinese saying goes, "After making a good start, we should ensure that the cause achieves fruition." The great renewal of the Chinese nation requires the dedicated efforts of one generation after another.

直译 a）：虽然许多人（做事）都能有一个好的开头，但很少有人能（通过）足够的努力获得成功。直译 b）：正如中国古人所说，"（事情）有了一个好的开头之后，我们还要保证其获得成功"。中华民族的伟大复兴，需要一代又一代人为之努力。

译介（9a）和（9b）都是意译，即都放弃了意象，但是译介（9a）的意义是意象的组合意义，也可以说是"靡不有初，鲜克有终"的本义或初始义；而译介（9b）则是"靡不有初，鲜克有终"的引申义。正因为善始善终很不容易，所以需要付出巨大的努力。这和文本的话语义是吻合的。

以上两例都是源语形象表达，在译介过程中必须转化为直陈的例子。可以看出源语意象的不可译，是因为这种意象在目的语的直译不能准确地表达源语文本话语的内涵义，甚至会引起误解。还需要说明的是，这种以意译的直陈形式在目的语中的呈现并非是出于目的语受众可读性的需要，而是出于准确传递源语文本话语内涵义的需要。

3. 可不译的意象和直陈的对应关系

陈文所阐述的关于形象表述的译介方法，第四条就是"对于个别跨文化理解障碍太大的形象表述可不必翻译"。从文中所举的例子来看，这一部分具体又有两种处理方式，一种是以直陈的方式在目的语中保留对源语意象的意译，另一种是在目的语中不予译出。在此我们要讨论的是前一种形式。具体例子如下：

（10）中美双方应因地制宜，"八仙过海，各显其能"。（习近平 2015年访美期间在中美省州长论坛上的讲话）

China and The Unitied States should fully leverage their own distinctive strengths to boost our cooperation.

直译：美国和中国应该充分利用各自独特的优势，以促进我们的合作。

很显然，目的语以直陈的形式对应源语的形象表述。

如果在目的语中保留"八仙过海，各显其能"的意象，就成了"When eight immortals crossed the sea, each showed his own magic."陈文解释说"由于文化背景原因，直译英语受众难以理解"，所以在目的语文本中只能放弃这个意象。

（11）尺有所短，寸有所长。中国和拉共体成员国不分大小，都是中拉论坛的平等成员。（习近平 2015 年在中国—拉共体论坛首届部长级会议开幕式上的讲话）

陈文所选择的译介，也是直陈的形式：

Countries, whether big or small, all have their own merits. China and CELAC members, irrespective of theirs sizes, are equal members of the China-CELAC Forum.

直译：国家不论大小，都有自己的优点。中国和拉共体成员，不论其大小，都是平等的中国－拉共体论坛成员。

"尺有所短，寸有所长"的意象没有在目的语中呈现，显然也是受制于这个意象文化背景的制约，即使呈现了受众也难以理解。

以上两例也是源语中的形象表述在译介过程中必须转化为直陈的例子。其意象的可不译，是因为这种意象具有独特的文化色彩，目的语中没有与其对接的意象，如果硬译则不知所云。所以说，以这种直陈的意译形式在目的语中呈现源语形象表述的话语内涵，是出于顺应目的语受众文化背景的需要。

4. 源语和目的语对应形式选择的制约

要之，所谓目的语与源语对应关系的成立是以内涵义的一致为基础的，无论是同类意象相对应、异类意象相对应还是意象和直白相对应，前提都是以源语文本的话语与目的语文本话语的内涵义保持一致。在这个前提下允许意象类型和风格色彩等差异的存在。不管是同类意象还是异类意象相对应，目的语文本和源语文本一样都具有形象色彩，只有意象与直陈对应的形式使得目的语文本失去了源语文本的形象性。

值得关注的是，目的语与源语风格色彩的差异并不仅仅是修辞选择的结果，甚至可以说主要不是修辞层面的选择。

上述三种具有形象和直白意义差的对应形式，所受制约是各不相同的。所谓自由选择者主要是话语层面的比喻，所涉及的意象是源语和目的语受众都熟悉的，比喻义也是相似的，在这种情况下，译介者选择直陈与源语意象相对应只能是出于适应目的语文本语体风格的需要；所谓不可译者主要是用典，所涉及的语汇在语篇中的内涵义与其字面的组合义有较大差异，甚至有所偏离，因此出于话语内涵表达准确的目的，译介者必须选择目的语的直陈对应源语意象的方式；所谓可不译者也是用典，所涉及的语汇单位不仅具有非组合意义，而且这些语汇所呈现的意象是富有源语文化色彩的，目的语受众难以理解，顾忌文化背景的障碍，译介者只能以目的语的直陈对应源语的意象。所以，同样是意象和直陈相对应，源语和目的语具有形象和直白的意义差，但是具体的制约条件却分别属于话语内涵义的准确性、语体风格的协调性、文化背景的适应性三个方面。其中话语内涵义的准确性是以源语文本为准绳的，语体风格的协调性以目的语文本为准绳，文化背景的适应性则是以目的语受众的接受度为准绳的。

二　形象表述的译介与文本话语的同义

根据源语与目的语的对应关系及意义差的不同类型，我们可以反观文本话语层面的具体同义形式，从而构拟文本话语形象表述的最小同义子场。

（一）形象表述的内涵义与文本话语同义的不同层面

形象表述与其内涵义相同的直陈形式具有同义关系，当然这个直陈在目的语文本中是处于潜在状态的，二者构成话语层面的最小同义子场，源语的形象表述和目的语的任何对应形式，都是以文本话语所具有的这种同义子场作为支撑的。

源语形象和目的语直白能构成对应关系，在于二者在文本话语的内涵义是一致的，为保持这种内涵意义的一致，首先是源语自身的形象表述和直陈构成同义关系，然后才是这种直陈和目的语构成对应关系。

源语和目的语的意象相对应，表面看来，似乎不涉及源语的同义关系问题，其实不然。源语的意象所内含的理性意义也同样存在着潜在的直陈形式。

形象表述的内涵义属于文本话语，其获得的途径可以是语言层面的，也可以是言语层面的。换言之，一个具体的意象在文本层面的内涵义，既有属于语言层面的，也有属于言语层面的。如果这个内涵义属于语言层面，那么，与之相应的形象表述与直陈的同义关系就属于语言层面，所建构的最小子场也属于语言层面；反之，如果这个内涵义属于言语层面的，那么与之相应的形象表述与直陈的同义关系及其最小子场也就属于言语层面。此外，还有一种形象表述的内涵义是介于语言层面和言语层面之间的。

具体说来，比喻或用典①的约定义或词典解释义可视为语言层面义，用典的语境义或语流义可视为言语层面义，用典的潜在意义则介于语言和

---

① 这里所说的用典，包括成语和诗文成句。

言语之间。形象表述的内涵意义分属于这些不同的意义类型，这些具体的意义也就是文本话语最小子场的基准义。

（二）语言层面的文本同义及最小子场的建构

形象表述的形式有自由和固定两种类型，所谓自由形式就是根据文本需要可临时建构的比喻话语；所谓固定形式则是指各类语汇，诸如成语、诗文成句等。

自由形式的形象表述，如果所用喻体是民族语言的常用意象，其联想意义已基本固定，尽管在具体的话语中所喻指的本体类型有所不同，但是其中相似联系的方向范围受固定联想义的引导，路径是明确的，这就是体现了约定义的形象表述。

如果这个喻体的意象是源语和目的语受众都熟悉的事物，如"大海""航船""大树""果实"，其联想义在两种语言中具有一致性，和某些事物搭配产生的相似联系的方向大体也是一致的，那么，含有这类意象的形象表述和其直陈形式构成的最小同义子场就有可能在两种语言中具有完全的对应性，这便使源语和目的语同类意象相对应有了可能。

有些意象，虽然为目的语和源语共有，但是其联想义却有明显的差异。这样两种语言由形象表述和直陈构成的最小子场就是不完全对应的，或是意象不对应，或是体现内涵意义的直陈不对应。如果是最小子场的意象不对应，那么便有源语和目的语异类意象相对应的形式。

固定形式的形象表述，不仅自身有明确的词典解释义，而且其中具体意象的规定联想义也会推及自由形式的形象表述。不同语言比喻系统中意象义的差异主要是由固定形式的语汇来规定的。例如"如狼似虎""狼心狗肺"，汉语中的这一类成语已经把狼的文化意象及其联想义固定化了，因此，即使"狼"作为喻体出现在一个自由形式的表述中，也很难摆脱现有语汇所赋予的特定联想义，狼的形象表述通常和"凶狠、凶残"的直陈构成同义关系；而在英语诗歌中却有"像狼一样忍受饥寒"的诗句，狼意象的联想义是坚韧吃苦。在这里，两种语言涉及狼意象的同义语义场中直陈表述不对应，因此二者在文本层面不具有对应关系。

概言之，上述语言层面的文本同义所构成的最小子场有两类，一类是自由形式中的比喻类，同义子场的建构以意象联想的约定义为基准；一类是固定形式的语汇类，同义子场的建构以该语汇的词典义也即理性意义为基准。

（三）言语层面的文本同义及最小子场的建构

意象不可译类的形象表述和其直陈的同义关系一般都属于言语层面的，所蕴含的或是语境义同义子场，或是语流义同义子场。

前述例（8）"不忘初心"中的"初心"外电译为"our original aspirations"直译成汉语是：我们最初的愿望。可见"We must never forget our original aspiration"和"不忘初心"就组合义而言是对应的。但是为什么陈文认为不妥呢？这是因为陈文考察了"不忘初心"所出语境，发掘出在当下的文本语境中"不忘初心"的内涵义是"不忘使命"，从我们所给出例子来看，这个内涵义由多个文本支撑已经形成一种特定的文化语境义。这样"不忘初心"中"初心"和"使命"或者"责任"构成最小同义子场是有语境义支撑的。但是，在英语中，由于没有汉语这样的语境支撑，"original aspiration"和"our mission"不可能构成同义关系，由"original aspiration"不会联想到"our mission"的。这样由"初心"和"使命"构成的最小子场，在英语的话语层面没有相应的对应物，源语文本中的"初心"可对应目的语文本的"our mission"，实际上是基于源语文本的语境义最小子场，以与"初心"语境义同义的直陈形式"使命"对应"mission"。目的语文本的"初心"显示的是语境义，英语文本中的"mission"显示的则是词汇义，二者不对等，这也就是源语意象的语境义和目的语的语言义构成的对应关系。

前述例（9）"靡不有初，鲜克有终。"被译成"After making a good start, we should ensure that the cause achieves fruition."（事情）开了一个好头之后，还要确保其获得成功，并没有显示该成语的本义。

"靡不有初，鲜克有终。"所出文本是："荡荡上帝，下民之辟。疾威上帝，其命多辟。天生烝民，其命匪谌。靡不有初，鲜克有终。"（《诗经·大雅·荡》）

可以看出，"没有不能善始的，可惜很少有能善终的"，应该是这个成句的本义。当下的文本之所以没有选择这个本义为内涵义，显然是"靡不有初，鲜克有终"所处话语语流中的后一个句子的语义所规定的，"实现中华民族伟大复兴，需要一代又一代人为之努力"，也正是语流中的这个句子，使"靡不有初，鲜克有终"获得了"有了一个好的开头，还要确保（目标）实现，即获得成功"这样的话语内涵义。这个内涵义也是在该成句的引申义"（做事）善始善终"的基础上生发的，但是生发的条件是要有话语语流的具体规定。在这个文本话语中，形象表述"靡不有初，鲜克有终"与显示其内涵意义的直陈形式"（事情）有了一个好的开头，还要确保其获得成功"构成了同义关系，形成了最小同义子场，这个子场的基准义就是话语语流义。

上述两例形象表述的内涵意义无论是语境义还是语流义的获取，都离不开互文的作用。

（四）介于语言和言语之间的文本同义及最小子场的建构

所谓介于语言和言语之间的意义是指成语或诗文成句可有的潜在意义。就这种潜在意义是在话语层面上提取的这一点来说，它属于言语层面；就所提取的是语汇自身的潜在意义这一点来看，它更接近语言层面，而且这个意义被激发出来之后，其用法可以不受某一类文本的限制，从而显性化，有可能成为该语汇的一个义项。

形象表述可不译者的意象一般都属于语汇层面的成语和诗文成句。在具体文本中，这类意象的内涵义有两种，一种是该成语或诗文成句在当下的中心义或者是本义，属于语言层面；另一种则是具体语汇成员被激发的潜在意义，这个潜在意义的直陈形式和该语汇构成最小子场，这个直陈表述与目的语直陈表述相对应。

前述例（10）"中美双方应因地制宜，'八仙过海，各显其能'"，其中的"八仙过海，各显其能"被陈文当作"不译"的例子，但是正如本文第一部分所分析的那样，英语译介实际上已经显示了这个成语在文本话语中的内涵意义："China and The United States should fully leverage their own distinctive strengths to boost our cooperation。"

我们可以将"八仙过海，各显其能"在这个文本的话语内涵义概括为：（大家）发挥各自独特的优势，以实现共同的目标。在文本中的具体化就是，"美中两国充分利用各自独特的优势，以促进我们的合作。"但是，这个成语在现代汉语的中心意义是"比喻各有各的办法，各有各的本领"。① 显然上述译介所显示的内涵义对该成语的中心义有所偏离。不过这个内涵义虽然对成语的中心义有所偏离，但却是有所指的，"八仙过海"的确是为了同一个目标；"各显其能"的确是发挥各自的优势，因此新的内涵义是对其潜在意义的开掘，这个开掘凸显了该成语潜在的两个内涵要素，即"各自独特的优势"和"大家共同的目标"。如此，这个成语在源语文本话语中和其直陈形式所构成的最小同义子场的基准就是该成语在语篇中所激发的潜在意义。

前述例（11）"尺有所短，寸有所长。中国和拉共体成员国不分大小，都是中拉论坛的平等成员。"其中的成语也被列为不译的对象。同样，英语译文中实际上也显示出了这个成语在文本话语中的内涵义："Countries, whether big or small, all have their own merits"，国家无论大小，都有自己的优点。

问题是，这个意义是否就是该成语的中心义。百度百科有关于该成语的释义、出处和示例如下。

释义比喻各有长处，也各有短处，彼此都有可取之处。

出自屈原《楚辞·卜居》："夫尺有所短，寸有所长，物有所不足，智有所不明，数有所不逮，神有所不通。"

示例：但古人云："尺有所短，寸有所长。"我们只要尽忠辅佐闯王，总还是有可用之处。（姚雪垠《李自成》第二卷第四十八章）

从出处和示例的两个用例来看，其内涵义都是侧重一端，或喻指优势者有所不足；或喻指普通人有所用。这样，限制于百度百科的解释范围，从历时的角度来看，"尺有所短，寸有所长"喻义有三：一，长者有所不及；二，短者有所长；三，各有长处，各有短处，彼此都有可取之处。但是第三条只是释义，没有用例支撑。

然而，当下的这个文本，"尺有所短，寸有所长"的内涵义则是，大

---

① 见倪宝元主编《成语范例大辞典》，杭州大学出版社，1997，第 17 页。

小都各有所长。显然这个用义不仅与上述两个例子都不同，而且也是百度百科的释义所不能涵盖的。但是，这个用义的确又是从"尺有所短，寸有所长"的形象义中所生发的，因此当视为这个成语的潜在用义，这个潜在意义在当下的文本中被激发了出来，"尺有所短，寸有所长"就和"事体大小都有优势"这一直陈构成了最小子场，而译介者准确地捕捉到了这一点，在目的语文本中呈现了出来。

上述两例成语潜在义的激发，同样离不开互文的作用。例（10）中的"八仙过海，各显其能"与前句"中美双方应因地制宜"互文，激发出了"发挥各自优势"的潜在意义，与后句"双方要努力发掘中美地方优势互补的潜能，发挥优势是合作成功的关键"互文，激发出了实现共同的目标（具体化为"促进我们的合作"）这样的话语内涵义。例（11）中的"尺有所短，寸有所长"与后句"中国和拉共体成员国不分大小，都是中拉论坛的平等成员"互文互补，激发出了（国家）无论大小，都各有优势这一话语内涵义。

语篇互文激发成语表达新意，译介者发掘成语的潜在意义，使其成为话语层面的内涵意义，这样所显露的潜在意义的直陈形式就和成语的意象构成了同义关系。

（五）最小同义子场的类型与源语和目的语的对应形式

言语层面和介于言语和语言之间的最小子场的构建，无论是以哪种意义为基准，都离不开互文的作用。互文激发形象表述的话语内涵义，然后以所激发的话语内涵义为基准构成形象表述与直陈形式的最小子场，取其中的直陈形式对应目的语文本。

形象表述话语内涵的语流义和语汇潜在义都需要语篇互文激发，而语境义不仅需要语篇互文，还需要共时平面多个文本的互文激发。其中语汇潜在义的显性化，有可能为特定语汇增加新的义项，多文本互文的语境义也有转化成语言义的可能。

形象表述译介中的源语和目的语意象相对应，无论是同类意象还是异类意象，所涉及的话语同义一定是语言层面的，所构建的最小子场一定是以约定义或词典义为基准的，源语和目的语的最小子场是对等的。

　　源语的意象对应于目的语的直陈的三种类型，所蕴含的同义子场的类型则是各不相同的。所谓自由选择型和前述同类意象相对应所构成的同义义场都属于语言层面的同义义场，差别只是在目的语文本以直陈的方式出现，风格色彩和源语不同而已。意象不可译者在源语文本中的话语内涵义，一定属于言语层面，所形成的最小子场或以语境义为基准，或以语流义为基准，这类最小语义子场是属于特定文本话语的，目的语没有与之对等的单位，因而译介也是不对等的，即源语以言语层面的语境义或语流义对应目的语的语言层面的意义。意象可不译者在源语文本中的话语内涵义，则有两属，或属于语言层面，或介于语言和言语之间，后者的内涵义多属于成语或诗词成句的潜在意义。

　　源语的形象表述以言语层面或准言语层面的多类基准义构成的最小同义子场的直陈对应目的语语言层面的直陈。

参考文献

　　陈明明：《领导人讲话和党政文件中形象表述翻译探讨》，第二届中央文献翻译与研究论坛，2016，大连。

　　陈勇：《译介学视阈下中央文献翻译研究》，《第二届中央文献翻译与研究论坛——中国重要概念翻译与对外话语体系建设论文集》，2016，大连外国语大学。

　　王希杰：《汉语修辞学》（第三版），商务印书馆，2014。

　　温端政：《汉语语汇学》，商务印书馆，2005。

　　贾彦德：《汉语语义学》（第二版），北京大学出版社，1999。

　　李福印：《语义学概论》，北京大学出版社，2006。

　　申小龙：《现代汉语》，上海外语教育出版社，2014。

中国古代家训文化在汉字文化圈的传播与发展

李　然*

摘　要：以"修齐治平"为理想典范的中国古代家训文化作为儒家传统文化的一部分，在古代汉文化圈中也得到了广泛的传播和发展。受中国儒学思想的影响，汉字文化圈各国的家训均以儒家传统道德规范为基本内容，并各具特点。本文以日本、越南和朝鲜半岛的家训材料为主要研究对象，探讨以儒学为主流意识形态的亚洲家训文化特征。以上诸国的家训文化同本共源，都突出了家国同构、忠恕絜矩等儒家基本道德规范，同时又植根于本国社会实际而体现出不同的特点。日本家训以君臣大义为首要内容；朝鲜半岛家训推崇《朱子家礼》，重视家族管理；越南家训强调以个人修养为主的儒家伦理价值观，且常与宗教善书相融合。

关键词：家训文化　儒学　家国同构　道德规范

家训是家族长辈对家族成员的训诫，又称为庭训、家范、家诫等，是家族成员必须遵行的法则。内容涉及个人修养、立身处世、家庭管理、社会角色的执行等方面，有的家训甚至谈及治学、风物乃至文学艺术的品评。其形式也很丰富，有专著、语录、书信、诗歌、故事、条规等。家训是古代家庭教育的一个重要的组成部分，具有规范和维护家族秩序以及训导家庭成员加强自我修养、履行社会责任两个方面的功能。中国古代家训文化源远流长，从先秦时期孔子对儿子孔鲤的庭训，到晚清名臣曾国藩的

---

* 李然，上海对外经贸大学国际交流学院副教授。

家训，我们可以看出，以儒家传统伦理道德规范为基础内容的家训在我们的家庭教育中占据着非常重要的位置，直至今天仍有现实意义。而同属于汉文化圈各国，由于受到中国儒家思想的影响，在接受和吸收儒家文化的过程中，也对中国传统的家训文化进行了积极的借鉴和效仿。

我国北朝颜之推的《颜氏家训》被称为"古今家训之祖"，是我国第一部体系宏大、内容丰富的家训著作。书中内容基本适应了封建社会中儒士们教育子孙立身、处世的需要，继承和发展了儒家以"明人伦"为宗旨的"诚意、正心、修身、齐家、治国、平天下"的传统教育思想，提出了一些切实可行的教育方法和主张，以及培养人才力主"治国有方、营家有道"之实用型观念等。颜氏之后，家训文化盛行不衰，此后随着宋朝儒学的发展，家训作为诗礼传家的一个重要内容成为上至帝王、下至百姓之家都热衷的一种形式，名臣家训更是层出不穷。其中尤以《朱子家礼》影响最大。随着宋朝儒学发展，从10世纪到19世纪，儒学在日本、朝鲜（本文选取的家训文化材料均出于19世纪之前，且主要是14～19世纪的李氏王朝时期，所以本文中的朝鲜指的是19世纪之前的朝鲜半岛，下同）以及越南等国家的影响也日益深入。儒学家们所倡导的修身、齐家、治国、平天下的理想模式也成为这些国家士人的理想。自然而然的，此时期的汉字文化圈国家的家训文化也随之发展起来。而《朱子家礼》和《礼记》中的《大学》则被诸国奉为圭臬。同时家训文化在汉字文化圈国家的发展中也植根于各国具体的社会政治情况分别呈现出不同的特征。

一 东南亚国家接受中国古代家训文化的思想文化基础

古代日本、朝鲜和越南等国同古代中国同属农耕民族，在社会结构、生产方式和文化习俗等方面具有很多的相似之处。例如，社会结构中稳定的氏族血缘等级制度，自给自足的农业生产方式，浓厚的尊崇传统的保守意识，现实主义的人生观念，重直观感觉的思维方式和善于以形象化的方法表情达意的艺术传统等。这些相似的文化特征使中国的儒家文化传播有了深刻的社会基础。

（一）同本共源的汉文化圈

本文中所选取的家训材料主要来自日本、越南和朝鲜。学界的一个不争的事实是，以上诸国在古代由于地理、政治和文化等方面的因素，形成了一个以中华文化为中心的汉文化圈。汉文化圈又称为中国文化圈、汉字文化圈、儒家文化圈，是在地理上以中国为中心，文化上以儒学、汉字以及中国古代的政治思想为内容的文化区域。关于汉文化圈这一说法，有学者指出：地球的东方，历史地存在一个"东亚汉字文化圈"。兼顾地理、历史和文化，这一"文化圈"主要包括中国、越南、朝鲜半岛和日本等国家和地区，其地域范围与一些现代西方学者的说法基本吻合。[①] 美国学者费正清、赖肖尔、克雷格等提出，"东亚"包括地理、人种和文化三层含义，地理上指受崇岭和大漠阻隔的东部亚洲地区；在人种上，指蒙古人种（爱斯基摩人与美洲印第安人除外）的栖居区；文化上则主要指渊源于古代中国的"文明圈"，包括中国、越南、朝鲜半岛和日本在内的国家和地区，并认为就是"中华文化圈"。[②] 而南京大学的张伯伟先生则借用日本学者西屿定生（Nishijima Sadao）的说法：东亚世界是以中国文明的发生及发展为基轴而形成的。……随着中国文明的开发，其影响进而到达周边诸民族，在那里形成以中国文明为中心，而自我完成的文化圈。这就是东亚世界。……是以中国为中心，包括其周边的朝鲜、日本、越南以及蒙古高原。……构成这个历史文化圈，即东亚世界的诸要素，大略可归纳为一、汉字文化，二、儒教，三、律令制，四、佛教等四项。……其变化乃至独自性，是与中国文明相关联而呈现出来的。因而共通性并非抹杀民族特质，相反是民族性的特质以中国文明为媒体从而具备了共通性。[③] 中国的儒家文化作为东方最有价值的知识系统，很早就传入朝鲜半岛、日本以及越南等地，后来又传入其他东南亚国家，对这些国家的道德伦理、政治法律和文化思想都产生了重要的影响，从而这些国家在政治、法律、社会构

---

① 李时人：《东亚汉字文化圈古代文学论集》，人民文学出版社，2015，第 1 页。
② 费正清等：《东亚文明：传统与变革》，黎鸣等译，天津人民出版社，1992，第 1 页。
③ 《东亚世界的形成》，载刘俊文主编《日本学者研究中国史论著选释》第二卷，中华书局，1993 年，第 88 页。

成、文化教育乃至社会风貌、民俗习惯等方面都浸润着深厚的儒家文化思想。

从时间上来考察，从汉代开始形成，至晚在 8 世纪到 9 世纪，即唐五代时期，汉文化圈已经基本成熟，此后至 19 世纪，由于日、朝、越对中国的藩属政治关系，汉文化圈一直是一个比较稳定的文化格局。有学者概括东南亚汉文化圈的基本特征为：以中国为中心；宗藩关系的政治纽带作用；儒家学说的思想统治地位；佛教成为普及的宗教；汉字成为共同的文字。[①] 至 11 世纪，宋朝儒学发展以后，随着各国与中国的密切交流，儒家文化逐渐传入汉字文化圈各国，而尤以日本、朝鲜和越南具有特别深厚的儒家文化思想基础。同样是农耕社会发展起来的民族，这些国家的政治观念、经济形式乃至文化教育等观念势必也会受到中华文化的影响。如日本奈良时代，曾作为遣唐留学生和遣唐使两度赴唐朝，在唐朝生活了 20 多年的吉备真备就在回国以后撰写了日本第一部家训类图书《私教类聚》。此书原文虽佚，但从各种书籍的记载中可以看到，文中多处引用了《论语》《礼记》和《史记》的内容，主导思想也是倡导儒家的忠孝节义等。

（二）中国儒学思想的影响

儒学思想是汉文化圈的核心，早在公元 1 世纪，孔子思想就在朝鲜传播，《三国志·魏书·东夷传》记载箕氏朝鲜侯尊周室之事，说明儒学的尊卑等级观念对早期的箕氏王朝统治者有了一定的影响。儒学的大规模向东南亚传播应该是始于公元前 108 年汉武帝灭卫氏朝鲜，在辽东和朝鲜半岛设立了四郡。汉四郡从设立至公元 3 世纪废除，其间数百年一直和中原地区采用同一管理模式，朝鲜半岛北部受汉中央政权管理，汉文化在此深深扎根。此后的朝鲜三国时代，高句丽设立了太学，主要教授内容就是儒家经典，中国的"五经"（《周易》《尚书》《诗经》《周礼》《春秋》）、"三史"（《史记》《汉书》《东观汉记》）以及《三国志》《晋春秋》等典籍都非常盛行（《北史·高句丽传》）。而儒家的事君以忠，事亲以孝，交

---

① 汪高鑫：《古代东亚文化圈的基本特征》，《巢湖学院学报》2008 年第 2 期。

友以信的思想也成为当时朝鲜半岛奉行的基本道德修养。1392 年，李成桂统一朝鲜半岛，建立了中央集权的统治秩序，宣布儒学为正统思想，在汉城建立孔子庙，仿中国周代的"成均"之说成立"成均馆"，专门研究和阐释儒家文化。李氏朝鲜王朝统治的数百年间，宋儒理学大盛，成为当时占统治地位的政治和学术思想。由于理学的博大精深和玄奥，一般百姓难以阅读和理解，也很难应用于生活实际，所以朝鲜的士大夫们就将儒学思想融会贯通于家训中，以此来宣扬儒家伦理道德，并贯彻于个人修养和家庭生活中。

据日本史书记载，中国儒家经典是经过朝鲜传入日本的。公元 5 世纪，百济的王仁带《论语》和《千字文》赴日。早期的儒学在日本主要是为皇室制定文化、政治制度和国家管理模式。14 世纪以后，儒学经过贵族和禅僧的解读研究，开始呈现普及化的趋势。17 世纪以后的江户时代，朱熹理学被幕府定为官学，儒学以宣扬阐释朱子理学为特征。朱子的三纲五常说，尤其是"君为臣纲"的上下尊卑关系的确定为幕府统治提供了恰到好处的理论基础，日本家国同构的社会构成也恰好与儒家"修齐治平"的政治理想一脉相承。

早期的日本家训大多是皇族和贵族对子孙的训诫，如 897 年让位的宇多天皇总结个人经验赠予新天皇的《宽平御遗诫》，这本书一直被后来的天皇奉为金科玉律。同时期还有大臣菅原道真的《菅家遗训》。进入幕府时代有成书于 1681 年的著名的《东照宫御遗训》，此书根据德川幕府第一代将军德川家康的训话笔录整理而成。作为一部训诫宝典，在整个江户时代一直受到将军、贵族以及武士们的重视。

越南历代王朝均以儒学为治国安邦之本，把儒学作为正统的统治思想和教育的主要内容。史载自秦至五代，越南北部一直是中国中央政府的州郡，越南自称其为"北属时期"。10 世纪中期，杨廷艺以拟血缘的方式建立了一个统治核心团体，此后越南先后建立了丁、前黎、李、陈、胡等统一政权，并且在漫长的封建时代，直至 19 世纪法国势力进入之前，一直同中国保持着特殊的藩属关系，甚至在 15 世纪曾一度被中国明朝占领统治。所以古代越南在政治、文化上对中国尤为依赖，以儒学为主体的汉文化在越南具有广泛的社会传播基础。1075 年，越南举行了第一次以选拔官吏人才为目的的科举考试。这种考试形式延续到1919年，越南也因此是世界上最后一个废除科举制度的国家。科举制度使越南产生了诗礼传家的士人家族，他们成为越南家训文化的主要创作者和承载主体。

（三）汉字成为共同的文字及汉籍的流传

作为汉文化的载体，汉字本身也是汉文化的一个重要组成部分。日本、朝鲜和越南在历史上都有很长一段时期使用过汉字，并且以汉字作为官方文字。而后来的日本文字、朝鲜文字以及越南的字喃都是受汉字的影响而创制出来的。汉字的传播和使用为儒家文化思想的传播奠定了坚实的基础，日、朝、越等国在使用汉字的过程中，会潜移默化地将中国的文化思想融入本国文化。对此，张伯伟先生说，"'汉文化圈'可以有不同的表述，比如东亚世界、东亚文明、汉字文化圈等，该文化圈的基本载体就是汉字。以汉字为基础，从汉代开始逐步形成汉文化圈，直到19世纪中叶，积累了大量的汉籍文献，表现出大致相似的精神内核，也从根底上形成了持久的聚合力。"① 每个民族都有自己的语言，但是并不是都有自己的文字。因此，有的民族就会借助于其他民族的文字来记录自己的语言，记录本族的历史文化，并进而通过其他民族的典籍来吸取其文化精髓。历史上的日本、朝鲜和越南在早期都没有自己的文字，都是通过使用汉字、传播汉籍、刊刻汉本书来接受和发展汉文化的。"他们学习使用汉字、汉文，乃出自实际需求，是主动的，内需的。因此，不但长期以汉字作为书面阅读与沟通工具，更用汉字来进行文化文明之记录与传承。即便到了后来，自觉创制了属于自己民族的文字，也往往是借鉴了汉字而创制；而当创制出来的民族文字取代原有通行的汉字、汉文时，汉字文化依然根深蒂固地深植在其文化核心，成为其民族文化之特色就而难以割舍。"②

汉字具体什么时候传入这些国家的目前并没有定论。欧阳修在《日本

---

① 张伯伟：《再谈作为方法的汉文化圈》，《文学遗产》2014年第2期。
② 郑阿财：《唐代汉字文化在丝绸之路的传播》，《浙江大学学报》（人文社会科学版）2016年第4期。

刀歌》中所说的徐福赍书东渡日本只能看作一个传说。信史最早的记载是《后汉书·东夷列传》中所记建武中元二年（公元 57 年）倭奴国奉贡朝贺，使人自称大夫，东汉光武帝赐以"汉委奴国王"印。此后数百年，日本都以汉字作为本国通行的文字，当时称汉字为"真名"，今日本考古所见的金石文都是日本曾通行汉字的明证。7～8 世纪，才由吉备真备（692－775）和空海（774－835）先后创制完成了假名文字。在 9 世纪之前成书的 6 部日本正史还是全部用汉字写就的。朝鲜在 15 世纪之前也没有自己的文字，从朝鲜出土的中国战国时期的钱币上的文字来看，至晚在战国时期汉字已经传入朝鲜。随着汉武帝汉四郡的设置，汉字成了朝鲜半岛地区普遍使用的文字，其国家的典籍、档案和各种规章制度均以汉字书写。直到1446 年朝鲜王朝世宗在位时正式出版公布《训民正音》，朝鲜自己的文字"谚文"才逐渐被使用。越南自古以来直到 19 世纪末期，一直以汉字作为书面语。即使在本国文字"字喃"产生以后，书面语言也仍是以汉字为主。字喃是根据越南语的语音特征，以汉字的形声、会意、假借等构成方式为基础所创造出来的越南文字。在汉字和字喃并行的时候，越南无论是官方的史书还是科举考试都是使用汉字的。

　　汉字的广泛使用为儒家文化的传播奠定了坚实的基础。汉字在古代东南亚通用的同时，汉籍也进入了繁荣期。"汉籍的繁荣强化了文化认同，人们用相同的文化形式，写就了自己的文化记忆，创造了灿烂辉煌、光彩夺目的东方文化。东亚文化是东亚各国、各地区、各民族共同心血的结晶；汉籍的流传，文化的流布，多呈现水乳交融之态，浑然一体之势。"[1]从先秦时期到 19 世纪之前，很长一段历史时期内，以当时的中国为中心，包括日本、朝鲜和越南等国，形成了一个以汉字汉籍作为载体的知识文化的共同体。而汉字的使用和汉籍的流传也加强了中国儒家文化思想的传播。如在越南，把汉字称为"儒字"。由于宋儒理学的盛行，使朱熹的书流传甚广，《朱子家礼》也在越南士大夫及百姓之家广为流传。而其后以本国字喃创作的家训也都是或摘录，或引用，或仿写中国家训的内容。在李氏朝鲜时代（1392－1910）的家训中，也大多直接把《大

---

① 孙晓：《古代东亚的汉文献流传与汉籍之路的形成》，《社会科学战线》2017 年第 11 期。

学》《论语》《孟子》《中庸》《朱子家礼》《庭训内篇》等汉籍列为必读书目。①

二　中国家训文化在东南亚汉文化圈
传播的基本内容及区域性特征

东南亚各国的家训文化都源自中国，其产生的契机在于儒学思想的导入，儒家的道德规范是中国家训文化在东南亚国家传播的基本内容。由于宋儒哲学在各国的尊崇地位和巨大影响，在各国流布的中国家训中，《朱子家礼》《家训》，朱熹从《礼记》中抽出的《大学》，都具有十分重要的地位，成为个人和家庭处理内部事务和社会关系的准绳。而各国本土创作的家训也体现出中国家训文化思想的渗透。综合来看，受中国家训影响，东南亚各国的家训都涉及以下三个方面的内容：一是以正心诚意、格物致知为典范的修身思想；二是以奉儒守正、谨尚五伦为规范的治家原则；三是以家国同构、君臣大义为首要内容的理政观念。各国在将中国的家训文化内化以后，虽然受到中国家训模式的影响，也为了适应本民族的社会、家族结构和价值观而在家训的内容、功能、教育对象和编撰形式等方面呈现出与中国家训不同的区域性特征。以下分别以日本、朝鲜、越南的家训文化为例分述之。

（一）日本

与朝鲜和越南相比，日本家训受中国家训的影响相对较小。日本的第一部家训是 8 世纪奈良时代吉备真备的《私教类聚》，已佚。进入幕府时代以后，由于社会结构尤其是家族结构和中国的不同，日本的家训在内容和教育对象上与中国家训有较大的差别。

第一是家训训诫对象的特殊性。日本家训主要是主人教育家臣，把事君尽忠放在首位。"关于君臣关系，在'家'观念的支配下，他们认为君臣关系是建立在同一家族共同体基础上的，家臣与主君同样对家的延续兴

---

① 本书所引用的朝鲜家训材料皆引自黄纯艳整理标点的《韩国历代家训汇编》，云南民族出版社，2008。

亡负有责任。他们的忠君观念具有家族主义和集团主义色彩，具有超越君主个人而把家国作为忠诚对象的象征。……如江户时期著名的《保科正之家训十五条》第一条就是：大君之事，可一心努力尽忠勤，不可以列国之例自处焉，若怀二心，则非我子孙。《内藤义泰家训》第一条：奉对大君期自先祖聊无不忠，希汝义英，常思此意，铭心刻骨，纵令及世变莫可怀别心而辱家名，此时应弥益忠诚。"① 与中国家族的血缘传承性特点相比，日本的家的观念相对比较开放，出于对延续家业的考虑，日本人并不排斥非血缘关系的人进入家族。家长与成员之间，带有一种明显的主从关系。这一家族构成特点反映在家训上，就是"家训的训诫对象并不局限于家族成员，也包括服务于该家族的非血缘关系成员。在武家家训中，与家长教育子女的内容相比，更多的是主人教育家臣的内容"。② 所以日本家训的一个显著特点就是把忠君思想放在首位，以君臣大义为至高无上的道德准则和规范。当然，我们知道，这里的君在幕府时期指的是实际的统治者将军，而不是天皇。

第二是家训的内容上，齐家与治世思想融会贯通。"修齐治平"是中国儒家的政治理想，但是反映在家训中，则以"修齐"为主，其目的始终是规范家族成员的行为和处理家族事务，并没有与治国平天下结合起来。在这一点上，由于日本家国一体的武家社会政治特征，家训中就能将齐家与治世的思想融会贯通，齐家与治国紧密相连，甚至可以说齐家也就是治国，二者是相通的。如《保科正之家训十五条》，其主要内容可概括为君臣大义、人才选拔、家臣修养、上下尊卑、抚育百姓、重视法令六个方面。③ 这些条目已经超出了中国家训的传统。考察日本的家训，治世的内容远远多于对家庭内部事务的训诫。如16世纪武田信繁的《古典厩寄语其子长老》99条，其中只有"父母不可不孝""兄弟不可稍有轻慢"两条和治家有关。桃山时代著名的武将岛津义久的《岛津义久教训》二十条中，也只有五条涉及做人，其余十五条均与君主治民有关，而丝毫没有涉

---

① 转引自王志《日本近世大名家训中的武家政治思想》，《史学月刊》2006年第1期。
② 李卓：《日本家训的基本特征》，《山西大学学报》（哲学社会科学版）2009年第1期。
③ 杨立影：《儒学思想在日本江户时期的传播与接受》，《福建师范大学学报》（哲学社会科学版）2014年第4期。

及家庭管理。

第三是日本家训具有浓厚的尚武思想。武道是将军统治国家的核心基础。幕府时代，武士阶级成为统治阶级，而当时的政治集团是建立在血缘和主从关系之上的，所以为了巩固统治基础，必须以一定的规范来约束集团成员，而家训正好能起到这方面的作用。这也是幕府时代日本家训文化发展的一个因素。从镰仓幕府末期到室町幕府时期，日本社会动荡，武士集团纷争不断，武家家训也因此加强了尚武的内容。德川家康的《东照宫御遗训》就是日本家训尚武思想的典型作品。日本虽然深受中国儒学的影响，但是与中国重文教不同的是，他们始终把尚武精神作为一个重要的传统。在家族教育中将武道视为安身立命的基础，并在日常生活中尽量保持武士思想的本色。德川家康在本书中认为，武道是治国安邦和构建武士道德的基础。"于我家不专武道者大小不可用之，大凡不习武道者不知耻，不知耻者无义理，无义理者虚言多，虚言多者以臆病也。""不舍武道乃我朝之本意，日本太平怠于武道时，异国窥伺日本，又异国太平怠于武道时，鞑靼日本窥伺大明，秀吉侵明之军是也。"透过这些言论，我们可见日本民族流传至今的浓厚的尚武精神。

（二）朝鲜

朝鲜半岛的家训文化在 14～19 世纪的李氏朝鲜王朝时期开始繁荣起来，其表现为家训作品数量增多，训诫内容丰富，编撰体例也日趋完备。

首先，朝鲜家训的一个突出特征就是朝鲜家训的核心思想就是儒家文化，反之，家训作为家庭教育的主要方式也促进了儒学在朝鲜的发展。我们考察朝鲜家训可以发现，许多家训直接从中国的儒家经典中抄录语录来作为个人修养和家庭规范的准则。今所见部分家训如朴显久《东湖先生家训》、安教翼《浑斋集·家训》《朴正字遗稿·家训》、吴相奎《槐庭集·家训》、柳日荣《沧溟先生家训》、柳希春《眉岩集·庭训》、朴垠《兰溪遗稿·家训》等都将儒家经典作为训蒙子弟、教育家人的重要典籍。尤其是宋儒哲学在朝鲜进入鼎盛时期以后，朱熹的《朱子大全》《朱子语类》《近思录》《小学》和《家礼》等著作都是朝鲜家训中拟定的教育子弟的必读书目。从文献流传的角度，李氏朝鲜王朝曾多次请求明政府赐书，而且为了满足本国学习的需要，也多次刊刻儒学经典。在有些家训材料中，我们可以看到中国的儒学经典对朝鲜社会的影响。如家训里谈到家族长辈责任及正家的必要时，就引用《诗经》的诗句："《诗》曰'桃之夭夭，灼灼其华。之子于归，宜其室家'"（栗谷《栗谷先生全书·正家》）；教育妇女的时候则云"《礼记》曰：'礼始于谨夫妇'；《中庸》曰：'君子之道肇端乎夫妇'"。（姜德后《愚谷先生训子格言》）同时，也正是由于儒学典籍在朝鲜以及日本的刊刻，有很多儒学典籍在中国失传以后，反而能在他国刊本中找到。

其次，朝鲜家训深受朱子学和《朱子家礼》《大学》的影响。《朱子家礼》大约于 13 世纪由高丽人安珦传入朝鲜。史载安珦极为崇拜朱熹，两度出使元朝购得朱子书，并且自绘朱熹画像。朱子学在李氏朝鲜备受推崇，朴埂《兰溪遗稿·家训》开篇就对子弟教育提出"开蒙之后，勿使他书，专以《小学》一书为所入门庭……愿我子孙，朝夕常以《小学》为师，不可须更怠弃也。"又云："子朱子慨念古者教人之法，晦而不传，采古法之未泯者，及历代名贤嘉言善行，凡可以开示愚蒙，启迪后人之语，搜摭无遗。"由于朱子宋儒理学的地位，《朱子家礼》在朝鲜的士大夫中也很快被接受。在日常生活礼仪方面，当时家训记载多从《朱子家礼》，如安教翼《浑斋集·家训》中论及建造宅邸的时候，就引用了《朱子家礼》"君子将营宫室，先立祠堂于正寝之东"。此外朝鲜家训中关于冠礼、婚礼、祭礼、丧礼等论述内容也多从《朱子家礼》。而《大学》中"身修而后齐家，家齐而后国治，国治而后天下平"的思想与朝鲜"家国同构"的社会结构特点吻合。所以朝鲜时代的家训多以《大学》的修齐治平模式作为典范，据此教育家族子弟达到内圣外王的理想人格境界，也期望达到这个模式中的家族和睦、国治民安。

最后，朝鲜家训文化的另一个特点是女训的盛行。很多家训作品中都包含有女训的条目内容，并且有单独刊行的女训作品，如《韩氏女训》《闺门规范》等。内容上与儒家文化对女子在为人女、为人妇、为人母等方面的要求一致。

（三）越南

越南家训文化的繁荣主要集中在后黎朝（1428－1789）和阮朝（1802－1945）时期，其中既有手抄本，也有刻本，大多数刻本家训刊刻于阮朝。根据刘春银、王小盾等人编纂的《越南汉喃文献目录提要》[①]，现存越南的家训30余部，其中既有中国传入的家训，也有越南文士创制的。中国传入的家训主要有《朱子家训》和《明道家训》，除此以外，还有清代流传比较广泛的家训类丛书，如邓淳的《家范辑要》、石成金的《传家宝》、陈宏谋的《五种遗规》等。

无论是中国传入的家训还是越南自撰的家训，绝大多数都是用汉文流传的。如后黎朝家训中，吴维垣的《吴公训子文》、胡丕绩的《穷达家训》、阮逸的《阮唐臣传家规范》、裴杨瓛的《裴家训孩》等均以汉字书写，唯有阮廌的《黎朝阮相公家训歌》以越南喃文写成。这也从侧面反映出汉字在越南的使用广泛程度以及中国儒学对越南的深刻影响。越南在很长一段历史时期是汉文和喃文并行的，而在13世纪陈朝官方倡导喃文之前，汉文一直占主要地位。家训属于中国儒家思想的传播内容，以汉字的方式流传也就顺理成章了。

越南家训文化呈现出如下特点。首先，越南的家训强调以个人修养为主的儒家伦理价值。这是由儒学在越南传播的独特历史语境决定的。这种历史语境有人概括为"中世纪亚洲的'士'阶层形象的传播，这个阶层独有'君子自强不息'的君子品格而体现为一种人格魅力。……越南在13到19世纪，基本上形成了本土化的儒学，也产生了本土化的士人，士人也就是知识分子，当然与儒学有密切的关系"[②]。越南儒学的发展始于11世纪的李朝，1070年李圣宗设立文庙，供奉孔子和周公，尊奉儒学，此时正是中国的宋朝，所以对越南儒学影响较大的是宋儒学。例如黎朝时越南历史上著名的学者黎贵惇（1726－1784），他曾两次出使中国，还将自己所

---

① 台湾"中国文哲研究所"出版发行，2002年12月。
② 阮氏翠幸：《十三世纪至十九世纪宋儒哲学对越南儒士思想的影响》，《江南大学学报》（人文社会科学版）2017年第5期。

著的《圣谟贤范》《群书考辨》赠予清朝官员。他提倡朱子理学，以象山
（陆九渊）为贤人，也关心二程的"性理"与"性命"学说。以黎贵惇为
代表的越南儒士以宋儒为正统儒学，可以说，宋儒的思想理念给了越南封
建时代的知识分子一种世界观，一种认知与思维方式。宋儒的正心诚意、
格物致知、修身齐家等观念深刻影响了越南士人。另外，长期的科举制也
使越南产生了一些科举世家。如后黎朝《穷达家训》的作者胡丕绩就出身
于科举世家，除了他本人为正和二十一年（1700 年）赐进士出身之外，胡
氏历代家族中，状元、进士、双元、副榜等层出不穷，可谓科举世家。
《穷达家训》的主要内容除了训导家人守业、勤俭之外，更多的是训诫子
孙们在自我修养方面要谨慎、谦虚、力学、勿骄奢等，这与中国家训的内
容是基本一致的。

其次，越南自撰家训也多有摘录中国家训的内容。后黎朝阮逸的《阮
唐臣传家规范》以及阮朝不详作者编撰的《教训演歌》，均以父慈子孝、
友于兄弟、夫妻和睦、修身立德等为主要内容，以儒家的伦理规范为准
则，其内容上对中国家训多有摘录。

再次，越南家训常常与宗教善书相融合或附于其后。如越南现存最早
的家训——陈朝状元莫挺之的《训孩歌》，收录于僧人慧身删定的《禅宗
本行》一书；此外如《春廷家训》附载于《劝孝书》，《朱子家训》附载
于《守寸编》。[①] 由于这些家训附于民间广泛流传的劝诫性善书和佛教资料
中，也得到了更为广泛的传播。

此外，越南以喃文写的家训中，如《杨公训子歌》《教训演歌》等多
用诗歌体，在内容上兼及女训和童蒙教育。中国的家训传入越南的早期，
仅限于儒士和世家大族，之后通过与童蒙教育书籍和宗教善书的结合而广
泛流传，从而在客观上促进了以家训为载体的儒家伦理道德在越南的传播
和发展。

---

① 本段材料转引自耿慧玲《家训文化在东亚的传播发展》，《社会科学报》2017 年 10 月 20
日。由于材料系转引，所以不详此处的《朱子家训》为清初朱柏庐的《朱子治家格言》
抑或是朱熹的《朱子家礼》。

三 结语

作为汉文化圈的东南亚国家对中国古代家训文化的接受和发展主要体现在以儒家的修身、齐家、治国、平天下为个人的典范理想，从而以此来构建儒家思想作为主流意识形态的家族规范和社会道德政治规范。在古代的东南亚各国，宗法制社会是大部分汉文化圈国家的构成特点，而儒家的个人修养、道德规范和政治理想本身就符合当时统治者的需要，同时也适应了当地的民俗习惯。在诸如日本、朝鲜和越南这些受中国儒学思想影响较深的国家当中，家族是仅次于国家机器而存在的权利系统，对社会和谐和政治稳定发展起到了非常重要的作用，所以家训文化也得到了广泛的传播和发展。

探析异乡文学中的社会记忆遗产

王继庆[*]

摘　要：本文引介《儿时中国》《遇知日本》等异乡文学作品叙事内容，比较其叙事结构；探讨异乡文学的内涵和异乡文学作品分析框架，认为异乡文学作品经过翻译、流传、阅读推广，会形成社会记忆遗产。

关键词：异乡文学　记忆遗产　社会记忆

一　引论

本文试图回答何谓异乡文学，它有哪些类型，它与社会记忆遗产的关系如何，它是如何记录和流传后世的，并通过一些文本个案来讨论有关记录和流传的特点。

旅行者对旅行的中转地（异乡）或目的地社会生活的书写，或者客居、移居他乡的人对故乡、故园的书写，抑或客居者对东道国（异乡）的书写，无论其题材是诗歌、散文还是纪实小说等，都属于异乡文学。异乡文学与时空变换下的个体——社会记忆形成有密切关联，这类文字一般直笔写实，或夹叙夹议，特别是行纪类文献很多都属于一定时空范围内的记忆遗产。

在常居地、故乡、母国的一些司空见惯的事物，或许不会引起人们的兴趣和注意力，而随着空间的移动和时间的推移，对异乡异地的记录却让

---
* 王继庆，哈尔滨师范大学历史文化学院教授。

个人从特殊的角度体会特定社区的生活，这些记录一般都有社会生活史的细节书写内容和特征。其文本经过发表、出版流传后世，可作为社会史研究的对象和素材，所以异乡文学更能让读者体会到"文史不分家"的说法是有道理的。异乡文学的特点，大体来说有人文性、叙事性、历时性和地域性，除了档案文献、影音资料以外，具有这些特点的文本也是社会记忆的载体，并且大大丰富了记忆遗产的内容。

人们有必要理解社会记忆及其遗产的内涵。记忆有个体的，也有社会的；个体记忆是对自我感知、思维过程和经验的记录、保留和再现。社会记忆一般是指人们对所谓"共同记忆"的感知和重构。社会记忆必然建立在个体记忆书写基础之上，而且书写的对象包括社会群体、社区、城乡社会生活等。个体记忆的记录和保留过程，一般经过从实物、印刷物、多媒体乃至新媒体的传播技术革新，传播愈加广泛，加之以教育的作用，受众愈加认同，则流传中成为社会记忆的可能性就愈大。社会记忆经过跨世代传递，以读本、档案、音像、图片、电子文献等为载体流传后世，经过学习和教育过程的强化作用，便趋于形成社会记忆遗产。

法国学者莫里斯·哈布瓦赫较早提出"社会记忆"术语，认为人们的回忆是基于现在的情况而被重新建构的，社会记忆取决于当下人们的需要、利益和观念，是为现在服务的，它不是个体记忆的简单叠加，而是立足现在对过去进行的重构。台湾学者王明珂从记忆媒介和记忆过程理解社会记忆的内涵：社会中借各种媒介保存、流传的记忆，由人群当中的经验与过去的历史、神话、传说构成；社会记忆的媒介有文献、口述、行为仪式（各种庆典、纪念仪式与讨论会）与形象化物体（如名人画像、塑像，以及与某些记忆相关的地形、地貌等）。他还认为，集体记忆是指社会记忆中有一部分记忆经常在此社会中被集体回忆，而成为社会成员间分享的共同记忆。

从记忆遗产来看，人们有时候可能无法从记忆主体上分清哪些属于个人记忆，哪些属于社会记忆。从记忆的对象、客体角度看，对于后世学习者来说，这些记忆文本一般都属于对特定时空的社会的记忆。综而观之，鉴于社会记忆内涵的多重性，本文有意使用这样的术语，即个体或个人的社会记忆，相对于群体或大众的社会记忆，也就是不再强调社会记忆中的共同性和集体分享的特征。

从异乡文学的内容来看，一个初步的分类方法是，类型一为客居者对故乡的记忆记录，类型二为客居者对东道国、客居地、移居地的社会记忆书写。记忆的空间范围大到一个国家，小到一个城镇和乡村；个体的社会记忆时间跨度长到个人的整个童年、青年时期，或许更长，而短的个体——社会记忆可能仅仅记录一次短暂的旅行。《儿时中国》和《呼兰河传》的例子属于类型一，而《饿乡纪程》《漫游的感想》《西行通讯》等基本上属于类型二。

旅行和移居产生的文学具有地方性和地方感，这是这类文学具有一定特质的原因，那么，对地方感的记录往往形成所谓的异乡或家乡的社会记忆。华裔地理学家段义孚在他的《恋地情结》一书中，把人类所处的地点分为地方和空间两种。地方是各种价值和意义的储存地，寄托着人的精神和情感，是稳定而可靠的；空间则与时间一样无边无际，难以把握，只有物理性质和形状，还没有附加人的情感和价值。段义孚的"地方"概念强调地方性和地方感。地方性是与现代性相对立的概念，假设现代性力求标准化、统一性，那么地方性则强调独特性和多样性。地方感可分出层次，有对一个村庄、一个小镇的地方感，有对一个县、一个市的地方感，我们平常所云家乡或故土情结实际就是此类地方感，或可称之为乡情或乡愁，这有时成为异乡文学的主题。

二 李恩富《儿时中国》与母国故乡记忆

文化人无论在异乡还是从异乡返回母国，都会有自己的独特记忆，这记忆也许是关于自己的儿时、青少年乃至中年的成长经历，也许是关于对他乡的认知，这些回忆录书写，经过了时代的洗礼，大多成为观察过去时代的独特材料，这材料就像一首很老的歌曲或者一座很老的房子，慢慢地已经成为历史的一部分。这种书写虽然微观，但会给读者留下深刻的印象。先来评析中国第一代留美学生李恩富的儿时中国回忆。

1887 年，美国波士顿 LOTHROP 公司出版了李恩富的回忆录 *When I was a Boy in China*，这本英文回忆录的书名有几种译法，如《我的中国童年》《儿时中国》《我在中国童年的故事》等。《我的中国童年》是已经出版的一个中译本。珠海出版社 2006 年出版了一套有关容闳研究的丛书，其中有一册就是李恩富回忆录的中译本《我的中国童年》。

李恩富（Lee Yan Phou），1861 年生于广东省香山县，是 1872～1875 年清政府选拔派遣的 30 名留美幼童中的一员。有的学者提出，李恩富是那批留美幼童中的唯一作家。他 1873 年留学美国，1881 年刚读完耶鲁大学法律专业一年级，就被清政府召回中国，在天津当了 3 年下等海军士官生，之后，1884 年 9 月在传教士的帮助下又回到美国，进入耶鲁大学续其学业，于 1887 年毕业。

再回耶鲁期间，李恩富根据个人回忆，用英语撰写了 *When I was a Boy in China*，并于 1887 年出版，这离他第一次出国已经时隔 14 年，该书的出版也是为他从耶鲁大学毕业带给自己的一个礼物。据记载，李恩富除精通法律外，在英文方面还颇有造诣，在耶鲁的英文作文比赛中曾获得一等奖，他还是第一个入选美国大学优等生荣誉学会的中国学生。

有评论说，波士顿 LOTHROP 公司出版的书 *When I was a Boy in China*，是华裔作者甚至可能是亚裔作者第一本在美国出版的图书。连欢把 *When I was a Boy in China* 与容闳的自传相提并论，都归为早期华裔移民文学："李恩富（1861 – 1938）的《儿时中国》系统地介绍了中国南方传统建筑和家族关系、中国式的教育、中国的宗教信仰、道德观念和日常生活、习惯，几乎就是一本初级的中国百科全书。"①

关于清代留美学生的情况，阎崇年在《正说清朝十二帝》中这样讲到，幼童留学生的年龄一般在 12 到 16 岁，出国前需要在上海培训。……幼童先受预备班半年的教育，学习简单的英语，了解美国情况。学校要求极严格，学习差的经常受体罚，幼童们都很努力，完成了预期学业。同治十一年（1872 年）夏，经过考试选拔，第一批幼童 30 名，在上海乘轮船出洋。从同治十一年到光绪元年（1875 年），每年出国一批，每批 30 人，共有 4 批 120 人赴美国留学。

李恩富无疑是第一批留学生中的佼佼者。根据他的英文版回忆录，他

---

① 连欢：《并非语言殖民——美国华裔文学早期自传分析》，《文教资料》2008 年第 34 期，第 25 页。

是在上海出洋局的学校里学习英文，当时才 12 岁。他的这部自传童年回忆录中详细记录了这批留学生在上海培训和做出国前准备的情况，包括对宽敞的二层教学楼、课堂布置和严格教学方法的描述。他说，这批留学生预备班里有中文教师两名、英文教师两名，其中一位英文老师来自香港。

作为耶鲁的毕业生，李恩富也是早期的美国通，身在异乡为异客的他书写了对母国故乡的回忆。*When I was a Boy in China* 以个人回忆为叙事结构，展现了清晚期中国社会的记忆画面。下面一组例子则以具体区域——哈尔滨为叙事对象，时间序列为清末至 20 世纪 30 年代，伴随文本的出版和阅读推广，这些记忆遗产更清晰地流传下来，并体现出个体的社会记忆的差异性。

这些记忆差异性之所以产生，与记忆者的思维习惯和经验有关。按照个人的文化传统、思维方式及经验去解读异乡社会有可能产生误读现象，甚至会出现对他者的否定，"'我'注视他者，而他者形象也传递了'我'这个注视者、言说者、书写者的某种形象。……但在言说他者的同时，这个'我'却趋向于否定他者，从而言说了自我"[1]。换言之，异乡文学中的异地描写或多或少带有主观性。

三 异乡文学中的哈尔滨记忆

从清末到新中国建立之前，有许多文人墨客、革命志士旅行经过哈尔滨或在哈尔滨有短暂停留，其中有的人留下了记载哈尔滨的文字，这些书写记录了正史上不太常见的哈尔滨的模样。他们中的代表者是一些著名的文人，对哈尔滨的印象有褒有贬、不一而足，这些与其个人经历有关，也与 20 世纪早期哈尔滨的城市变迁有关。

（一）单士厘的哈尔滨印象

1896～1903 年，随着中东铁路的建设，工商业及移民人口开始在哈尔滨一带聚集。中东铁路建成时，哈尔滨已经初步形成近代城市。20 世纪初

---

[1]　孟华主编《比较文学形象学》，北京大学出版社，2001，第 157 页。

的哈尔滨是一座国际性商埠，据记载，先后有 33 个国家的 16 万余侨民聚集在这里。

单士厘（1858～1945），浙江萧山人，被誉为近代女性出国旅游的第一人。①

1903 年 5 月 8 日，单士厘跟随丈夫钱恂由日本前往俄国，途中到达哈尔滨。她的《癸卯旅行记》记录了 1903 年的哈尔滨，处处是内忧外患。那一年，中东铁路刚刚全线通车，单士厘在沿着中东铁路和西伯利亚大铁路旅俄的途中，经过哈尔滨，她记录了帝俄的欺行霸市；观察到俄人购地随意给价，任意侵占，并为平息舆论而更改地名。

"旧哈尔滨者，土名香坊，旧为田姓者'烧锅'所在。五年前，俄铁路公司欲占为中心起点，乃逐锅主而有其地。……俄人在哈尔滨购地，固以己意割界，不顾土宜；以己意给价，不问产主。"②

"所谓尼果赖司科者，中国旧称为双城子。然今又不尼果赖司科矣，自彼本年一月一日始，该用东方海军大将之名，名曰司柯里乐夫矣。俄人割人地，必易新名，欲使人无怀旧之感。"③

单士厘记录了俄人欺辱中国华工的情况，无论华人员工的职位如何，都会遭俄人普通员工的恶待：

"此等最下最苦的华工，昼役于路，夜宿于傅家店，彼俄工固列板房而居于路侧也。俄工污秽不亚华工，然公司每以华工污秽，易肇疫气，傅家店距路不足十里，易于传染，啧有烦言。其意非尽逐华工不止，徒以佣值廉而工事未竣，不得已耳。"④

单士厘记录的哈尔滨印象，几乎完全是殖民地的烙印。从中可见，在1903 年前后的哈尔滨，俄人凌驾于华人之上的社会实况。庚子之乱在东北导致俄兵以此为借口，长驱直入，即使辛丑条约之后，俄国人也强占铁路沿线重要据点，久久不愿退兵。尽管清末的新政已经给东北开发带来转机，关内的移民不断进入，但是，哈尔滨等主要城镇的市政管理权和司法权却被俄

① 赵炜：《中国近代妇女旅游第一人：单士厘》，《社科纵横》2007 年第 2 期。
② 单士厘：《癸卯旅行记》，岳麓书社，1985，第 723 页。
③ 单士厘：《癸卯旅行记》，岳麓书社，1985，第 717 页。
④ 单士厘：《癸卯旅行记》，岳麓书社，1985，第 723 页。

罗斯、日本等国巧取豪夺，使东北在 20 世纪初对外交涉中陷入困境。

（二）瞿秋白的哈埠印象

哈尔滨、奉天（沈阳）等对外开放之后，外国人及外国领事馆不断进入这些商埠。中外居民之间的关系并非总是那么融洽的。不同族群的文化特色反映在市民生活里。哈尔滨与关内的历史名城相比，传统文化的底蕴不是那么深厚，再加上外来族群的活跃，显现出文化上的多元性，但这种多元性是被动的。

1920 年瞿秋白以《晨报》记者身份赴苏俄考察，写了哈尔滨至莫斯科的游记，即《饿乡纪程》，又名《新俄国游记》，是瞿秋白的散文集，作于 1920 年 10 月至 1921 年 10 月，1922 年出版。瞿秋白《饿乡纪程》里的哈尔滨是一片文化荒漠，是一个趋于俄罗斯化的城市，也是日本帝国主义势力不断兴起的城市。以下节选的两段文字，是他在焦急地等待踏上苏俄之旅的时候，对哈尔滨印象的实录：

> 哈尔滨久已是俄国人的商埠，中国的俄国的商业显然分出两个区域。道里道外市面大不相同。道外是中国人的，道里是俄国人的。我们到哈尔滨时，俄商埠已经归中国官厅管理。道里也已设中国警察局。其余一切市政，俄国援向例组织市政会参与行政的。欧战后俄国商业一天凋零一天，市面差不多移到道外去了。日本乘此机会努力经营，道里的市面几乎被他占了一半。

> 哈尔滨生活尤其有沉默静止的特征。全哈中国学校不过三四处，报馆更其大笑话。其中只有《国际协报》好些，我曾见他的主笔张复生，谈起哈尔滨的文化来，据他说，哈尔滨总共识字的人不多；当真，全哈书铺，买不出一本整本的《庄子》，新书新杂志是少到极点了。上等人中只有市侩官僚，俄国化的商铺伙计。上上下下都能几句"洋泾浜"的俄国语——哈尔滨人叫做毛子话。然而他们下等社会静止的生活却依旧漠然不动，即使稍受同化，却又是俄国式乡下人的污糟生活。这种地方住着未免烦闷呵。（瞿秋白《饿乡纪程》，商务印书馆，1922）

这些文字的书写，看得出瞿秋白对哈尔滨人文和社会的印象是非常负面的。他对日帝代替俄国，在东北垄断商业机会的势头看得很清楚，这也符合当时的情况。因为俄国"十月革命"之后，东北和远东的政治变得扑朔迷离，东北民族主义势力的代表在这个特殊历史时期收回了一些主权。日本对东北的渗透则呈现出加强的趋势。值得注意的是，瞿秋白主张中国东北和俄罗斯远东强化经济联系，建立经济同盟，抵抗日本的势力。

从行文透露的信息来看，瞿秋白在哈尔滨逗留的时间更长一些。正所谓"横看成岭侧成峰，远近高低各不同"，瞿秋白的哈埠记忆与胡适、朱自清的观感有很多不同。胡适同样在 20 世纪 20 年代到访过哈尔滨，朱自清则是在 30 年代初旅欧途中路过哈尔滨。

（三）胡适的哈尔滨畅想

1926 年，胡适在《漫游的感想》一文中，书写了哈尔滨印象，他注意到东西文化的界限，把这种文化差别形象地比喻成人力车和摩托车的区别：

> "道里"现在收归中国管理了。但俄国人的势力还是很大的，向来租界时代的许多旧习惯至今还保存着。其中的一种遗风就是不准用人力车（东洋车）。"道外"的街道上都是人力车。一到了"道里"，只见电车与汽车，不见一部人力车。道外的东洋车可以拉到道里，但不准再拉客，只可拉空车回去。（胡适《漫游的感想》）
>
> 人力车代表的文明就是那用人作牛马的文明，摩托车代表的文明就是用人的心思才智制作出机械来代替人力的文明。把人作牛马看待，无论如何，够不上叫做精神文明。用人的智慧造作出机械来，减少人类的苦痛，便利人类的交通，增加人类的幸福，——这种文明却含有不少的理想主义，含有不少的精神文明的可能性。（胡适《漫游的感想》）

胡适停留在哈尔滨时的简短书写,对比了道里区和道外区城市交通的差别,表明了他对机动车体现的西方文明的赞赏。胡适对西方文明有较多亲身体验,对工业文明的先进性有更多的认识,所以他在经过哈尔滨时,注意到城市交通的进步之处。

与瞿秋白的书写有很大的不同,胡适对哈尔滨工业化的程度有自己的感受,认为是进步的现象,他没有像《饿乡纪程》记载的那样,把这里当成一个落后而烦闷的城市。

(四) 朱自清对哈埠印象的书写

朱自清在《西行通讯》中记录了萧条年代里的哈尔滨。朱自清 1931年 8 月 22 日坐火车从北平出发,沿着中东铁路于 24 日到达哈尔滨,经西伯利亚大铁路到达莫斯科,再经波兰到达英国,他的游学目的地。1931年 10 月 8 日,已经到伦敦的朱自清,给叶圣陶寄了第一封信,是关于哈尔滨的旅行印象;再加上 11 月寄给叶先生的第二封信,写了西伯利亚途中见闻,两封信便是《西行通讯》的内容。朱自清在他的《伦敦杂记自序》中,言及此段游学是因为清华给予了休假机会,在欧洲住了 11 个月,其中 7 个月是在英国。他在哈尔滨的短暂停留,恰巧是在"9·18"日本进犯东北的前夕,所见所闻是关于伪满洲国成立前夕的哈尔滨。

朱自清记录了俄人社区与人口结构。他到访的道里社区,如中国大街(现在的中央大街)和南岗秋林公司附近都住了很多俄籍人口。这种与其他城市迥然不同的人口结构令人印象深刻。

> 道里纯粹不是中国味儿,街上满眼都是俄国人,走着的,坐着的,女人似乎比哪都要多些。据说道里俄国人也只十几万;中国人有三十几万,但俄国人大约喜欢出街,所以便觉满街都是了。[①]

笔者认为这种繁华街景的背后实际上是经济的萧条。1929 年始于美国华尔街的经济大衰退,波及远东贸易重要城市哈尔滨。当时掌控在俄

---

① 朱自清:《朱自清散文经典全集》,武汉出版社,2010,第 237 页。

国人手里的中东铁路公司是吸收华人和俄国人的大公司，它在1930年初大批裁员，至1930年3月1日，裁员达5155人，其中中国工人2839人，入中国籍白俄员工被裁掉2316人。① 所以1931年夏季表面热闹的街道上，在消夏纳凉的社区生活中，不乏大量因经济不景气而失业的工人和公司职员。

至于朱自清说道里的中国人口有30多万人，俄罗斯人有10多万人的说法，大致是符合实情的。根据管辖道里的哈尔滨特别市人口调查，1927年底共有342772人，其中中国人274367人。② 也就是说，在伪满洲国成立之前，哈尔滨的俄罗斯人应该有10万人左右。1930年在中国东北的俄罗斯侨民有111584人，其中哈尔滨有64470人，在哈尔滨的俄侨中，无国籍者30044人，苏联公民27633人，而加入中国国籍的仅有6793人。③

哈尔滨的社区生活里，处处显露出中外文化的融合。与瞿秋白反感印象不同，朱自清对这种社区文化的融合持肯定的态度。在《西行通讯》中，有关中外社群关系的描述也比较直观，作为来自南方的文化人，朱自清自然对这种社区生活产生了联想和对比。

20世纪30年代的哈尔滨，城市的建筑文化彰显出俄罗斯风格的西方色彩，中外社群关系已经悄然变化，殖民地城市的社会文化印记已经被各种政治风暴冲淡了。俄国发生"十月革命"之后，经过一系列复杂的对俄、对苏交涉，早先俄罗斯人控制的铁路运输权，甚至司法权，陆续被收回，或者说部分地收回，俄罗斯人的政治地位下降，所以朱自清感慨于当时中外居民在哈尔滨的平等相处。

朱自清对比了上海、青岛、北戴河等地的情况，那些城市的外国人似乎有要高中国人一等的感觉。哈尔滨的中国商贩会讲俄语，对于这种社区基层的外国化，朱自清认为是社区生活中自然而然产生的，不是那种奢侈的装饰，这是属于全民的而不是少数高等华人的。

---

① 李述笑：《哈尔滨历史编年》，哈尔滨出版社，2000，第214页。
② 李述笑：《哈尔滨历史编年》，哈尔滨出版社，2000，第189页。
③ 张凤鸣：《中国东北与俄国（苏联）经济关系史》，中国社会科学出版社，2003，第134页。

（五）萧红对呼兰旧风俗的书写

萧红 1940 年底在香港完成了她的小说《呼兰河传》，她记录的呼兰，应该是她对 20 世纪二三十年代生活的追忆。呼兰建城历史远远早于哈尔滨，是中国人传统生活气氛更加浓郁的城镇，这里有繁华的老生意，也有跳大神、逛庙会等民俗文化，这些景象在旅人的眼里并不能很容易地被观察和体验到。

文化界的名家在过境或旅居哈尔滨的时候，对当地的人文社会进行了不同角度的书写，读者可以从比较零散的旅行记中，体会到哈尔滨城市社会的变迁。萧红与他（她）们最大的不同是，她是呼兰土生土长的作家，是本地人，她的青少年时代大多在呼兰度过，其视角有本土地方感，她的书写大多是对故乡小城的回忆。萧红在她的《呼兰河传》中，书写了呼兰（今哈尔滨市呼兰区）的生活和乡土风俗：

> 呼兰河就是这样的小城，这小城并不怎样繁华，只有两条大街，一条从南到北，一条从东到西，而最有名的算是十字街了。十字街口集中了全城的精华。十字街上有金银首饰店、布庄、油盐店、茶庄、药店，也有拔牙的医生。[①]

> 呼兰河除了这些卑琐平凡的实际生活之外，在精神上，也还有不少的盛举，如：跳大神；唱秧歌；放河灯；野台子戏；四月十八娘娘庙大会……[②]

这些文化名人有关哈尔滨的较早记录，有的属于见闻录和回忆录，有的则是旅行中的速写，还有的带有作者复杂的情感表达，这些个体——社会记忆遗产，不仅钩沉了一些旧闻，也使当代人对近代哈尔滨有一种更直接、更具体的旧时印象感知，了解到近代哈尔滨生活的细微变迁。随着时

---

① 萧红：《呼兰河传》，中国工人出版社，2010，第 106 页。
② 萧红：《呼兰河传》，中国工人出版社，2010，第 137 页。

间的推移和某种教化的作用，这些有影响力的个人的社会记忆或许会再次整合成新的画面，演化成群体共识性社会记忆的基调。

《遇知日本》文本对中国读者来说具有某种特殊性。它的异乡叙事结构更为复杂，时空场景主要是 20 世纪 40~60 年代太平洋战争前后的美国和日本。作者的心路历程和学术生涯记录，反映了"二战"后日美民间接触的和平化走向。还有，这个文本是用英语在日本出版的，目前在中国读者中的影响或许不大，但作为当代形成中的记忆遗产的个案，还是有一些引介的必要。

四 基恩《遇知日本》异乡叙事

唐纳德·基恩（Donald Keene）可以说是一位来自美国的"日本通"。他的异乡书写，充满对异乡的感恩情怀。基恩的日本社会记忆实际上打破了母国和东道国的界限，跨文化的记忆方式几乎模糊了母国和异乡的分野，也就是说作者既写母国，又写异乡。

唐纳德·基恩是"二战"后美国的日本文学研究方面的顶尖人物，他1922 年出生，纽约长大，对日本文学有精深的翻译和研究。2011 年日本"3·11"大地震后加入日本籍，他的研究兴趣专注于日本文学，最后成为一名日本国民，加入日本籍的那一年他已经 89 岁，他的异乡最终成了母国。

基恩 1979 年出版的《遇知日本》（*Meeting with Japan*，日本学生社，1979）不仅讲述了他的童年、少年和哥伦比亚大学求学经历，也记录了他与日本的不解之缘，揭示了"二战"后日美两国民间友好交流个例。这个读本在中国还没有中译本出现，其书写记录没有《儿时中国》的叙事久远，所以从记忆遗产流传看，其在中国的影响可能还不太大。当然这并不意味着《儿时中国》记忆遗产的流传范围就如何大，这些显然都与阅读推广过程密切相关。

童年基恩对法国兴趣浓厚，曾经和他的父亲游历过法国，顽皮的基恩在法国第一次偷偷地吸烟，这成为他法国记忆的一个片段。在进入哥伦比亚大学之前，他说只对日本有一点儿感觉，这点儿感觉来自注意到中学毕业生中有一位日本同学的名字姓在前，名在后。按照基恩的理解，在毕业典礼上，按日本的习惯宣读出日本毕业生的名字是对这名学生的礼遇。

在哥伦比亚大学，基恩的朋友不多，性情有些内敛。基恩与一位李姓的华人男生结成了朋友，在这位中国同学的帮助下，基恩开始了课堂之外第二门外语——中文的学习。基恩高中时学习了法语，此时他的中文而不是日文才是他的第二门外语，但这没有使基恩走上中国学的研究道路，他莫名其妙地选择了日本，日本也认同了他。特别令人感慨的是，基恩的日本学之路，源于对敌国人员包括后来的战俘人员的亲密接触。

那个时候突然爆发了太平洋战争，当时的珍珠港事件成为基恩青年记忆的非常重要的片段，他所接触到的最早教他日语的一些老师的尴尬境遇令基恩和其他同学既担心又同情。

太平洋战争爆发后，美国海军紧急征用日语人才，为此成立了日语培训学校。而在当年的暑假中曾偶然陪伴他人去外地学习日语的基恩，被招募到美军的一个日语学校，大约一年后进入了太平洋岛屿争夺战的战场，负责对日翻译和文件处理，这是基恩对日本人近距离的初次感知，而彼时的日本正是他的敌国。

基恩在《遇知日本》一书中说自己是个和平主义者。他在哥伦比亚大学几乎不参加激进的学生运动，在战争中处理和对待战俘，基恩表现得十分厚道，这和他内心的和平思想以及平和的个性有很大的关系。尽管在危险的太平洋岛战时，基恩不属于战斗人员，但仍然身处险境，与敌军人员也有过不同寻常的直接交流。美国海军停靠中国的青岛港之后，基恩亦上岸处理日本战俘事务，他和其中一些轻罪或无罪的日本人有了结识，而其中被遣返日本的商人明显为后来访学京都的基恩，提供了人脉等方面的很大帮助。

完成海军部门的特殊使命后又回哥伦比亚大学继续读书，这一点基恩和上文提到的李恩富的经历特别相似。李恩富是在清朝海军服役后返回耶鲁大学。基恩在上大学期间，获得奖学金去英国的剑桥大学攻读一年，原计划学习阿拉伯语和波斯语，后在导师建议下，基恩学了中国哲学，同时他在剑桥大学讲授日语，此时结识了著名汉学家阿瑟·瓦里（Arthur Waley)，瓦里给基恩的印象是中国文学和日本文学的翻译高手。

至于基恩为什么如此看重日本文学，并以此成就他的事业，这和他在留学剑桥之后的经历有关。1953 年夏，基恩获得了美国福特基金的资助，在京都大学访问研究两年，这次是他第二次遇知日本。与当初在太平洋战火硝烟中的接触完全不同，在古朴葱郁而宁静的文化古都京都，自然和人文的景象也许吻合了基恩的平和性格，正是在京都，他结识了三岛由纪夫等作家，并与日本的文化界人士广结良缘。

尽管基恩留学英国时，和罗素那样的名人有过短暂而令人愉快的交流，但基恩说，在英国剑桥没有找到这种交往圈子的感觉，因为他觉得英国人各管各的，很少进入他人的私人生活世界。

基恩在日本找到了他的文化圈子，此后对日本文学投入了大量的精力。基恩在《遇知日本》回忆录里这样写道，"我有的时候会这样想，一旦我失去了我的日本语知识，当然这只是说偶然的一种结果，那我还剩下了什么呢。日本语，起初它和我的祖辈没有任何关系，也不是我的文学品味所在，也和我的自我觉悟无关，但它已然成为我生命中的核心要素"。

一个最早对法国人文有浓厚兴趣的少年，与中国学问如中国语言、中国哲学偶然相遇但都失之交臂，最后成为一名日本学学者，并在耄耋之年加入日本国籍。基恩的人生经历和学术经历都是不寻常的，他对日本学的青睐发自内心，他的异乡记录既是对自己成长经历的记忆，也是对太平洋战争一些细节的记忆，以及对战后日本社会的感知和记录。

五　有关读本的分析框架和余论

从上述文本的叙事内容和叙事结构看，一般可以从四个维度来描述异乡文学的状态特质，这四个维度是地域文化导向（故乡、异乡、跨文化）、时间跨度（短时段、长时段）、地域范围（城乡、区域、国家）以及作者的文本语言（母语、第二外语）。表 1 为本文所涉及读本的四维度框架：

表 1 异乡文学作品的四维度分析框架

时间跨度	异乡导向	故乡导向	跨文化导向
短时段	《漫游的感想》 《西行通讯》 《饿乡纪程》 （母语）		《癸卯旅行记》 （母语）
长时段		《呼兰河传》（母语） 《儿时中国》（第二语言）	《遇知日本》 （母语）

←地域范围小　地域范围大→

总之，无论历时性的，还是共时性的异乡文学，也不论其叙事结构属于哪种类型，都可能是社会记忆遗产形成的一种媒介，对研究社会生活微观历史会有一定的帮助，对揭示群体记忆的形成过程也有所裨益。

赫拉克利特说过，人不能两次踏进同一条河流。既然如此，从本文所及个案可以看出，同一类记忆对象的个体记忆通常是有差异的。记忆遗产与大众教育中的读本或有不少差异，也与强调真实性和实证性的社会史记录有所不同，研讨这些个案体现的具体问题为未来开拓社会记忆遗产专题研究视域，或能提供些许思路。

参考文献

连欢：《并非语言殖民——美国华裔文学早期自传分析》，《文教资料》2008 年第 34 期。

孟华主编《比较文学形象学》，北京大学出版社，2001。

赵炜：《中国近代妇女旅游第一人：单士厘》，《社科纵横》2007 年第 2 期。

单士厘：《癸卯旅行记》，岳麓书社，1985。

朱自清：《朱自清散文经典全集》，武汉出版社，2010。

李述笑：《哈尔滨历史编年》，哈尔滨出版社，2000。

张凤鸣：《中国东北与俄国（苏联）经济关系史》，中国社会科学出版社，2003。

萧红：《呼兰河传》，中国工人出版社，2010。

Lee Yan Phou，*When I was a Boy in China*，Boston D. Lothrop Company，1887。

Donald Keene，*Meeting With Japan*，Gakuseisha，1979。

汉语传播与孔子学院研究

"汉语桥"世界大学生中文比赛的
文化传播研究

刘　锐*

摘　要： 由国家汉办孔子学院主办的"汉语桥"世界大学生中文比赛已成功举办十五届，它已成为世界各国大学生学习汉语、了解中国的重要平台。本文在梳理"汉语桥"世界大学生中文比赛的概况和关注其文化传播背景的基础上，通过分析"汉语桥"世界大学生中文比赛所体现的文化传播的内容和方式，进一步探讨"汉语桥"世界大学生中文比赛的意义和启示。

关键词： "汉语桥"世界大学生中文比赛　文化传播　软传播　文化教学

"汉语桥"是由国家汉办、孔子学院联合主办的世界性中文比赛，主要包括"汉语桥——世界大学生中文比赛""汉语桥——世界中学生中文比赛""汉语桥——在华留学生中文比赛"等，旨在增加世界对中国和中华文化的了解。

自2002年以来，"汉语桥"世界大学生中文比赛每年一届，被称为汉语的"奥林匹克盛会"。截至目前，已有110多个国家的近60万名世界各地的大学生通过这项赛事，展示并分享学习汉语的成果和快乐，其中2700余名优秀选手从世界各地集结中国，来华参加了复赛和决赛。"汉语桥"世界大学生中文比赛在中国与世界各国青年之间架起了一座沟通心灵的桥梁，在汉语和中国文化的国际传播与推广方面发挥了重要作用。

---

*　刘锐，长春理工大学文学院硕士研究生。

一　"汉语桥"世界大学生中文比赛概况及其文化传播背景

（一）"汉语桥"世界大学生中文比赛概况

1. 比赛的性质与目的

"汉语桥"世界大学生中文比赛是由国家汉办、孔子学院在全世界范围内举办的大型国际汉语赛事，也是"汉语桥"工程推行的主要项目之一。作为汉语国际推广的一种手段，"汉语桥"世界大学生中文比赛的主要目的是希望通过比赛激发外国年轻人学习汉语的兴趣，在学习汉语的过程中加深对中国及中国文化的了解，使中国的语言及文化能够更好地在世界范围内传播，增强中国的文化软实力。

2. 参赛选手

"汉语桥"世界大学生中文比赛对参赛对象有明确的规定：年龄18~30岁，非中国国籍、在外国出生并成长、母语为非汉语的外国高校在校生。已获奖的上届来华参赛选手原则上不可连续两届参加比赛。

3. 比赛内容

各届"汉语桥"世界大学生中文比赛活动方案对比赛内容都有明确的阐述，它主要包括以下几方面：

（1）汉语语言能力（汉语听说读写能力）；

（2）中国国情知识；

（3）文化技能（歌曲、舞蹈、曲艺、杂技、器乐、书法、绘画、剪纸、武术、传统体育等）；

（4）综合能力（通过培训，重点考核选手对汉语、中华文化的理解和实际运用能力）。

4. 比赛流程

"汉语桥"世界大学生中文比赛由海外预赛和来华复赛、决赛两部分组成。

（1）预赛：原则上需在每年6月前完成，由驻外使（领）馆教育、文化处（组）和孔子学院组织实施，选拔并推荐选手来华参加复赛。各赛区还可推荐 1 名优秀选手来华观摩比赛。

（2）复赛、决赛阶段：时间为 7 ~ 8 月，采取国家汉办与地方政府联合主办方式。为提升品牌影响力，来华复赛、决赛部分通过电视呈现。复赛主要采用主题演讲的方式进行，要求选手在 90 秒的时间内进行主题演讲，并且通过对汉语语言能力、中国国情知识、中国文化技能等方面的考核，选出进入决赛阶段的选手。决赛阶段采取情景考演秀和即兴答题的方式，全面考查选手的综合能力，通过淘汰晋级赛制综合过桥分和决赛积分决出五大洲冠军和一、二、三等奖，最后通过总决赛评出总冠军。

自 2002 年第一届世界大学生中文比赛开赛以来，截至目前，已经成功举办了 15 届，具体数据如表 1 所示。

表 1　历年世界大学生中文比赛情况

届数	年份（年）	地点	参赛国家数（个）	参赛人数（人）	比赛主题	总冠军（国籍）
第一届	2002	北京	21	49	心灵之桥	郑翠恒（越南）
第二届	2003	北京	28	62	新世纪的中国	徐晶莹（新加坡）
第三届	2004	北京	39	75	文化灿烂的中国	张家昱（新加坡）
第四届	2005	北京	45	95	山川秀丽的中国	英雄（法国）
第五届	2006	北京	49	101	多民族的中国	米娜（塔吉克斯坦）
第六届	2007	吉林长春	52	102	迎奥运的中国	蜂谷诚（日本）
第七届	2008	湖南长沙	55	110	激情奥运，快乐汉语	欧莉莲（美国）
第八届	2009	湖南长沙	60	112	快乐汉语，成就希望	郝菲（比利时）
第九届	2010	湖南长沙	62	107	魅力汉语，精彩世博	蒋思哲（英国）
第十届	2011	湖南长沙	68	118	友谊桥梁，心灵交响	吴家齐（奥地利）
第十一届	2012	湖南长沙	70	117	我的中国梦	孙志昕（韩国）
第十二届	2013	湖南长沙	77	123	我的中国梦	贝乐泰（澳大利亚）
第十三届	2014	湖南长沙	87	126	我的中国梦	施茉莉（巴西）
第十四届	2015	湖南长沙	97	133	我的中国梦	麦凯平（新西兰）
第十五届	2016	湖南长沙	108	146	梦想点亮未来	安德烈（加拿大）

资料来源：王伟鑫《跨文化传播视角下的"汉语桥"节目分析——以 2015 年第 14 届"汉语桥"世界大学生中文比赛为例》，博士学位论文，哈尔滨师范大学，2016。

从表 1 中可以看到，随着赛事的举办，参赛国家数和参赛人数逐年增加，比赛的规模不断扩大，这也说明"汉语桥"世界大学生中文比赛正在被越来越多的外国汉语学习者所了解，在世界范围内影响力不断扩大。从比赛的主题上看，主题紧扣中国国情又不断丰富、深化，每年的主题各异，涉及中国的文化、地理、习俗等各个方面。

（二）"汉语桥"世界大学生中文比赛的文化传播背景

"汉语桥"世界大学生中文比赛的文化传播背景主要体现在两个方面：一是语言文化的全球化趋势日益明显；二是全球范围的"汉语热"持续升温。

1. 语言文化的全球化趋势日益明显

随着经济和科技的飞速发展，世界各国之间的联系越来越紧密，21 世纪的今天，世界俨然进入了全球化时代。全球化不仅仅是经济问题和政治问题，更是文化问题。[①]

在文化传播领域，世界上一些主要国家都在有计划地实施各自的语言推广战略，积极谋求扩大其本民族语言在国际上的发展空间。法国有法语联盟，英国有文化协会，德国有歌德学院，西班牙有著名的塞万提斯学院，日本有宣传日语的独立机构——日本国际交流基金会，俄罗斯成立了普希金学院，印度筹备成立甘地学院，美国推出了"关键语言"计划等。在这种国际背景下，我们在顺应语言文化的全球化趋势，抓住机遇，扩大国际影响力的同时，更应积极传播我们的汉语和中国文化。[②]

2. 全球范围的"汉语热"持续升温

"10 年间，学习汉语的中小学生人数在法国翻了四番"，据法国电视二台 2017 年 2 月 13 日报道，汉语已在法国成为初级、中等教育里位列西班牙语、德语、意大利语之后的第四大第二外语。事实上，不仅是法国，随着中国国际地位的提升及与世界各国在经济、政治、文化等多个领域合作交流的增加，"汉语热"已经成为全球潮流。2005 年，美国只有 200 所中

---

① 闫文培：《全球化语境下的中西文化及语言对比》，科学出版社，2007。
② 李学东、张静：《中国文化全球化的探索之路》，《才智》2010 年第 29 期。

学开了汉语课，学中文的孩子只有 2 万人，10 年后，学汉语的人数已达 40 万人；在东南亚，学习汉语的人约为 160 万人，汉语教师近 2 万人；俄罗斯目前已有 123 所教育机构开设汉语课程，学习汉语的总人数达 1.7 万人，汉语还将在 2018 年纳入俄罗斯中学的 9 年级国家期末考试体系。……据统计，目前全球已有 60 多个国家将汉语教学纳入国民教育体系，全球学习汉语的人数从 2004 年的近 3000 万人攀升至 1 亿人。汉语已经走进世界每个角落，向全世界展现着中华文化的魅力。

二 "汉语桥"世界大学生中文比赛的文化传播内容

（一）汉语知识

1. "汉语知识"考点设置及演变（见表 2）

表 2 "汉语知识"考点设置及演变

语音	声母、韵母、声调、音变、多音字、拼音拼写等，声母方面主要针对舌尖前音和舌尖后音（z、c、s 和 zh、ch、sh）、舌尖中音中的鼻音和边音（n 和 l）、双唇音和唇齿音（b、p、m 和 f）的区别进行考点设置；韵母方面则是对合口呼和撮口呼（u 和 ü）、带鼻音韵母（eng 和 ong）、复元音韵母（iao 和 uai）的区别以及对其拼写规则的考查；声调则更多的是对阳平和上声区别的考查；"啊、不、头、子"的变调；"长、朝、重、藏、好、行"等；"杨柳、游泳、秋天、运动、衡山、黄山、庐山、香山、漂亮、交通、奇怪、温暖、昆虫、雪花、窗户、毛巾、幸福、医院、农夫、棋子儿、昆仑"等词语的读音拼写
词汇	成语（胸有成竹；揠苗助长；养兵千日，用兵一时；刮目相看；横冲直撞；喜笑颜开；笑里藏刀；三顾茅庐；悬崖勒马；半斤八两；望子成龙；百闻不如一见；千里之行，始于足下；滥竽充数；画蛇添足；千里送鹅毛；水落石出；塞翁失马，焉知非福；东施效颦；亡羊补牢；刻舟求剑；守株待兔）、惯用语（开夜车、跑龙套、泼冷水、挖墙脚、扣帽子）、谚语（三天打鱼，两天晒网；家有一老，如有一宝；一寸光阴一寸金，寸金难买寸光阴）、歇后语（小葱拌豆腐——一清二白）；重叠式短语（ABAB 式、ABB 式）；儿化词（头儿、盖儿、画儿、口缝儿、米粒儿、水果刀儿、莲心儿、药水儿、雨点儿、针眼儿）；词的结构（并列结构：寒冷、美好、收获、冰冷、金黄、血红、雪白、火热、冰凉；动宾结构：司机、围脖、动员；偏正结构：黑板、火红、面谈、口试、拳击；补充结构：提高）；多义词（地道、手）；前缀（老、阿）；词语搭配（一次、一个、交换）；词义（狗仗人势、小肚鸡肠、虎头虎脑、牛脾气）；缩略词（奥运会、高校、影星）；绕口令（吃葡萄不吐葡萄皮儿）；动词短语（看一看、看不看）；词汇的比喻义（梅花、老黄牛、红）等

续表

语法	实词,包括方位词、代词、量词、形容词、动词、副词(否定副词、时间副词、程度副词、语气副词、情态副词),比如,下、什么、怎么、会、能、哪些、没、不;虚词,包括助词、连词、介词、语气词,比如,简直、竟然、和、或者、而且、所以、因为、不仅、吗、呢、于是、否则;"不"与"没"的区别;"和"与"或者"的区别;把字句;语序;"的"字短语;动词搭配;疑问词;口语中所含的语义(差点儿没、好容易、好不)等
汉字	造字法:象形字(人、木、刀、山、水、日、月)、指事(旦、下、上、刃、本、中、末)、会意字(美、歪、好、尖、晶、林、闻、见、明、企、晨、众、体、男、笔、取)、形声字(袋、战、想、问、码、姑、苹、湘、桥、神、狮、招、呼、粮);区别形旁和声旁;看图写字;猜谜写字;汉字结构(左右结构、上下结构);笔画(运);部件(偏旁、部首)等
修辞	比喻、夸张等
语用	中国人见面打招呼时的用语习惯(您吃饭了吗);受到表扬时的谦虚方式(哪里哪里)等

2. 结论

针对汉语知识的传播,考查语音、汉字、词汇、语法、修辞、语用等。对汉语知识点的传播也有主次之分,词汇和语法是传播的重点,语音、汉字、语用次之,这说明汉语知识的传播不仅注重全面性和系统性,还有明确的指向性。[①] 此外,虽然传播的内容较多,但是传播难度并不大,考查的都是较为基础的汉语知识,更注重传播的广度。而且,该项知识的传播所选择的语言和素材都比较贴近生活,并且具有一定的时效性。

(二)国情知识

1."国情知识"考点设置及演变(见表3)

表3 "国情知识"考点设置及演变

自然国情	国土面积、地形地势、高原盆地、气候、河流湖泊、山脉、林木、建设等(比如"三级阶梯");高原(号称"世界屋脊"的青藏高原、内蒙古高原、黄土高原、云贵高原等);盆地(柴达木盆地、吐鲁番盆地等);山地等;中国气候的特点是南暖北寒,属于大陆性季风气候;中国的母亲河黄河、长江,太湖、洞庭湖等;东岳泰山、西岳华山、北岳恒山、南岳衡山、中岳嵩山、珠穆朗玛峰、庐山、长白山等;西双版纳热带阔叶林、卧龙自然保护区、张家界森林公园等;港口、铁路等

---

① 卜海艳:《汉语国际推广事业与中华文化》,《语文学刊》2010年第2期。

人文国情	经济、政治、文化、教育、航天科技、民族、体育、历史、人口、节日、法律法规、人文景观、中国知名大学、标志、电话号码、动物等（比如2001年中国正式加入世界贸易组织、上海世博会、互联网、"一带一路"等）；"一国两制"；现任国家主席习近平；酒文化、饮食文化、祭祀文化等；九年制义务教育；"嫦娥一号"、"神舟七号"等；壮族、苗族、回族、蒙古族等；刘翔、姚明、李娜、中国女排等；曾国藩、诸葛亮、五四运动、康熙、成吉思汗等；春节、端午节、中秋节、清明节等；《环保法》《婚姻法》等；苏州园林、故宫、颐和园、丽江、布达拉宫、京杭大运河等；清华大学、北京大学等；中国国旗、中国国徽、澳门区旗、残奥会标志、中国四大银行、CCTV等；火警119、医疗急救120等；国宝大熊猫等）

2. 结论

针对中国国情知识的传播，在前期，对自然和人文这两类的传播力度均等。从第十届开始，传播重心逐渐向人文类转移，但二者的传播差距并不明显。到第十二届以后，人文类国情知识传播比重明显增多，目的是让选手更多地学习有关社会生活方面的知识，更多地了解、正视现在的中国，也让世界看到中国的发展和取得的成就。国情知识的传播紧跟时代步伐，抓住当下发生的事件，具有时效性，不管是时政还是其他方面，均有所涉猎，让选手能主动及时地掌握当下发生的变化，有利于选手更加全面、深入地了解我们这个正在迅速崛起的东方大国。

（三）中国文化

1. "中国文化"考点设置及演变（见表4）

表4 "中国文化"考点设置及演变

历史	中国历史上著名的事件、制度、人物、朝代、人类起源、中外交流等（比如郑和下西洋、唐僧取经等；科举制度等；成吉思汗、孔子、关羽、诸葛亮、刘邦、李世民、朱元璋、武则天等；唐、宋、元、明、清等；元谋人等；国子监等；日本遣唐使等）
地理	中国的建筑古迹、风景名胜、传统民居、现代建筑等（比如故宫、四大石窟、苏州园林、滕王阁、秦始皇陵兵马俑、赵州桥、卢沟桥、三星堆等；武陵源、衡山、武当山、黄果树瀑布等；土家吊脚楼、北京四合院、窑洞等；国家大剧院、中国国家博物馆等；西安、吴桥、云南等）

文学	神话传说、名著、作家、诗词歌赋及作者等（比如大禹治水、牛郎织女、嫦娥奔月、八仙过海、盘古开天辟地等）；《孙子兵法》《水浒传》《三国演义》《西游记》《红楼梦》《诗经》《茶经》《史记》《论语》等；鲁迅、茅盾、莫言等；《九月九日忆山东兄弟》《木兰辞》《过故人庄》等；李白、杜甫、白居易等）
艺术	书法、绘画、曲艺、乐器、工艺、传统服饰、现代流行音乐等（比如《兰亭集序》及王羲之、篆刻等；张择端的《清明上河图》、徐悲鸿的《群马图》等；京剧、相声、花鼓戏、黄梅戏等；琵琶、笛子、二胡、古琴等；蜡染、刺绣、瓷器、剪纸、中国结等；旗袍、龙袍、中山装等；TFBOYS的《大梦想家》等）
语言文字	语音、汉字、词汇、语法（比如声母、韵母、声调等；甲骨文、偏旁、部首、笔画等；成语、歇后语等；名词、动词、形容词等）
风俗习惯	中国各少数民族的风俗习惯、汉族的风俗习惯（比如彝族火把节、傣族泼水节、藏族哈达、苗族芦笙节等；门上贴"福"、压岁钱、生肖、元宵节、重阳节等）
体育运动	中国传统体育运动与少数民族的一些体育活动（比如五禽戏、太极拳、咏春拳、围棋、踢毽子、摔跤、骑马等）
科学技术	中国的"四大发明"、算术、天文学、医学等（比如指南针、造纸术、印刷术、火药、地动仪、算盘、针灸、《伤寒杂病论》等）
饮食	各民族的饮食习惯、菜品、酒文化、茶文化等（比如在"食"方面包括饺子、月饼、面条、"八大菜系"等，在"饮"方面包括各类酒、茶等）
其他	钱币、传统美德、"汉语桥"常识、姓氏等

2. 结论

针对中国文化知识的传播，涉及有关中国的历史知识、地理、文学、艺术、风俗习惯、体育运动、语言文字、科学技术、饮食、姓氏等内容，之后又逐渐增加名人、历法、钱币、传统美德、医学等知识点，使文化传播内容更加丰富。在传播的中国文化知识中，地理、文学、艺术和风俗习惯占很大比重，科学技术、饮食、历史次之，其他知识点则有所涉及。传播的中国文化知识既涵盖衣食住行、琴棋书画等大类，又细化到具体的小类。并且，传播的中国文化知识表现出多样化的特点，在考查一项知识时，可以变换考查知识点。该项知识的传播，结合了传统文化与现代文化，防止选手出现文化学习的断层。

三 "汉语桥"世界大学生中文比赛文化传播方式的独特性：软传播

（一）软传播的内涵及意义

1. 软传播的内涵

所谓软传播，跟"硬推广"对应，主要是指很少带有甚至不带有政治色彩、宗教色彩和意识形态色彩的各种传播。[①] 它通常遵循平视视角、边际入手、亲柔打动等原则，具有较强的受众亲和力、感染力和渗透力，可以有效地进行跨文化、跨国界、跨民族、跨宗教的传播；讲究的是文化观念、理念层面春风化雨式的濡染，通过日积月累、潜移默化作用，可以不知不觉地影响人们的兴趣爱好、思维方式和行为方式，从而影响人们的立场、观点和态度，加强各国人民之间的相互了解和理解。

2. 软传播的意义

"汉语桥"世界大学生中文比赛侧重的就是软传播，它已成为对中国文化外交既有手段不可或缺的补充。本质上，在全球已迈入"文化外交"时代的背景下，延续了15年之久的"汉语桥"，就是以最具活力的、泛社会化的文化外交方式，跟其他形式的公共外交形成共振，进而让中国文化、中华文明在世界范围内的传播和影响辐射面更广、嵌入度更深。[②]

"汉语桥"世界大学生中文比赛把汉语和中华文化放在世界语言、文化的大格局中来审视汉语和中华文化的风韵与美感，让世界都能够感受到中华文化的魅力，能够通过汉语更好地理解中国、认识中国，感受到中国讲仁爱、重民本、守诚信、崇正义、尚和合、求大同的核心思想理念，感受到中国致力世界和平、谋求共同发展的良好愿景。通过软传播，既坚守了中华文化立场，又向世界传承了中华文化基因，把中国智慧、中国精神、中国价值传播到全球各地。"汉语桥"世界大学生中文比赛用软传播

---

① 蔡建国：《中华文化传播任务与方法》，上海人民出版社，2008。
② 戴蓉：《孔子学院与中国语言文化外交》，博士学位论文，复旦大学，2008。

的方式开辟了中国文化对外传播的新路径，从而让世界更懂中国。像这种极富创新意义的文化传播，在中国不是不够多，而是太少，它也理应成为公共外交倚重的社会化跨文化交流方式。

（二）软传播的表现

1. 节目形式

在节目形式上，它基本上与板着脸搞强记式知识灌输"绝缘"，而是寓教于乐、于谐，无论是制作方式的创新——从起初的舞台才艺表演到后来的户外"真人秀"，再到如今向演播厅回归，还是考察模式、比赛环节设计上的创新，如首次亮相国内综艺舞台的中外PK、"汉字麻将"、5D动感答题等，都离不开"好玩"二字。

2. 节目内容

在节目内容上，它注重传播边际的挖掘，发掘的那些考题既覆盖字、词、句、诗、文学、历史、地理等方方面面，又与公众生活十分贴近，什么有意思来什么，用"汉语桥"总导演刘建立的话说，就是"文化盲区连接中外兴趣点"，所以英语课本里"李雷韩梅梅"的梗儿、大舅二舅神题、《江南皮革厂倒闭了》等神曲、《琅琊榜》等霸屏剧，还有各种典故、俚语之类应有尽有，趣味横生，都带着"歪果仁"们"涨姿势"，学习中文内蕴的思维方式。

就传播路径而言，"汉语桥"另辟了中国文化传播的蹊径。有趣、有料、有突破的形式内容，让汉语"活"了起来，更有吸引力。传统与现代、文化与娱乐在"桥"上混搭，让中国文化对外传播在灵活多变中，内蕴了某种生命力。通过软传播的方式，让选手们在轻松快乐的氛围中参加比赛，既消解了语言比赛带来的紧张和枯燥感，也使选手们在轻松愉悦的过程中习得了汉语知识和文化。

四 "汉语桥"世界大学生中文比赛的文化传播意义

"汉语桥"世界大学生中文比赛以一种新的形式传承中国传统文化、价值观念，在这种创新性的文化传播过程中表现出独特的价值和意义。

（一）以青年为切口，培养更多"知华派""友华派"

青年是未来世界的接班人和建设者，在公共外交中有着战略意义，面向青年的公共外交具有前瞻性价值。[①]"汉语桥"世界大学生中文比赛将那些汉语爱好者汇聚中国，让这些年轻人感受中国文化精髓，于他们的语言文化学习中培育其"中国情结"，让他们体会中华文明之美和多元文化的魅力，进而变成"知华派""友华派"，并成为跨文化传播和传递中国文化形象的使者，成为今后中外友好的切实推动者。这有实例可证：比如英国青年、第九届"汉语桥"总冠军蒋思哲，比赛结束后，他留在中国成立了一家国际文化交流机构，成了助推中外文化交流的身体力行者。迄今为止，已有中、英、美三国的100多所中学、4000多名学生通过这家机构获得了认识新世界的机会。

"汉语桥"世界大学生中文比赛以青年为切口，培养"友华"力量，是给中国文化"走出去"送出的神助攻。它筚路蓝缕，躬耕十五载，推动各国青年认识中国，让更多外国优秀青年喜欢中国文化，其背后蕴涵的战略价值将伴随着青年的成长而日益凸显。

（二）推动中外文化繁荣交流，促进多元文化和谐发展

"汉语桥"不单推介的是中国文化，更为东西方的文化交流开启了一扇大门，拥有不同的价值观、思维方式、生活方式的选手共聚一堂，既打破了每一种文化的片面性、局限性和对抗性，也在一定范围内促进了世界文化相碰撞、相融合，形成文化互动。[②] 参赛选手通过才艺展示等环节，将中国传统文化形式包装后重新表现出来。太极拳、戏曲、水墨画、相声、小品、武术、舞蹈、快板等具有"中国味儿"的节目经过异文化背景的选手重新演绎，使参赛者亲临其境感受中华文化，了解并喜爱中国文化。

[①] 冯凌宇：《汉语国际推广与中国公共外交》，《长江论坛》2010年第6期。

[②] 司玮：《"汉语桥"中文比赛在推动中外文化交流过程中的启示》，《北方文学》2013年第12期。

在比赛过程中，世界各民族的参赛选手将自己国家独具风情的文化融入其中。最直观的感受是参赛选手的民族服饰、独具风格的民族工艺品和民族歌舞带给中国观众的视听冲击，生动形象地展示了选手自己的民族文化特色。从隐性文化传播来看，"汉语桥"世界大学生中文比赛虽是一场专业的汉语水平竞赛，但参赛选手的表达过程始终贯穿着选手的文化背景、语言特色甚至思维方式。尤其越是当参赛选手出现表达上或者认识上的偏差时，以语言为载体的文化间的碰撞也就越明显，文化交流的影响力也就越大。[1] 对世界来说，"汉语桥"已经成为汉语的"奥林匹克"，促进了世界各国语言、文化的交流与融合。中国汉语、中国文化也需要在汉语的"奥林匹克"上积极吸收其他民族的优秀文化成果，取长补短，共同进步。

（三）有助于讲好中国故事，传播好中国声音，宣传中国正面形象

由"汉语桥"世界大学生中文比赛对中国传统与现代故事的精彩呈现，我们不难发现：无论是各地孔子学院的发展壮大还是国家形象片的宣传推广，无论是国家"汉语桥"工程的实施还是普通民众的交流往来，在政治、经济、文化等各个方面都不断发展变化中的中国，一直以积极的姿态参与各种国际事务，主动讲述中国故事，响亮发出"中国声音"。

"汉语桥"的参赛选手通过感受中国人的日常生活，深度体验和了解中国文化，看到了一个真实的中国，这其中既包括比赛中所呈现的皮影戏、瓷器、书法、武术、传统乐器、丝绸等具有中国元素的形象符号，也包括在跨文化交际中言内意外所传递出的文化观和价值观。[2] 从2015年四个"一带一路"城市的文化体验，到2016年的大型历史舞台剧展示海陆两条"丝绸之路"的渊源和意义，"汉语桥"世界大学生中文比赛正在积极响应"一带一路"倡议并为之做出自己的努力。该赛事不忘初心，在推广汉语国际交流和向世界宣传中国正面形象的道路上越走越远。

---

① 陈煜：《"汉语桥"世界大学生中文比赛选手的培训与指导》，《继续教育研究》2012年第12期。
② 卓佳：《小议以汉语国际推广为载体的中国文化对外传播》，《科教文汇》2009年第4期。

五 "汉语桥"世界大学生中文比赛的文化传播启示

作为中国文化实施"走出去"战略的重要品牌之一，"汉语桥"世界大学生中文比赛对中国文化在全球范围内的传播做出了很大贡献，它的成功给我国以后的文化传播活动带来了一些思考和启示。

（一）语言传播是文化传播的基础和根本

吕必松曾指出，语言是文化的载体，也是文化发展的基础，语言最能反映不同文化的差异、价值观和思维方式。[①] 语言是推动中国文化传播的重要依托。中国文化"走出去"，离不开语言的媒介；语言本身也是不同国家、不同民族文化的重要体现。语言交流往往是文化交流的第一步，文化交流的深度和广度也需要语言的支持。语言传播既是文化交流的一部分，也是文化交流的灵魂。"汉语桥"世界大学生中文比赛正是坚持了这一原则，以汉语知识竞赛为纲，既给全球爱好汉语的大学生搭建了学习和交流的平台，又将中国文化用汉语的形式推向世界的各个国家。

（二）中华传统文化的独特魅力永远是文化传播的不竭动力源泉[②]

"汉语桥"世界大学生中文比赛自 2002 年举办以来，之所以吸引了众多海外大学生积极参与，一方面是由于世界各国汉语学习需求日益增大，学好汉语可以增强自身竞争力；另一方面则是汉语言所代表的中华文化的强大吸引力。中华优秀传统文化源远流长、博大精深，兼容并蓄、和而不同，除了儒家文化这个核心内容外，还有道家文化、佛教文化等，是中华民族几千年文明的结晶，凝聚了中国人民的智慧。因此，推动中华文化的海外传播，必须保护好民族文化遗产，充分挖掘中华优秀传统文化元素，并赋予其新的时代内涵，使之与现代文明融合。

遵循平视视角、边际入手、亲柔打动的软传播原则，讲究文化观念理

---

① 吕必松：《对外汉语教学概论（讲义）》，国家汉办，1996。
② 王志章：《对外文化传播学引论》，武汉科技大学出版社，1991。

念层面春风化雨式的濡染。文化传播不仅要注重知识性，还要兼顾娱乐性和需求性，真正实现交流中的双方获益。从历史经验来看，文化传播时常伴随着强权政治而来，多为"硬传播"，以理论说教或成果展示为主，尤其是学生所熟知的语言水平测试，都是只注重文化知识性的典型代表，而忽略文化受众的主观感受。[①]"汉语桥"世界大学生中文比赛虽然仍是以汉语知识比赛为主，但它以电视为主要传播手段，加之在后来的发展过程中融入了网络、手机等新媒体元素，使得这一文化品牌传播具有参与性、互动性与综艺性，能够激发学生学习汉语和中华文化的热情。而且该赛事充分考虑了大众的需求，寓教于乐，具有较强的受众亲和力、感染力和渗透力，使得文化在传播过程中更易于被接受，不知不觉地影响学生的兴趣爱好、思维方式和行为方式，加强各国人民之间的相互了解和理解。软传播在文化传播中的作用已经越来越重要，是硬传播所无法替代的，也是不可忽视的。

（三）丰富文化教学

语言是文化的一部分，汉语学习者在学习语言的过程中，也同样在学习中华文化。离开文化的深厚土壤来学习语言，就很容易造成只知其一、不知其二的结果。在进行对外汉语文化教学时，可以参考"汉语桥"世界大学生中文比赛通过切身体验、潜移默化地习得文化的方法，给学习者创造更多文化体验的机会。采取这样的方式不仅可以增加学习者的兴趣，取得更好的教学效果，还可以促进对语言要素的教学。外国学习者在学习汉语的同时，不可避免地在学习汉语背后的中国文化知识，而且很多时候，学习者的语言运用不得体也与不了解字词背后所蕴含的文化内容有关。[②]因此，除了专门开设的文化课以外，教师在进行语言要素教学时，也必须将必要的文化知识教授给学生。

---

① 周鸿铎：《文化传播学通论》，中国纺织出版社，2005。
② 喻坤：《"汉语桥"比赛及其对对外汉语教学的启示》，硕士学位论文，河南大学，2012。

结　语

汉语是世界上最古老的语言之一，是中华文化的重要载体。在全球推广汉语，也就是推广中国文化。"汉语桥"世界大学生中文比赛自 2002 年举行以来，在世界范围内产生了深远的影响，已经成为中国文化"走出去"的一张重要名片。"汉语桥"世界大学生中文比赛以电视为媒介，用独特的方式向世界展示了汉语与中国文化的魅力，是推广汉语和中国文化，构建、提升中国软实力的重要方式。[①] 通过"汉语桥"世界大学生中文比赛，世界各国人们加深了了解，增进了感情，中国文化得到了传播，大大提升了中国的软实力以及中国在国际上的影响力和地位。我们相信，随着中国经济的继续发展，"汉语桥"世界大学生中文比赛的文化传播意义将更加深远。未来，"汉语桥"世界大学生中文比赛作为中国的语言文化传播之桥，将更加宽广；作为跨越五洲四海、沟通世界人民的友谊之桥，将更加坚固！

[①]　伊志友：《"汉语桥"架起交流的桥梁》，《中国文化报》2003 年 6 月 27 日，第 4 版。

乌兹别克斯坦汉语教学面临的问题及解决方案

——以撒马尔罕地区为例

左菲菲[*]

摘　要：丝绸之路使中国与乌兹别克斯坦结下了不解之缘，两国间经济文化的交流源远流长。随着"一带一路"的建设和发展，中乌两国在文化领域的合作也不断加强，汉语学习呈现迅猛发展之势。本文以撒马尔罕地区为例，从多民族、多语言的教学环境，学生特点，本土教师状况，教学辅助语言和汉语教材以及获得奖学金情况等方面分析了乌兹别克斯坦汉语教学面临的问题并提出解决方案。

关键词：乌兹别克斯坦　多语言教学环境　本土教师　汉语教学

引　言

丝绸之路使中国与乌兹别克斯坦结下了不解之缘，两国间经济文化的交流源远流长。近年来，中国经济迅速发展、中国国际地位不断提高，"中国制造"越来越多地走进乌兹别克斯坦人的生活，乌兹别克斯坦民间的"汉语热"不断升温。随着"一带一路"的建设和发展，中乌两国在文化领域的合作也不断加强，汉语学习呈现迅猛发展之势。如何做好汉语推广工作，满足乌兹别克斯坦人对汉语学习的需求，需要我们明确汉语教学在乌兹别克斯坦所面临的问题和困难，进而提出解决方案。

---

* 左菲菲，乌兹别克斯坦撒马尔罕孔子学院教师，派出单位：上海外国语大学。

一 乌兹别克斯坦汉语教学面临的问题

撒马尔罕是乌兹别克斯坦的第二大城市，拥有众多高校，高校数量仅次于首都塔什干。撒马尔罕国立外国语学院是撒马尔罕地区唯一设有汉语专业的大学。2013 年，在中国国家主席习近平访问乌兹别克斯坦期间，两国签署了在乌兹别克斯坦历史名城撒马尔罕建立孔子学院的协议，习近平主席与卡里莫夫总统共同出席了签字仪式。2014 年由上海外国语大学与乌兹别克斯坦撒马尔罕国立外国语学院合作创办的"撒马尔罕孔子学院"正式揭牌成立。

由于历史原因，乌兹别克斯坦民族众多，多民族、多语言的环境给乌兹别克斯坦的汉语教学带来一定的困难和挑战。本文以撒马尔罕国立外国语学院汉语专业和撒马尔罕孔子学院为例，从多民族、多语言的教学环境，学生特点，本土教师状况，教学辅助语言和汉语教材以及获得奖学金情况等方面分析了乌兹别克斯坦汉语教学面临的问题。

（一）多民族、多语言的汉语教学环境

乌兹别克斯坦是一个由 130 个民族组成的多民族国家，语言的种类也非常多。乌兹别克语是乌兹别克斯坦共和国的官方语言，属阿尔泰系突厥语族葛逻禄语支，是世界上历史最为悠久的语言之一。由于历史的原因，俄语在乌兹别克斯坦仍然有十分重要的影响力，属通用语。电视、广播、报纸以及生活的方方面面都是乌兹别克语和俄语并用。在城市里，尤其是在塔什干和撒马尔罕这样的大城市，俄语的普及率和使用率都非常高。在广大的农村和郊区则以乌兹别克语和塔吉克语为主。乌兹别克斯坦的学生主要分为"乌兹别克语"原生家庭、"俄语"原生家庭，即家庭成员主要说乌兹别克语、俄语。由于居住在撒马尔罕的塔吉克族较多，因此，也有一部分学生说塔吉克语。乌兹别克斯坦实行十二年义务教育制，孩子从 7 岁上学，到 19 岁上大学前都是由国家支付学费，一年级至九年级（7~16 岁）在同一所学校学习，然后是三年高中，之后可以选择考大学或工作。乌兹别克斯坦的幼儿园和学校也根据教学语言分为乌兹别克语幼儿园、俄

语幼儿园和乌兹别克语学校、俄语学校。选择就读何种语言的幼儿园和学校除了家庭原因之外，父母还会从孩子未来的就业考虑。例如，乌兹别克斯坦的国家公务员通常从乌兹别克语学校和大学的乌兹别克语班级选拔，如果父母希望孩子未来从事国家公务员工作，就会为孩子选择乌兹别克语的幼儿园和学校。俄语原生家庭的孩子则更多地选择就读俄语幼儿园和俄语学校，例如乌兹别克斯坦的俄罗斯族、亚美尼亚族、鞑靼族、朝鲜族等家庭属于俄语原生家庭，这些家庭的孩子母语为俄语，乌兹别克语的水平有限。这些俄语原生家庭的孩子长大毕业后可能会有一些人选择移民俄罗斯或去俄罗斯工作。乌兹别克斯坦的孩子在学校会学习一门外语，通常是英语或德语，因此一个汉语专业的乌兹别克斯坦大学生可能同时掌握五门语言，即乌兹别克语、塔吉克语、俄语、英语或德语，以及汉语。应该说，多语言的环境造就了乌兹别克斯坦学生的语言天赋。

（二）学生的特点

传统的乌兹别克斯坦家庭通常是一个多子女的大家庭。出生和成长在这样的大家庭里，每个孩子都十分独立和成熟。女孩子都可以娴熟地做家务，照看弟弟妹妹，缝衣服和做饭。男孩子则早早地开始经济独立，他们会利用课余时间打工。撒马尔罕是一座旅游城市，每年都会接待大量的外国游客。外语好一点儿的男孩子都会在课后兼职做导游，自己赚钱支付大学学费和各种生活开销。虽然课后的兼职工作锻炼了独立生活能力，丰富了工作经验，但同时也占用了大量的学习时间，客观上影响了对汉语的学习。

乌兹别克斯坦有早婚的传统，男女青年一般20岁左右就已结婚，因此，乌兹别克斯坦的大学里有不少"学霸妈妈"。即使是怀孕、生子，她们依然坚持来上课。新婚的女孩子一般会头戴王冠，身穿传统民族服装，如果是冬天会加一件貂皮大衣，走在校园里的她们是一道美丽的风景。这些"学霸妈妈"下得厨房，出得厅堂，不但要照顾好孩子和一家人的起居生活，中文学习更是非常认真，而且学习成绩十分优秀。唯一的遗憾就是，为了照顾家庭，已婚的女学生无法实现去中国留学的梦想。家庭是人生的第一所学校，而母亲则是孩子的第一任老师。笔者相信，一位熟悉中文、热爱中国文化的母亲一定会将中乌友谊的种子根植在孩子的心里。

近年来，乌兹别克斯坦青年的婚恋观念也有所变化，更多的父母尊重儿女的意愿，不再要求早婚，并且一部分父母开始支持女儿对学业的追求，包括留学。申请去中国留学的大学生里，女孩的数量也在逐年增加。

（三）本土教师状况

撒马尔罕国立外国语学院东方语教研室汉语专业的本土老师具有以下几个特点。第一，教师队伍非常年轻。目前工作于东方语教研室的汉语专业本土老师以"90后"青年教师为主。他们基本上是最近五年走上工作岗位的青年教师，其中大部分是撒马尔罕国立外国语学院汉语专业的大学生。第二，大部分青年教师有在中国留学进修的经历。教研室的几位年轻教师有的获得过中国政府奖学金，有的获得过孔子学院奖学金，基本上在中国进修过一年以上。2016年新进撒马尔罕国立外国语学院东方语教研室工作的两位女老师，一位在上海大学获得了汉语硕士学位，另一位在新疆大学获得了汉语硕士学位。第三，本土青年教师学习热情高，十分渴望进一步的学历学习，提高汉语水平。目前有六位青年教师在撒马尔罕国立外国语学院在职攻读汉语语言硕士学位，他们非常希望再次获得到中国学习的机会，取得汉语语言的博士学位。2017年有两位本土青年教师申请去中国读博士，其中一位女老师已经被上海外国语大学录取，攻读区域国别研究专业，另一位本土老师正在申请攻读华中科技大学的博士学位。第四，本土青年教师普遍工资较低，每月大约为150美元，低于乌兹别克斯坦国家公务员的平均工资。

（四）汉语教学辅助语言和汉语教材

目前在撒马尔罕国立外国语学院东方语教研室和撒马尔罕孔子学院工作的中国老师共七位，其中，五位老师使用英语辅助教学，另外两位老师使用俄语辅助教学。之前有来自新疆的老师可以使用乌兹别克语辅助教学。一方面，从教学效果上来说，因为乌兹别克斯坦学生的英语普及率较高，因此使用英语辅助教学的效果还不错；另一方面，从学生的角度来说，乌兹别克语和俄语是学生的母语，英语对乌兹别克斯坦的学生来说毕竟是一门外语，使用乌兹别克语和俄语辅助教学的效果可能更好，有助于拉近师生间的距离。

撒马尔罕国立外国语学院东方语教研室汉语专业和撒马尔罕孔子学院使用的教材和工具书以国家汉办赠书为主，目前使用的主要教材有《汉语教程》《新实用汉语课本》《博雅汉语》等。其中，北京语言大学出版社出版的《新实用汉语课本》（刘珣主编）分为英语版和俄语版，有配套的《教师手册》和《综合练习册》，能够做到一课一练，适应不同学习者的需要，受到学生的欢迎。

乌兹别克斯坦的网络状况不佳，网速较慢。尽管国家汉办官网上有大量的网络汉语学习资源，却无法利用，这也是目前乌兹别克斯坦汉语教学的一个遗憾。虽然每次中国老师回国休假都会用移动硬盘保存一些汉语学习资料回乌，但杯水车薪，远远满足不了汉语教学的需求。期望未来乌兹别克斯坦的网络状况有所改善，可以利用网络汉语教学资源补充和丰富汉语课堂教学。

（五）获得奖学金情况

孔子学院奖学金，是孔子学院总部/国家汉办为了支持孔子学院建设，促进汉语国际推广和中国文化传播，培养合格的汉语老师和文化传播人才，在国际舞台传播中国语言文化而专门设立的项目。国家汉办提供的丰厚奖学金，吸引着越来越多的乌兹别克斯坦学生选择赴华留学。撒马尔罕孔子学院每年都有多名学生通过 HSK（汉语水平考试）获得孔子学院奖学金去中国留学。2016 年有 5 名学生获得孔子学院一学年奖学金。2017 年有 8 位学生获得孔子学院一学年奖学金，5 位学生获得 5 个月孔子学院奖学金。另外，每年撒马尔罕国立外国语学院汉语专业的学生还有机会获得中国政府奖学金实现去中国留学的梦想。2016 年，撒马尔罕国立外国语学院汉语专业的学生中有 7 名学生获得中国政府奖学金，2017 年，撒马尔罕国立外国语学院汉语专业的学生中有 6 位学生获得中国政府奖学金赴华留学。

值得一提的是，撒马尔罕孔子学院的学生康晓鑫在 2015 年第十四届

"汉语桥"世界大学生中文比赛中闯进了全球 10 强，夺得亚洲组亚军。由于在比赛中的出色表现，康晓鑫被上海大学录取。2016 年 4 月，撒马尔罕国立外国语学院选派汉语专业四年级的学生李峰参加了在哈萨克斯坦首都哈斯塔纳举办的"国际大学生汉语奥林匹克竞赛"。李峰曾经获得中国政府奖学金，在北京语言大学学习一年。比赛中，李峰充分展现了他扎实的汉语基础，荣获了此次比赛的二等奖。目前李峰工作于乌兹别克斯坦的中国化学工程股份有限公司。

二 问题解决方案

综合考虑以上因素，为了更好地开展乌兹别克斯坦地区的汉语推广工作，我们可以从以下几个方面着手。

第一，在教师选派方面，国家汉办应尽量选派掌握乌兹别克语、俄语、塔吉克语的老师赴乌兹别克斯坦进行汉语教学推广工作。掌握本地语言的汉语老师更容易与外方教师和学生进行沟通和开展工作。为适应乌兹别克斯坦多语言的教学环境，在进行汉语教学时，撒马尔罕国立外国语学院东方语教研室汉语专业和撒马尔罕孔子学院都采取了分班教学。撒马尔罕国立外国语学院每个专业的每个年级都按学生原生家庭所使用的语言分为平行的两个班级，例如汉语专业一年级分为两个班，即汉语专业一年级乌兹别克语班和汉语专业一年级俄语班。

第二，编写适合乌兹别克斯坦汉语教学的各种教材和工具书势在必行。目前，撒马尔罕国立外国语学院和撒马尔罕孔子学院在汉语教学中按学生原生家庭的语言分别选用了不同的教材。俄语原生家庭的学生使用的是俄文释义的汉语教材，乌语原生家庭和塔吉克语原生家庭的学生由于暂时没有相应语种的汉语教材，使用的是英文释义的汉语教材。未来如果有乌兹别克语版和塔吉克语版的中文教材出版，那么该教材不仅适用于乌兹别克斯坦，对于整个中亚地区的汉语推广来说都有促进作用，因为中亚几个国家面临的多民族、多语言的教学环境都很相似。上海外国语大学正在与撒马尔罕国立外国语学院联合编纂汉乌、乌汉双解词典，乌语释义的汉语教材也已提上日程，这无疑将大大方便乌语原生家庭的学生学习汉语，促进乌兹别克斯坦的汉语教学。

另外，目前使用的对外汉语教材亟须进行改版和更新。例如，撒马尔罕国立外国语学院和撒马尔罕孔子学院当前使用的《新实用汉语课本》的英文版是 2010 年 12 月的第二版，该书的俄语版课本还是 2007 年 4 月的第一版，距今已有十余年未改版。最近十年我国发生了巨大的变化，《新实用汉语课本》的俄语版课本需要重新编纂改版，一些俄文注释错误也需要修订。

第三，为本土青年教师提供更多的培训和留学机会。一方面，本土青年教师十分热爱汉语教学工作，渴望提高自己的汉语水平，另一方面，本土青年教师的工资较低，经济压力很大，不得不在业余时间从事翻译等工作以补贴家用。为了防止本土青年汉语教师流失，稳定本土青年教师队伍，提升本土青年教师汉语水平，促进汉语教学的本土化，希望国家汉办能给本土青年教师提供更多的培训和留学机会。

第四，加强对赴华留学生的后续管理。目前获得中国政府奖学金和孔子学院奖学金赴华留学的乌兹别克斯坦学生逐年增加，对这些学生留学归国后的相关管理还是空白。希望有关机构能建立在华学成返乌人员的管理组织，对乌兹别克斯坦汉语人才进行系统性、长期性和针对性的跟踪和培养。

乌兹别克斯坦是古丝绸之路的重要枢纽，中国与乌兹别克斯坦的历史联系可以追溯到公元前 200 年"丝绸之路"形成之始。中乌两国于 2016 年建立全面战略伙伴关系，中乌间各个领域的合作不断发展并迈入新阶段。做好乌兹别克斯坦的汉语推广工作，助力两国经济文化的合作是每一个在乌工作的对外汉语教师的心愿和努力的方向。本文的分析尚处于摸索阶段，谨以此文抛砖引玉，希望乌兹别克斯坦的汉语教学取得更大的成功。

从比利时汉学研究与汉语推广现状
看中华文化海外传播的路径选择

王　端[*]

摘　要：本文以比利时汉学研究与汉语推广现状为视角，借鉴传播学领域的"使用与满足"理论，探寻中华文化海外传播的有效路径。本文认为，汉语教学是中华文化海外传播的主线，学术对话是中华文化海外传播的辅线，我们既要走好"群众路线"，踏踏实实抓好基础汉语教学，又要搞好"精英路线"，团结帮助海外汉学研究者，双管齐下，实现中华文化的有效传播。

关键词：比利时汉学　中华文化　传播路径

在当今经济全球化、文化多元化的背景下，向世界传播优秀中华文化、塑造中国新形象是提高我国综合国力、扩大我国国际影响力的战略举措，也是实现"中国梦"的一个重要组成部分。不可回避的事实是，中国目前仍缺少世界性的大众传媒，中国媒体的国际化程度依然偏低，在这样的情境下，中华文化的对外传播需要探寻新的策略与路径。随着汉语国际教育事业的蓬勃发展，以汉语国际教育为平台传播中华文化已成为中华文化"走出去"的重要途径，汉语国际教育越来越多地承担起中华文化海外传播的重任。

如何借助汉语国际教育完成文化传播的重任，学术界一直存在争论。是语言教学为主，还是文化教学为主？是语言教学中伴随文化传播，还是

＊　王端，大连外国语大学汉学院副教授，2012～2014 年作为国家公派汉语教师赴比利时鲁汶大学任教。

以文化传播为目的，语言教学为手段？我们借鉴传播学领域的"使用与满足"理论，该理论将传播的视角从传者导向视角转向受者导向视角，它强调传播过程中受众的主动性，认为受众使用媒介是有目的的行为，受众出于个人心理或社会的需要，利用媒介来获得满足；主张从受众的需求和满足角度来考察传播效果。这个理论虽然针对大众传媒研究，但对文化传播同样具有借鉴作用。以汉语国际教育为平台的中华文化海外传播要想取得良好的效果，首先应该对受众进行充分了解与研究，在此基础上选择有效的文化传播路径。

将研究焦点转移到受众身上，首先要了解海外汉语教育的组织形式和学习者的不同需求，以此作为开展汉语国际教育、传播中华文化的依据。本文即以比利时汉学研究与汉语推广现状为视角，探寻中华文化走向世界的有效路径。

一 比利时的汉学研究与汉语推广现状

比利时位于欧洲西北部，虽然面积不大、人口不多，却是欧洲的政治中心和交通枢纽，也是欧盟重要的成员国。首都布鲁塞尔为欧盟总部所在地，可以说比利时就是欧洲的缩影，比利时的汉学研究与汉语推广情况在欧洲极具代表性。

比利时拥有特殊的语言环境和语言政策，法语、荷兰语、德语同时为比利时的官方语言。多语言环境造就了比利时人与生俱来的语言天赋和对外来语言宽容接纳的心态，这为汉学研究和汉语推广提供了广阔的土壤。目前，比利时汉语教学机构可概括为五类：比利时高等学校、比利时成人夜校、孔子学院或孔子课堂、参与汉语 OLC 项目的中小学校、华人民间中文学校。

比利时共有 6 所高校开设了与汉语相关的课程，其中在比利时大学中排名前两位的鲁汶大学和根特大学均设有汉学系，汉学研究历史悠久，汉语教学经验丰富，生源稳定，师资力量雄厚，既有知名汉学教授，又有本土汉语教师，同时，为保证教学质量，国家汉办亦派遣多名优秀汉语教师协助语言教学，可以说，这两所高校代表了比利时汉学研究与汉语教学的主流方向和最高水平。鲁汶大学汉学系以汉学博士钟鸣旦（Nicolas Stan-daert）教授和戴卡琳（Carine Defoort）教授为领头人，汉学研究主要集中在 17～18 世纪的中欧文化交流，先秦诸子的哲学思想及其现代诠释等方面。根特大学的汉学研究以巴德胜（Bart Dessein）教授和安海漫（Ann Heirman）教授为带头人，汉学研究集中在中国语言与文化、佛经语言研究、中国哲学等领域，也取得了诸多成果。

除了汉学研究，两所高校还承担着培养汉语高级人才的重任。根据欧盟高等教育一体化政策，欧洲高等学校本科学制一般为三年。三年时间内，学生们从零起点到汉语流利、听说读写兼能，师生都要付出极大的心血。鲁汶大学和根特大学是综合性大学，其定位不同于外语院校，不提倡单纯学习语言，所以语言类课程所占比例有限，以鲁汶大学汉学系为例，要获得学士学位需修满 180 个学分，学分的具体分配情况如表 1 所示。

表 1　鲁汶大学汉学系本科专业课程设置

单位：学分

课程 项目	公共课					选修课
	思考模块	学术技能	区域模块	中国哲学	语言模块	
学分	7	18	31	4	86	34
总计	146					34

从表 1 我们看到，公共课包括五个模块，其中"语言模块"即汉语课，共 86 个学分，占全部学分的 48%；"区域模块"和"中国哲学"是与中国及亚洲区域相关的内容，包括政治、历史、文化、国际关系、哲学等，是从欧洲学术的立场研究中国；"学术技能"和"思考模块"是整个大学的必修课程，目的是培养学生学术研究和独立思考的能力。所有课程中除"语言模块"外，全部使用学生的母语进行教学。国家公派汉语教师承担精读、语法、口语、写作、听力等语言类课程，面对的受众是需要在本科三年有限的学时内迅速掌握汉语的汉学系大学生。他们的学习目的明确，学习动机强烈，汉语将成为其今后深造和求职的工具。

高校以外，其余四种教学机构遍布比利时各地，是比利时人业余学习汉语的重要场所。

比利时成人夜校由教育部和各区政府共同组织管理。作为一个多语言国家，比利时的语言夜校数量很多，每家夜校涉及的语种也极其丰富，近年来，越来越多的语言夜校增设了汉语课，成为比利时汉语推广中的一股新生力量。汉语学习者以社会人员为主，既有为工作需要而进修汉语的公司职员，也有不少因对中华文化感兴趣或者想到中国旅行而坚持学习的知识分子，还有一部分非汉语专业的在校大学生。上课时间通常是下午或晚上。教师以本土汉语教师为主，学员大多集中在初、中级阶段，教学进度也比较缓慢。

比利时的第一所孔子学院建立于2005年，截至2016年底，共有6家孔子学院落户于比利时的法语区与荷语区。孔子学院生源复杂，学生范围从社区居民和在校学生逐步扩大到儿童、知识分子、军人、政府工作人员、欧盟官员、各类跨国公司的管理人员等，呈现出年轻化、白领化、国际化的特点。为满足各合作院校和合作地区的办学需求，孔子学院的班型和课程灵活多样，有面向社会的成人班和儿童班；有针对合作大学学生开设的汉语选修课；有中小学汉语课堂；还有一对一的私人课程。孔子学院师资以中方派遣的专职教师为主，同时提供免费教材、图书、音像制品等教学资料。孔子学院学生流动性较大，学生以掌握基本汉语、了解中国文化为主要目的。

OLC项目是比利时法语区语言文化开放项目的简称，最初旨在为移民子女提供母语和母语文化的教学。经过发展，OLC课程开始面向所有比利时学生开放。2011年初，中国驻比使馆教育处与法语区教育部门积极接触，促成汉语成为OLC项目的第八种语言，使汉语和中国文化走进了比利时义务教育课堂。OLC项目的语言和文化课程是一个非强制性的选修课，安排在每天放学以后的课外时间。申请开设汉语和中国文化课程的学校遍布法语区五省，教学对象以儿童为主，国家汉办派遣多名汉语教师海外志愿者协助教学。

华人民间中文学校是海外传统的一类汉语教学机构，其生源主要是华裔家庭子女，他们大多有一些汉语基础，会说简单的汉语普通话或方言（但不认识汉字），其家庭生活中或多或少保留着中华文化氛围。在比利时打拼的华人父母主动将孩子送到中文学校，期望他们通过学习汉语加深对中华文化的了解，不忘"根本"。同时，华人民间中文学校也积极吸引非华裔学生报名学习。学校的运作大部分依靠国务院侨办的支持和在比华侨组织的资助，教学对象为中小学生，授课时间在周末或中小学校没课的星期三下午，使用国务院侨办赠送的教材，教师多为在比华人。

二 汉语教学是中华文化海外传播的主线

（一）汉语是中国文化走向世界的先行军

总体来看，比利时的汉语推广布局日趋成熟，民间办学与官方办学互补，学历教育与非学历教育并存，涵盖了从零起点到本科、研究生等汉语人才培养的各个层次。我们必须意识到，在这个布局网中，比方是主导，中方是辅助，这种辅助作用随着中比政治、经济、文化交流的日益增多而不断提升，由最初的提供师资、提供教学材料到现在的合作办学（如开设孔子学院、参与汉语OLC项目），我们以汉语为媒，逐步将中国语言文化推向世界。

季羡林先生曾提出"送去主义"，把中国文化的精华送到西方国家去，他主张"中华民族的优秀文化大部分保留在汉语言文字中。中华民族古代和现代的智慧，也大部分保留在汉语言文字中。中国人要想弘扬中华民族的优秀文化，外国人要想学习中华民族的优秀文化，都必须首先抓汉语。为了增强中外文化交流，为了加强中外人民的理解和友谊，我们首先必抓汉语。因此，我们要奉行送去主义，首先送出去的也必须是汉语"。

在比的各类汉语教学机构，无一不以汉语教学为首要任务。比利时高校是培养汉语专业人才的摇篮，学生的目标是在尽量短的时间里更快、更好地掌握汉语。为达到这一目标，比方需要中方的"技术支持"，国家汉办因此派遣汉语教师予以协助，以汉语教学为切入点，我们得以在高校汉学系获得传播中国语言文化的一方阵地。要守住这个阵地，每位公派汉语教师必须首先把汉语教好。这里的每一位学生都可能是未来的汉学家、外交官或汉语教师，当他们获得了过硬的听说读写能力后，才能更好地认识中国、了解中国，成为中华文化的积极传播者。

孔子学院是中比合作建设的中国语言文化推广机构,它是比利时人学习汉语、了解中国的重要渠道,它以面向社会的、非学历的、开放式的汉语教学形式,满足了不同社会群体多样化的汉语学习需求。孔子学院的首要工作是组织各种形式的汉语教学,伴随着汉语学习,推进中国文化的介绍。孔子学院的学习者虽然学习目的多种多样,但归根结底是把汉语作为沟通和交流的工具,是为了了解当今的中国,让自己适应未来的工作和生活。21 世纪的汉语已经不仅是汉学家才会触碰的研究对象,而且是每个人在工作或生活中随时会使用的一种工具,赵金铭认为,汉语走向应用,是汉语走向世界的重要标志之一。孔子学院定期举办文化体验、学者讲座、学术交流等丰富多彩的文化活动,以中华文化的独特魅力吸引学生。要留住学生、赢得学生,依靠的则是优质的汉语教学。让每一位有志于学习汉语、了解中国的人,都能在孔子学院得到提升、获得成就感,才是孔子学院稳步发展的关键。

(二) 将文化因素教学融入汉语教学之中

从 20 世纪 90 年代起,有关汉语教学中如何进行文化教学的研究和讨论一直方兴未艾。张英提出"对外汉语教学中的文化教学"和"对外汉语文化教学"两个概念,她认为这是"两种共存的教学形式"。对外汉语教学中的文化教学是对语言中所包含的文化因素的讲解,教学的侧重点是以字、词、句层面的"文化"为主,其教学性质和目的决定了它必须把"语言"放在第一位;而对外汉语文化教学则不同,它是对与中国相关的文化知识的介绍,教学的性质和目的决定了它必须把"文化"放在第一位,既要让学习者"知其然",还要让学习者"知其所以然"。这两种教学形式可概括为汉语课中的文化因素教学和专门的文化课教学。

比利时的各类汉语教学机构中,有两所高校设有中文系,他们具备条件开设专门的中国文化课,这个条件一是指有雄厚的师资;二是指学生有深入了解汉语和中国文化的需求。以鲁汶大学为例,中文系的公共课中"区域模块"和"中国哲学"都属于中国文化类课程。当然这些课程全部是用学生的母语讲授,授课者往往是运用西方的文化价值观来审视中国文化。而属于我们的阵地是汉语课堂,我们的外派教师"不仅要在课堂教学中自觉地、有意识地将语言中蕴涵和承载的文化因素传导给学生，同时，要加强学习者在目的语环境中的文化适应、文化冲突及跨文化交际等问题的研究，使自己站在更高的跨文化的角度上进行语言教学。"这是每一位海外公派汉语教师必须担负的责任。

除高校以外，其他汉语教学机构的学习者大部分是为了学会汉语进行基本的交际，他们课时有限，投入的精力也有限，设置专门的中国文化课程不可能也没必要。在缺乏汉语语境的条件下，只有将文化因素教学融入汉语教学中，才能潜移默化、积少成多。文化如水，润物无声，对于汉语国际教育而言，以"方糖溶于水"的方式实现文化传播，是最好的选择。

三 学术对话是中华文化海外传播的辅线

（一）关注"中国学"研究，加强与海外"中国学"研究界的交流对话

随着中国经济的迅猛发展和国际地位的不断提高，世界各国对中国的研究已由传统"汉学"向"中国学"转变。"汉学"指的是外国学者对中国历史、语言、文字、哲学、艺术的研究，简言之就是以"历史中国"为研究对象；"中国学"既涵盖汉学的内容，又扩展了对现当代中国研究的范围。欧洲各国、美国、日本、俄罗斯等国家在中国学研究领域各有建树。

海外中国学研究是对海外学者的研究进行的再研究，与海外汉学研究相比，其特色在于更加关注海外学者对中国现当代问题的研究，更加关注研究本身所具有的现实意义，因此，海外中国学研究对当代中国改革发展和文化建设更具有相关性。中国学界对海外中国学研究的关注始于20世纪80年代中国改革开放以后，随着中国逐步走向世界舞台，海外中国学在中国国内受到的重视与日俱增。

30多年来，我国学者对海外中国学的研究取得了重要成果，"主要表现在大量海外重要中国学著作的翻译和出版，开展这一研究所需的基础工具和文献资料的建设，以及一批对海外中国学研究专著的出现。"同时，国内建立了一批以骨干研究成员为核心的研究团队和专业研究机构，这些

研究机构创办学术集刊，开展或参与多种国际学术交流活动，积极寻求中外学者互相倾听、平等对话的机会。

"'对话'是为了相互'理解'，以至于达到'和平共处'"，海外学者的中国学研究理论和独特视角，对我们深入理解中国的历史与现实有重要的借鉴意义。同时，海外中国学研究成果直接或间接地影响着海外民众对中国的认知和情感，了解和把握海外中国学的研究动向，积极与海外中国学研究界开展交流与对话，对展示中国新形象、制定中华文化海外传播策略也有重要的指导意义。

（二）支持、帮助海外汉学（中国学）研究者和汉语教育工作者

海外汉学（中国学）家和汉语教育工作者是中华文化传播的积极参与者和有效推动者，如果没有他们的支持，汉语国际推广就会遇到困难。团结和帮助汉学（中国学）家和汉语教育工作者应是我们推广汉语、传播中国文化的一项长期政策。在这方面，很多国家的做法为我们提供了良好的借鉴。英国文化委员会设立"志奋奖学金"，资助那些未来的决策者和智囊人物到英国学习，同时也面向年青一代，资助正在研究生阶段的学生到英国学习和研究；法国的法语联盟和外交部、德国的学术交流中心也都有这样的计划和项目；美国福特基金会等众多的基金会每年为来美学习语言和文化的学者、年轻人提供大量的资金。我们要学习发达国家推广自己语言文化的成功经验，为汉语言文化走向世界提供良好的外部条件。

目前，国家汉办已经设立了"青年汉学家研究计划""外国汉学研究学者访华计划""外国本土汉语教师来华研修项目"等资助项目，2014年起，又推出了"孔子新汉学计划"，该计划包括中外合作培养博士项目（Joint Research Ph. D. Fellowship）、来华攻读博士学位项目（Ph. D. in China Fellowship）、"理解中国"访问学者项目（"Understanding China" Fellowship）、青年领袖项目（Young Leaders Fellowship）、国际会议项目（International Conference Grant）、出版资助项目（Publication Grant）六个部分。可以说，国家汉办为支持、帮助海外汉学（中国学）家和汉语教育工作者做出了积极的努力，这是一个良好的开端，这些项目的有序开展和合理运作是未来汉语国际推广事业可持续发展的关键。无论是青年汉学家还是汉

语教师，他们对中华文化海外传播的影响力不可估量。

当然，我们还要看到，和发达国家推广母语所设立的同类奖学金和基金相比，我们的资金投入仍有较大的差距，资金的统筹规划和管理也尚有不足。另外，在各项计划的具体运作过程中，"尽量减少行政的色彩，对汉学家来访计划的推荐和审批，对访华成果的检验，都应更多地吸收学术界的意见"。通过政府、学界和民间的共同努力，来改善海外的公共舆论和学术界对中国和中国文化的认识，培养新一代亲华、友华的汉学（中国学）家，从而影响对华决策。

余　论

世界形势复杂多变，中华文化的海外传播不可能一厢情愿地按照我们预想的路径进行，我们要以文化认同为基本目标，随时根据受众需求调整传播策略，既要走好"群众路线"，踏踏实实抓好基础汉语教学，又要搞好"精英路线"，团结和帮助海外汉学研究者，双管齐下，实现中华文化的有效传播。

海外汉学研究

他者视角:汉学家马立安·高利克的
中国当代文学研究

刘　燕[*]

摘　要:本文旨在考察"布拉格汉学派"代表学者之一、斯洛伐克汉学家马立安·高利克在中国当代文学领域的研究成果及其特色。高利克的研究体现出明显的结构主义理论特色,他把"系统—结构—类型"的研究方法与法国学派重视实证的"渊源—接触—影响"研究结合起来,把 20 世纪中国文学置于世界文学的生成过程中,勾勒出中国现当代文学史的发展轮廓和特质,阐明其世界性因素及其复杂性和独创性,为中西文学的交流和跨文化事业做出了卓越的贡献。

关键词:布拉格汉学派　马立安·高利克　中国当代文学　世界文学与比较文学

自 20 世纪 80 年代以来,随着国内"汉学热"的兴起,以亚罗斯拉夫·普实克(Jaroslav Průšek,1906 – 1980)、马立安·高利克(Marián Gálik,1933 –)、米列娜(Milena Doleželová-Velingerová,1932 – 2012)为代表的"布拉格汉学派"(Prague School of Sinology)对 20 世纪中国现代文学的开拓性研究逐渐引起了国际汉学、比较文学和中国当代文学研究领域的关注。透过这种来自中东欧(而非欧美强国)的"他者视角",我们可

---

* 刘燕,北京第二外国语学院文学院(跨文化研究院)教授。

以反观 20 世纪以来中国新文学在世界文学中的位置与特质，更清楚地认识中国文学的传统与现代、本土与世界之关联。关于"现代"与"当代"的分期成为重写 20 世纪中国新文学史的一个争议不休的问题。本文虽以 1949 年为界限，但在实际的论述中并未严加区分，论及高利克有关 1949 年之后的中国当代文学研究时，亦涉及 1949 年之前的中国现代文学研究。

一 马立安·高利克与布拉格汉学派

当 20 世纪上半叶的大部分欧洲汉学家痴迷中国古典文化，热衷于把中国古代经典翻译为西文之时，刚刚萌生不久的新文学因其稚嫩而容易被忽略，甚至遭到轻视，这本无可厚非。在文坛崭露头角、年轻气盛的鲁迅、周作人、郭沫若、郁达夫、胡适、冰心、巴金、老舍等作家的文学事业正处于发展阶段，对其作品的研究和文学地位的评价，尚需时日。但亦有例外，自 20 世纪 30 年代以来，捷克汉学家普实克最早涉足中国现代文学的发现与译介，甚至在 1937 年就翻译出版了捷克版鲁迅小说集《呐喊》（布拉格出版社），其中收入了《狂人日记》《孔乙己》《药》《明天》《风波》《阿Q正传》《白光》《故乡》八篇短篇小说，并附有鲁迅的亲笔短序。自 20 世纪 50 年代以来，以布拉格查理大学中国语言文学系和捷克斯洛伐克科学院的东方研究所二处为驻地，一群学生以普实克为中心，群星拱月，逐渐形成了"布拉格汉学派"（Prague School of Sinology），其特点是运用形式主义、结构主义、比较文学研究等多种理论，聚焦 20 世纪中国现代文学的翻译、研究与传播，取得了令人瞩目的成果，其核心成员除了以上提及的普实克、高利克、米列娜，还包括翻译研究鲁迅的贝尔塔·克莱布索娃（Berta Krebsová，1909–1973）、研究郁达夫小说的安娜（Anna Doležalová–Vlčková，1935–1992）、研究巴金的克劳（Oldřich Král，1930–）、研究川剧的丹娜（Dana Kalvodová，1928–2003）、研究冰心的玛歇拉（Marcela Stolzova-Boušková，1936–2005）等，他们对中国现当代文学的研究开启了当代中国文学研究的新视野，在中欧及周边国家起到了先锋作用。

　　关于"布拉格汉学派"的形成与发展过程，置身其间的见证人、普实克事业的继承者高利克有着清晰的认识："布拉格汉学派与此前苏联和捷克斯洛伐克的众学派有所不同。俄国的形式主义和捷克的结构主义都有自身的信条、文学研究方法和既定的学术研究目标。普实克除了在有如自己专攻的中世纪大众文学研究、叙事艺术方面外，其他方面都任学生自由发展。"① 米列娜则以"历史观和艺术观"之间的潜在张力概括了布拉格汉学派的研究特色。例如，普实克提出的问题一直贯穿始终："中国现代文学究竟是文学内部发展的必然结果还是激进的社会变革导致的变量？"② 也就是说，在中国传统文学与外国文学的不同动力或结构中探寻中国现代文学与现代批评的发生史，成为布拉格学派汉学家关注的关键问题。这体现了马克思主义（重视社会变革与外部动力）与结构主义（重视文学自身结构的演变）理论在文学研究方面的紧张与平衡关系。"马克思主义和结构主义二种思潮的纠缠与其说限制了布拉格汉学派，不如说成就了它。在运用得当的情况下，它们既可以充分关注到'文学性'，又避免滑入'形式主义的谬误'；既可以将政治、社会、文化纳入对于文学的考察，又避免了僵化、教条的政治决定论。"③ 毫无疑问，布拉格汉学派在中国新文学研究方面的洞见与独辟蹊径为中国本土的现代文学研究提供了鲜明的对照和不可或缺的补充。

　　如果把普实克列为这个学派的圆心，那么，其弟子们则辐射在中国现代文学研究的各条线上，其中斯洛伐克科学院研究员高利克成为"布拉格汉学派"的中坚人物。高利克于 1933 年 2 月 21 日出生在斯洛伐克首都布拉迪斯拉发（Bratislava）附近的小村伊格拉姆（Igram）；1953～1958 年就读于查理大学，跟随普实克学习中国学和远东史，与安娜、李莎娃、玛歇拉等是同班同学；1958～1960 年留学北京大学，师从吴组湘；此后担任斯洛伐克科学院东方研究所的研究员。2003 年高利克被授予"斯洛伐克科学

① 〔斯洛伐克〕马立安·高利克：《捷克和斯洛伐克的汉学研究》，李玲等译，学苑出版社，2009，第 198 页。
② 〔捷克〕米列娜：《欧洲的中国现代文学研究》，戴国华译，《国际汉学》第 15 辑，大象出版社，2007，第 205～206 页。
③ 张勇：《高利克的中国现代文学研究及其启示》，《中国现代文学研究丛刊》2016 年第 6 期。

院最高荣誉奖";2006 年荣获德国"亚历山大-洪堡奖"。独特的地理位置、特殊的国别身份、多种的外国语言、博学慎思与严谨认真的科研态度,使得高利克在汉学研究领域出类拔萃。除捷克语和斯洛伐克语,高利克熟稔英语、德语、汉语,亦掌握了俄语、拉丁语,他翻译了斯洛伐克语的《林家铺子及其他短篇小说》(1961)、《骆驼祥子》(1962)、《古代中国妇女的诗》(1992、2006);主要专著有《茅盾与中国现代文学批评》(*Mao Tun and Modern Chinese Literary Criticism*,威斯巴登,1969)、《初步研究指南:德国对中国现代知识分子历史的影响》(*Preliminary Research-Guide: German Impact on Modern Chinese Intellectual History*,慕尼黑,1971)、《中国现代文学批评发生史(1917-1930)》(*The Genesis of Modern Chinese Literary Criticism 1917-1930*,布拉迪斯拉发-伦敦,1980)、《中西文学关系的里程碑(1898-1979)》(*Milestones in Sino-Western Literary Confrontation 1898-1979*,布拉迪斯拉发-威斯巴登,1986)、《影响、翻译和平行:〈圣经〉在中国研究选集》(*Influence, Translation and Parallels: Selected Essays on the Bible in China*,圣·奥古斯丁,2004)等。有 5 本译著在中国出版:《中国现代文学批评发生史(1917-1930)》(社会科学文献出版社,1997)、《中西文学关系的里程碑(1898-1979)》(北京大学出版社,1990、2008)、《捷克和斯洛伐克的汉学研究》(学苑出版社,2009)、《从歌德、尼采到里尔克:中德跨文化交流研究》(福建教育出版社,2017)、《影响与翻译:圣经与中国现代文学》(社会科学文献出版社,2017)。此外,《茅盾与中国现代文学批评》中译本(杨玉英译)作为《茅盾研究八十年书系》之一,2014 年由台湾花木兰文化出版社出版。

高利克学识渊博,思维开阔,涉猎广泛,善用形式主义、结构主义、系统结构法、影响研究、类型学、文学间性理论,在世界文学和比较文学的宏观体系中探寻中国现代文学的发展规律及其跨文化特质,挖掘中国学界忽略的作家、作品或思潮,阐明中国现代文学中的世界性因素及其复杂性、独特性与创造性,并关注中国现当代文学在参与世界文明进程和不同文化互动中的作用与价值;在茅盾(鲁迅、郭沫若、顾城)研究、尼采(但丁、歌德、里尔克)与中国研究、《圣经》(基督教)在中国的翻译与影响研究、中西比较文学、中国现代文学批评史、中国知识分子思想史、国际汉学等领域均有所涉及。2006 年 3 月 24 日，德国"亚历山大 – 洪堡奖"的颁奖词如此表彰高利克的成就：他"是中国现代文学研究领域的奠基人之一。其研究成果之一关注了欧洲现代文学在中国现代文学的建立中所起的作用。近年来，他将关注的焦点特别放在基督教的影响和《圣经》对该领域所起的独特作用上。与许多东西方汉学家不同，他了解多种语言和传统"[①]。这是对高利克毕生研究成果的最高奖赏。在欧洲，"亚历山大 – 洪堡奖"被认为是仅次于诺贝尔奖的人文科学奖，直至 2006 年仅有三位世界文学家获此殊荣，而他是斯洛伐克人文科学领域获得该荣誉的第一人。

二　高利克的中国当代文学研究方法与实践

布拉格汉学派的研究理论深受 20 世纪初"俄国形式主义"（Russian Formalism）和 20～40 年代捷克"布拉格结构主义"（Prague Structuralism）的影响，其重要理论家包括雅克布森（Roman Jakobson，1898 – 1982）、穆卡洛夫斯基（Jan Mukařovsky，1891 – 1975）、沃季奇卡（Felix Vodička，1903 – 1972）等。在这些结构主义学者看来，作品是一个物质成品，只具有潜在的审美价值，只有在读者的理解和解释中，它才表现出实际的审美价值。批评家的任务是对作品的系统、结构和功能进行研究，因此，一部文学史就是手法史、形式史。

作为中国现代文学研究的开拓者，普实克的汉学研究体现了两个重要的特点：一是结构主义的思维方式，表现在他对文学运动以至文学作品系统的结构理解；二是对中国现代文学的精神意蕴的深刻体悟，这在其著作《抒情的与史诗的：现代中国文学论集》中得以体现。高利克继承了普实克的衣钵，其汉学研究同样体现出鲜明的布拉格结构主义重视作品结构形式与艺术性的特色，他把"系统—结构—类型"的研究方法与法国学派重视实证的"渊源—接触—影响"研究结合起来，把 20 世纪中国文学置于与世界文学互动的生成过程中，从古今文学史的历时性维度和世界文学共同发展的同时性维度，考察中国现当代作家、作品、思潮和批评的发生、

---

① 转引自杨玉英《马立安·高利克的汉学研究》，学苑出版社，2015，第 28 页。

发展脉络与历史进程，通过文学结构变化中的个案研究，以点带面，勾勒出中国现代文学史或批评史的轮廓和特质。具体而言，其研究理论与批评实践体现了如下特色。

（一）系统—结构研究：中国现当代文学的"发生学"

生物学意义上的"发生学"也被称为"系统发生"，是指在地球历史发展过程中生物种系的发生和发展，涉及在生物发育过程中某一物种特征的进化过程。这个概念不只是用于描述动物种系的发生与发展，也广泛地运用于人文学科，研究人类知识结构的生成过程。人文科学的发生学研究归功于瑞士语言学家、认知心理学家皮亚杰（Jean Piaget，1896－1980）的"发生认识论"，即解释新的事物是怎样在知识发展过程中构成，从注重外在形式要素的研究转到注重整体内容与功能的研究，从事件与现象的历史性研究转到观念与认识的逻辑性研究。在人文科学的发生学研究中，比较研究与跨学科研究成为非常重要的方法，因为只有在比较的基础上，研究者才能从人类行为整体中寻求普遍性与规律性。捷克的结构主义把皮亚杰的发生认识论和索绪尔的语言系统（结构）理论运用到文学批评中。在这种知识氛围和教育背景的熏染下，与普实克、米列娜等一样，高利克也是从"发生学"（Genesis）和"文学间性"（Interliterariness）的研究视角出发，梳理从一种文化语境到另一种文化语境中外来观念（思想）的传播史和知识史；探究某个文学概念（思潮、形式或结构）在中国现代文学中的传播、接受与变形或误读。

高利克最早完成的学术著作《茅盾与中国现代文学批评》（1969）是继俄罗斯汉学家索罗金（Vladislav F. Sorokin，1927－2014）的《茅盾的创作之路》（1962）在欧洲出版的第二本茅盾研究专著，它总结了茅盾在1896～1936 年最重要的事件，涉及其思想、政治和创作、批评的成长历程；在 20 世纪中西文化相互交流、激烈冲撞与潜移默化的背景下讨论茅盾文学批评的发生史，考察各种外国文学思潮和观念如何体现在茅盾早期的文学批评中。例如，高利克并不认同那种中国作家只对 19 世纪的现实主义和革命文学感兴趣，却未深入接触 20 世纪初欧洲先锋派的假定，而是用大量史料指出茅盾在 20 多岁的青年时期已接触到尼采、克鲁泡特金、托尔斯

泰、萧伯纳、罗素、罗曼·罗兰、巴比塞、左拉等外国作家与西方思潮
（从新浪漫主义、写实主义、自然主义到无产阶级文艺），并提出茅盾在 20
世纪 30 年代"将注意力转向了内容题材及其与创作的关系，并努力去解
决中国古代文学的老问题，这个问题同时也可能是中国现代小说的问
题。……他赞成将自己的生活经验与观察、研究和资料的收集结合起来。
他并不相信真正的艺术作品能够仅仅在所谓的真实生活经验中创作出来。
茅盾对宽泛的知识和艺术的技巧加以了强调"①。在高利克看来，以茅盾为
代表的现代作家把从欧洲源泉中获得的知识、思想与中国本土文化的精神
遗产融为一体，生发出一种卓越的创造力。在 20 世纪 60~70 年代的冷战
时期，高利克竟然不为狭隘的社会主义意识形态或以欧洲为中心的思维定
式所局限，为我们理解 20 世纪中国新文学的生成过程中确立艺术家的创造
性地位提供了卓见。高利克的茅盾研究超越了中国学者面临的时代困境与
思维局限，为欧洲人认识中国新文学开辟了一个广阔而多向度的汉学空
间，即在政治与艺术、历史与现实、史料与洞见、个案与文学（批评）
史、中国与世界的双向维度中书写中国新文学史和批评史。

高利克在 1980 年出版的第二本专著《中国现代文学批评发生史（1917 -
1930）》中，把"发生学"理论和"系统—结构法"（Methodology of the
systemo-structural approach）的方法运用到对中国文学批评史的研究上，在
世界文学的背景中呈现中国现代文学批评的进化（起源、形成与发展）的
完整图像。高利克认为："文学批评可以称为一种系统—接受实体，它既
作为包含有各种复杂素材的系统—结构现实的介质，也作为代表某（几）
种符号学上的系统——结构现实的各类文学作品的介质；显然，包含有各
种复杂素材的系统—结构现实，最终将反映于文学作品之中，而社会的系
统—结构现实通常在文学作品中又是最重要的项目（即现实及其社会部
分）。在这一'力场'中，有二种变量具有极其重要的意义，它们本身也
是特定的系统—结构现实。其中之一是批评家。……另一种变量是文学批

---

① 〔斯洛伐克〕马立安·高利克：《茅盾与中国现代文学批评》，杨玉英译，台湾花木兰文
化出版社，2014，第 182 页。

评史家。"① 作为"文学批评史家"的高利克在其著作中梳理、评论了中国现代文学批评的肇始者胡适、周作人、陈独秀、郭沫若、成仿吾、郁达夫、邓中夏、恽代英、萧楚女、蒋光慈、钱杏邨、茅盾、瞿秋白、鲁迅、冯乃超、李初梨等诸多批评家；考证了天才、革命、同情、趣味、扬弃、人性、诗心、现实、审美、力的文艺等重要概念在中国语境中的翻译、接受与变形；涉及唯美印象主义、社会审美主义、现实主义、新人文主义、无产阶级批评和马克思主义、"左倾"文艺理论等不同方面，其论述的批评家和各种理论实事求是，不拘于一时的政治性标准。不难看出，高利克在研究对象的选取上遵循了可以代表该系统—结构"要素"的有代表性的批评家（既有著名的批评家、思想家，也有萧楚女、李初梨等被忽视的无产阶级理论家），将文学批评视为某种文学哲学来看待："不仅根据对周围现实、创作和批评的考察，而且在尽可能广阔的背景中，即根据中外的哲学、美学知识，努力提供已有的、关于所分析的那些系统—结构整体的知识。"② 在具体论述中，高利克把文学原理、标准、文学与社会、文学与革命、思想意识、政治、娱乐等各个方面视为彼此关联的不同的结构系统，力图透过每一个批评家的话语找寻潜在的文学艺术的共同本质。正如米列娜指出的，高利克所奠定的"系统—结构法"的基础，是"介于结构主义和70年代苏联流行的马克思主义之间"③，这既避免了庸俗的马克思主义教条，也避免了简单的形式主义。相比之下，国内有关中国现代文学史或批评史的撰写往往缺少强有力的哲学、诗学理论支撑，多为各种资料的堆砌或事件的排列，缺乏内在的逻辑或一以贯之的研究方法。

高利克的汉学家身份决定了他从西方视角审视中国新文学发展进程时，尤其关注20世纪之初中西文化交流时代西方哲学和文学思潮对中国产生的巨大冲击和影响，在中西文化交流的语境中透析西方文学移植到中国

---

① 〔斯洛伐克〕马立安·高利克：《中国现代文学批评发生史（1917－1930）》，陈圣生等译，社会科学文献出版社，1997，第5页。

② 〔斯洛伐克〕马立安·高利克：《中国现代文学批评发生史（1917－1930）》，陈圣生等译，社会科学文献出版社，1997，第7页。

③ 〔捷克〕米列娜：《欧洲的中国现代文学研究》，戴国华译，《国际汉学》第15辑，大象出版社，2007，第208页。

文学中所产生的误读、错位或变形。例如，他成了汉学界研究"尼采在中国"的第一人，最早注意到尼采哲学对于中国早期知识分子思想的形成所具有的无可比拟的影响。在《我的〈尼采在中国〉四十年（1971 - 2011）》一文中，他回忆说："虽然 1949 年前，中国已有尼采翻译及评介文章，但我是第一个写这个课题的西方人。"这篇 3 万余字的长文《尼采在中国（1918 - 1925）》于 1971 年载于汉堡的一本期刊《东亚自然和人类文化学协会简报》（*Nachrichten der Gesellschaft für Natur- und Völkerkunde Ostasiens*），主要是通过"发生—接触关系"（Genetico-contactual relations）探讨尼采在中国的"接受史"和"误读史"，分析了 1918～1925 年王国维、鲁迅、茅盾、李石岑等文人、文学批评家、美学家、哲学家对尼采作品的翻译、接受、传播和误读情况，着重剖析了尼采从最初备受欢迎，到后来遇冷的原因。高利克认为，尼采学说虽然影响了许多中国作家的性格及其创作，但尼采哲学在现代中国却不合时宜："在中国，马克思与尼采可以恰如其分地视为德国现代思想的两位主要代表。历史已表明，中国人对马克思推崇备至，而对尼采漠不关心。他们都是从实用主义角度来理解这两个人。马克思的学说恰好适合他们对进化过程的看法。"[1] 在后来对尼采的持续性研究中，高利克完成了《尼采在中国（1902 - 2000）》和《茅盾与尼采：从始至终（1917 - 1979）》[2] 两篇论文，对尼采在新中国的复兴作了前后对比："新中国成立后三十年，一股新的'尼采热'于 1978 年被点燃了。……如果说第一波'尼采热'有助于对中国古代传统的大规模的'重估一切价值'，第二波的特点是复兴或唤醒中国民族主义精神，那么第三波则涉及存在主义价值与台湾国民党所代表的民族主义意识形态之间的冲突，与中国大陆对毛泽东式的马克思主义阐释也有关联。"[3] 高利克不仅关注中国大陆的尼采热，同时也把台湾地区纳入考察的范围，这有助于我们

---

[1] Marián Gálik, "Nietzsche in China（1918 - 1925）", *Nachrichten der Gesellschaft für Natur- und Völkerkunde Ostasiens*, 110（1971）, pp. 46 - 47.

[2] Marián Gálik, "Nietzsche's Reception in China（1902 - 2000）", *Archiv orientální*, vol. 70, No. 1, 2002, pp. 51 - 64; "Mao Dun and Nietzsche: From the Beginning to the End（1917 - 1979）", *Asian and African Studies*, vol. 8, No. 2, 1999, pp. 117 - 147.

[3] Marián Gálik, "Nietzsche in China（1902 - 2000）", *Archiv orientální*, vol. 70, No. 1, 2002, p. 61.

全面理解尼采在中国不同时期的接受及反馈，其开拓性的成果为后来中国学者的尼采研究奠定了基石。

（二）文学间的接触的"尼采热"，同时也把台湾地区纳入考察范围

高利克的《中西文学关系的里程碑（1898－1979）》被乐黛云教授誉为"集大成之作"，她为该书的中译本作序："这本书不仅体现了他广博的世界文学知识，他对中国现代思潮与现代文学的深刻思考，以及他训练有素的实证研究方法与分析能力，而且蕴涵着他对中国人民和中国文化深深的爱。"[①] 这本论著的研究跨度为81年，延续到改革开放初期的当代文学，包括梁启超、王国维、鲁迅、郭沫若、茅盾、曹禺、洪深、冯乃超、何其芳、冯至、巴金、老舍等，一直到80年代以刘心武、卢新华、赵振开为代表的"伤痕文学"。它展示了1898～1979年在中国文学领域发生的（与其他民族和国家文学的）文学间（Interliterary）的"对抗"关系（Confrontation），以及这一过程与世界上其他各种文学的关系，包括古希腊文学和俄国、法国、英国、德国、挪威、美国等欧美文学，以及日本和印度等亚洲文学。高利克采纳了匈牙利比较文学家 I. 索特尔（István Söter，1913－1988）提出的"对抗"这个重要的文学概念和斯洛伐克批评家朱立申（Dionyz Ďurišin，1929－1997）的比较文学研究方法，试图在"各种最广阔的可能的联系和平行关系中，在其所有重要的运动和关联域中"，考察一个民族的文学存在与物质存在中的全部现象及该民族的文学间的环境（Environment）。[②] 他强调那些具有独特个性的作家在面对外来文学的接受与影响过程时并非被动，而是做出了积极的反应，这纠正了法国学派的影响研究只关注强势文化的传播方而忽略接收方的主动回应与创造之弊，体现出显而易见的"反寻求影响"的倾向："'影响'就好像是来自作为发送者一方的文学的一个刺激，这一刺激在作为接受者的文学中被'勾销'

---

① 〔斯洛伐克〕马立安·高利克：《中西文学关系的里程碑（1898－1979）》，伍晓明、张文定等译，北京大学出版社，2008，第2～3页。

② 〔斯洛伐克〕马立安·高利克：《中西文学关系的里程碑（1898－1979）》，伍晓明、张文定等译，北京大学出版社，第1页。

和‘克服’，以便它能够在这一文学中被创造性地保存下来。"①

高利克从世界文学与比较文学的视角构建了一个延续而统一的中国现当代文学研究框架，这一时间跨度的起点与终点分别是 20 世纪中国现当代文学结构向其他国家的文学结构敞开的第一次（1898，百日维新）、第二次（1978，改革开放）之时，这恰恰是从自给自足和闭关自守的状态逐渐走向世界各民族相互往来和相互影响的时代。显然，高利克书写中国新文学的框架与不少中国现代文学史学者把新文学一刀两断地划分为中国现代文学（1919～1949）和中国当代文学（1949 年至今）不同，其上限是从清末 1898 年（戊戌变法或百日维新）开始，追溯到中国新文学的传统母体，有助于揭示近一个世纪以来中国现代文学发展的内在脉络和文学结构内部的自身蜕变。在他看来，外来文学的影响只是一个"刺激"，内在的古典文化传统潜意识地制约着（或引导着）现代作家的继承与创造。例如，民间白话文学的话本叙事传统和章回小说对于现代小说的影响是潜移默化的。如果把高利克的研究与批评家李欧梵的"晚清文学"研究、王德威提出的"没有晚清，何来五四"之见相提并论，亦可看出东欧汉学家与美国华裔汉学家之间的殊途同归或一脉相承，他们都十分强调"被压抑的"晚清文学作为萌发的"现代性"对于五四文学的催生作用。② "1842 年是中国和西方世界之间关系史上的一个显著界限，……新的现代趋势的出现恰恰是在 19 世纪末期中国开始在西方和日本的文学中寻找发展的新刺激的时期。……它改变了落后的体系结构，促进了 1918 年后的中国文学。"③ 因此，五四以后的中国现代文学既是古典传统与自身演变的产物，也是受到外国文学影响的接受—创造过程的产物。

《中西文学关系的里程碑（1898－1979）》对于 1949 年前的现代文学的论述占据了主要篇幅，只是在最后二章论及当代文学，第十一章"老舍

---

① 〔斯洛伐克〕马立安·高利克：《中西文学关系的里程碑（1898－1979）》，伍晓明、张文定等译，北京大学出版社，2008，导论第 4 页。

② 20 世纪 60 年代，捷克汉学与美国汉学之间交往甚密。普实克在哈佛大学担任访问教授，与费正清（John King Fairbank）是好友，他开讲中国文学课程，李欧梵是选修学生之一，深受其影响。

③ 〔斯洛伐克〕马立安·高利克：《中西文学关系的里程碑（1898－1979）》，伍晓明、张文定等译，北京大学出版社，2008，第 1 页。

的《西望长安》与果戈理的《钦差大臣》",主要介绍了老舍发表在1956年的剧本《西望长安》。高利克指出了老舍这部喜剧的优点和缺点,认为《钦差大臣》在某种程度上为老舍的创作提供了模型,还讨论了史诗剧《茶馆》的特点,对于作家本人在"文化大革命"中作为受害者的悲惨遭遇深表同情。第十二章"卢新华与其他作家:'文化大革命'的游历"追溯了"伤痕文学"这一名词的来源、含义,以及"伤痕"和"回归"作为古老母题在中外文学中的表达。高利克指出:"在漫长的中国历史过程中,尤其是五四运动以后,对于'伤痕'、缺点、现实的黑暗面等的暴露,无论以什么名称为人所知,始终都是中国文学中一个永久性的问题。"① 在论及此类"暴露文学"时,他把中国现当代文学和古代传统文学视为一个连续性的整体。刘心武《班主任》中的"救救被'四人帮'迫害的孩子"让人想起鲁迅《狂人日记》的最后一句话,也是当代作家对五四作家传统的延续。这一章详细解读了卢新华的《伤痕》、金河的《重逢》、张弦的《记忆》、赵振开的《归来的陌生人》等,把它们的伤痕—重逢(回归)主题与《荷马史诗》中尤利西斯的伤痕—重逢(回归)主题进行对比,得出了令人启发的结论:"中国文学则在长期的沙漠之旅后以后,终于又与世界文学的绿洲'重逢'。……我们的目的是表明,即使是那些属于'伤痕文学'的作品也并没有离开更早时候的中国现代文学的'大陆'。这些作品与中国现代文学的传统至少仍有着无意识的接触,而且与世界文学有着清楚的、可以证明的密切关系。"②

综上所述,高利克在对中国现当代文学的研究过程中,始终在世界文学和比较文学的坐标中确立20世纪中国现代文学的趋势与特色、分叉与汇流,在纷繁复杂的文学流派中找到内在的渊源、主题(母题)的流传和影响的踪迹,并在中西文学的对比研究中找出主题与情节、叙述与手法上的同与异,对文本的主题、情节、形式与叙述等各个层面进行细致的解读。

---

① 〔斯洛伐克〕马立安·高利克:《中西文学关系的里程碑(1898–1979)》,伍晓明、张文定等译,北京大学出版社,2008,第243页。
② 〔斯洛伐克〕马立安·高利克:《中西文学关系的里程碑(1898–1979)》,伍晓明、张文定等译,北京大学出版社,2008,第254~255页。

（三）跨学科研究：《圣经》与中国当代文学

高利克出身于一个天主教家庭，小时候有机会阅读家中收藏的一些通俗本《圣经》，在外祖父母的引领下在教堂礼拜或朝圣，这种成长背景为他后来从事基督教与中国现代文学的影响关系研究奠定了基础。与中国的情形类似，斯洛伐克在1989年社会主义体制解体之前的一段时间，禁止阅读《圣经》或谈论基督教，高利克只能暗地里阅读宗教书，私下与一位大学的同屋好友沟通信仰方面的话题。1990年5月，高利克参加了在美国哈佛大学举行的一次会议以后，认识了写作《双刃剑：基督教与20世纪中国小说》（*Double-Edged Sword：Christianity & 20th Century Chinese Fiction*，香港，1986）一书的美国学者罗易斯·罗宾逊（Lewis Stewart Robinson）。高利克回忆道："这本价值非凡的书改变了我的汉学研究方向。这对我而言是一个极为关键的转折点，我决定把未来的学术生涯投入到有关《圣经》、基督教对中国文学和文化的影响研究中。这本书给我提供了大量此前未曾意识到的新材料。罗宾逊开拓了一个我长期忽略的研究领域。"[①] 从此，基督教与中国文学的跨学科研究成为高利克汉学研究的一个重心，他于1992～2001年发表了17篇相关论文，结集为《影响、翻译与平行：〈圣经〉在中国评论集》（2004）。以色列汉学家伊爱莲（Irene Eber，1929－）教授在本书的序言《活水之源泉》（*The Fountain of Living Waters*）中指出："在中国，《圣经》孕育了一种新的生命；即通过翻译及其文学的表达方式催生出其他枝杈。高利克在其研究中展示了这些新枝如何（How）和为何（Why）创造出硕果累累的小说。"[②] 本书是继罗宾逊的著作之后，西方汉学界有关《圣经》与中国现代文学研究的第二本著作，涉及《圣经》与现代中国文学的跨文化交流，基督教对周作人、朱维之、茅盾、王独清、冰心、向培良、穆旦、顾城、海子、王蒙和台湾女诗人（蓉子、夏宇、斯人）等作家的影响研究，其研究方法包括渊源—接触研究（《〈圣经〉在

[①] 〔斯洛伐克〕马立安·高利克：《我的研究心路：〈圣经〉与中国现代文学》，刘燕译，载《基督教思想评论》（第17辑），上海人民出版社，2013，第183～184页。

[②] Gálik, Marián, *Influence, Translation and Parallels：Selected Essays on the Bible in China*, Sankt Augustin：Monumenta Serica Institute, 2004, p. 22.

中国的接受（1980－1992）》、《〈圣经〉对中国现代诗歌的影响：从周作人到海子》）；主题研究（《在客西马尼花园与髑髅地之间：中国现代文学中的耶稣受难日》）；翻译研究（《20 世纪〈圣经·诗篇〉的翻译语境》《吕振中：一位中文圣经翻译家》）；跨学科研究（《"第三约"和跨宗教理解：一个理想主义者的信条》）；跨文化研究（《〈圣经〉、中国文学与跨文化交流》）。

在中国当代文学作家中，高利克论及穆旦、顾城、海子、王蒙以及台湾女诗人。《〈圣经〉对中国现代诗歌的影响：从周作人到海子》一文分析了从周作人到海子的十多位诗人如何在思想、主题、意象、词汇、技巧等方面受到《圣经》的深刻影响。高利克将穆旦视为"中国人中受《圣经》遗产影响最深刻的一位哲学诗人"，"对他而言，《圣经》及其故事、教义是值得赞美的事物，其中的文学性、美学性和道德性价值不仅对整个犹太教与基督教世界，而且对整个中国来说，都是一种补充。"穆旦写于1976 年的诗剧《神的变形》"是对《约伯记》在开头所讲的那个关于神会晤他的儿子（即天使）和撒旦（神的另外一个儿子）的神话故事所提问题的最后解答"。海子"是在阅读《圣经》时受其影响并对中国现当代诗歌做出或多或少贡献的诗人中间最年轻的一位，也是由他结束了这一队列。跟其他中国诗人比较起来，他对《圣经》的态度显得更为复杂"①。

顾城成为高利克最钟情的一个对象。高利克与顾城曾经有缘相识于柏林，"1992 年 4 月 16 日，复活节前的那个周五，我有幸在顾彬教授柏林的家中见到顾城，讨论了宗教和《圣经》的话题。在这次庄重的会面中，当我谈到耶稣为了基督教世界而牺牲自己的重要性时，顾城深为之动，称赞耶稣的'血的牺牲'。"② 十天后的 4 月 26 日，高利克与顾城面对面，有了

---

① 〔斯洛伐克〕马立安·高利克：《圣经对中国现代诗歌的影响：从周作人到海子》，李燕译，《中国现代文学论丛》2007，第 118～121 页。

② Marián Gálik. "Gu Cheng's Novel Ying'er and the Bible", *Influence, Translation and Parallels: Selected Essays on the Bible in China*, p. 271. 本文最初发表在《亚非研究》1996 年第 5 卷第 1 期，pp. 83～97. 中译文：《顾城的〈英儿〉和〈圣经〉》，尹捷译，《南方文坛》2014 年第 2 期。

一次《"浮士德"·"红楼梦"·女儿性——高利克与顾城对谈》（谢烨整理），记录了顾城自杀之前不久的文学观和精神状态，尤其是对于歌德式的"永恒之女性"和《红楼梦》中的"女儿性"的不同认识。① 在高利克看来，顾城对洁净无尘的女儿性的渴慕与追求已经暗藏着某种精神危机。在《顾城的〈英儿〉和〈圣经〉》一文中，高利克一针见血地指出："顾城对这个世界很愤怒，他憎恨生活和世界，至少是憎恨男性（包括他自己）。顾城几乎和尼采一样狂傲。顾城不懂得基督要人谦卑，要人爱人如爱己。顾城在拒绝了神（包括耶稣）作为美德的最高典范之后，站在了上帝的对立面——魔鬼一边，将其作为最合理的伦理和哲学的替代。"② 高利克用大量材料和文本分析强调《圣经》对顾城的世界观和文学创作的影响与启示，《圣经》成为《英儿》中的一个"对证"或"见证者"。这部小说中的重要主题、形象和意象都来源于《圣经》，涉及苹果、但以理和"最后的晚餐"的意象以及《十字》《伤口》《傍晚》等章节，《新约》成为顾城的超现实文学想象的源泉。高利克认为顾城至少在意念上把自己认同为耶稣，耶稣实际上成为他的一个"同伴"和"对影"。高利克忧心忡忡地观察到这位天才诗人在自杀前一年处于半疯癫状态的精神分裂性格及其过度的自我中心和狂妄骄傲导致的人生悲剧。高利克对顾城置身于异国他乡的创作考察与论述值得国内的顾城研究者关注。

高利克经常敏锐地观察中国当代作家对《圣经》主题或意象的改写、挪用或谐拟。1988 年 5 月，王蒙在《钟山》第 3 期发表了短篇小说《在十字架上》，它并未引起国内学界的关注，高利克却投入了极大的兴趣，专门撰文《王蒙"拟启示录"中的谐拟和荒诞的笑》，他认为王蒙的这部模拟《新约·启示录》的小说"是一部'元小说'（metafiction），通过谐拟（parody）实现了创造和批评的目的。""荒诞的笑""荒诞的意识"成为王

---

① 谢烨整理《"浮士德"·"红楼梦"·女儿性——高利克与顾城对谈》，《上海文学》1993 年第 1 期。

② Marián Gálik. "Gu Cheng's Novel Ying'er and the Bible", *Influence, Translation and Parallels: Selected Essays on the Bible in China*, pp. 284 – 285.

蒙创作信念的一部分。[①]

高利克的研究对象也涉及几位港台作家在《圣经》影响下的创作，如韩素音的小说《瑰宝》（1952）对《诗篇》第 98 章的谐拟。[②] 在《评张晓风初登文坛的短篇小说〈苦墙〉》中，高利克分析了基督教作家张晓风（1941 - ）的短篇小说《苦墙》（1967）与《诗篇》第 137 章的关系。[③]《三位台湾女诗人对〈圣经〉智慧书的三种理解》一文对比分析了蓉子（1928 - ）、夏宇（1956 - ）、斯人（1951 - ）三位冰心传统的追随者对《约伯记》《传道书》《雅歌》的阅读、阐释与模仿。在中国学界，《圣经》与中国当代文学的研究只是在近二十年才逐渐受到重视，高利克在该领域的研究成果为我们提供了一个新的探索空间。

（四）文学共同体中的中国现当代文学史研究

高利克认为，在更长远的人类历史中，观察中西文化和文学体系文学的研究只是在 1917 年之前，中国文学作为社会意识的一部分，倡导"文以载道"，它有助于巩固古老的"中华"文明（中央文明）为主导的"文化主义"和"汉族中心的社会秩序"，这种"历史哲学"存在于传统的中国世界及其环境的每个成分之中。中国自视为文化世界的中心，周围皆为"蛮夷"，甚至把 17 ~ 18 世纪的欧洲贬斥为"红毛番"。文化领域中优越的生活方式让中国人假定自己是唯一的文化给予者（除了印度佛教的影响），以教化周边的蛮夷为己任。在公元第一个千年期间，中国开始建立远东文学"共同体"，囊括了中国、日本、朝鲜和越南的文学，后来蒙古和西藏文学也加入其中。自从日本 1868 年实行"明治维新"之后，这个对世界文学史具有重要意义的庞大的文学共同体逐渐解体，其中的每一个成员或

---

① Marián Gálik. "Parody and Absurd Laughter in Wang Meng's Apocalypse. Musings over the Metamorphosis of the Biblical Vision in Contemporary Chinese Literature", *Influence, Translation and Parallels: Selected Essays on the Bible in China*, p. 316. 中译文：《王蒙"拟启示录"中的谐拟和荒诞的笑》，尹捷译，《汉语言文学研究》2010 年第 3 期。

② 〔斯洛伐克〕马立安·高利克：《韩素音的〈诗篇〉第 98 章和中国的"人民新民主"》，袁广涛译，《华文文学》2011 年第 5 期。

③ 〔斯洛伐克〕马立安·高利克：《评张晓风初登文坛的短篇小说〈苦墙〉》，周国良译，《华文文学》2013 年第 2 期。

早或迟地走向了适合自己民族文化和文学结构需要的发展道路。在世界范围内的文学间交流的新条件下，狭隘的东亚地域性特征逐渐被抛弃，新的文学共同体接受了新的特征，开拓了新的影响和反应的文学地理半径。这些文学共同体中的大多数发现了与西方文明和欧洲文学建立起源—接触关系的可能性。于是，中国现代文学接受了外国古典神话和希腊戏剧，开始与17世纪以来的欧洲文学接触，尤其是19世纪欧美文学和20世纪初的各种文学思潮，这主要归功于中国作家接受了文学"进化论"的信念和文学责任感，他们对美国、日本文学的反应相对慢一些，而在亚洲文学中，只有泰戈尔一度使中国作家入迷。在认识中国现代文学这一文学共同体的发展时，高利克强调自1918年以后，中国文学经历了实质性的变化，它倾向于否定过去传统的大部分价值，并逐渐加入世界文学的发展进程。

从20世纪20年代末到50年代，首先是理论和批评领域，随后是创作领域，中国现代文学与苏联文学（社会主义现实主义、批判现实主义）、无产阶级文学的接触日益密切。因此，中国现代文学共同体因其影响来源地域的改变而发生了一个重要的转向。马雅可夫斯基对艾青、田间、贺敬之、郭小川等一些作家产生了影响。从1949年到"文化大革命"期间，马雅可夫斯基的作品是被翻译成中文最多的苏联诗人，其诗歌的汉译本至少有28个版本；高尔基作品的中译本达到142个，还有普希金、肖洛霍夫、法捷耶夫、奥斯特洛夫斯基等苏联作家深刻影响了中国当代文学的发展。直到"文化大革命"结束，英、美、法和其他资本主义国家的文学作品较少被翻译与阅读，而亚非拉等发展中国家的作品也非常罕见。不过到了1979年，中国文学第二次向世界开放，这促使中国文学与世界其他地区的文学不仅有了外在的接触，而且有了内在的接触，通向积极而富有成果的文学间交流。在高利克看来，即便是对于文化最为封闭、与外国文学少有交流的60～70年代的中国当代文学，也可以通过类型研究，发现它与外来文学、中国现代文学的关联及其在主题、母题上的类似。"关于中国现代文学与外国文学的外在接触的研究主要将有助于更深刻地理解内在的文学关系，而有关社会类型的相似性的研究将有助于更好地把握文学母题类型的相似性。这些研究将为一种内在的、系统—结构的研究提供各种先决条件，而这样一种内在的研究在方法上将是最合适的。"①

总体上，高利克的中国现当代文学研究并未拘泥于某一个特定的对象或时期，而是在古今作家作品（包括港台在内）、各种思潮、古今文学史、知识分子思想史、《圣经》与基督教、汉学史、世界文明与宗教对话等各个领域交互开拓，以点带面，不断扩展，宏观结构与微观细读、实证材料与理论辨析形成一个有序的结构层次，其最终目的是促成不同文化、不同宗教之间的和平对话与相互理解，彼此宽容与尊重，这也体现了一个学者的人文主义情怀。

三　高利克的中国现当代文学研究特色及启示

随着世界文化的发展与相互融通，某个特定国家或某一个学者对中国文学的研究是其"世界文学"研究的一部分。当我们在把握对象国对中国研究的时候，应意识到他们以流派或个体形态表现出来的研究中所具有的"世界性因素"。这个研究"他者"往往呈现为他们自身的内在需求、期待与渴望。正如法国比较文学家巴柔所言："我'注视'他者，而他者的形象也传递出我自身的某些形象。……'我'要言说'他者'，在言说他者的同时，我又否认了'他者'，从而言说了自我。"② 因此，当我们考察高利克对中国现当代文学的研究时，有必要探寻这个来自中欧小国的"他者"在研究中国现当代文学背后的各种动因、内在需求和话语方式，其研究成果亦是以另外一种方式在言说自己，传递自身的某些形象。概言之，高利克的中国当代文学研究体现出以下几个主要特色。

（一）注重各种文学理论方法与实践运用

布拉格汉学派对 20 世纪中国文学的研究体现出明显的形式主义、捷克结构主义的特点，善于从作品的语言形式和文体的结构变化出发，探寻一

---

① 〔斯洛伐克〕马立安·高利克：《中西文学关系的里程碑（1898－1979）》，伍晓明、张文定等译，北京大学出版社，2008，第 258～259 页。

② 〔法〕达尼埃尔－亨利·巴柔：《从文化形象到集体现象物》，载孟华主编《比较文学形象学》，北京大学出版社，1991，第 203 页。

个作家、作品或一部文学史的内在演变过程。正如法国一样，捷克斯洛伐克吸收了来自苏联、德国、法国、荷兰、比利时、波兰、英国、美国等国各种文学思潮和文艺理论的综合影响，兼容并蓄。此外，天时地利的外部条件推动了捷克斯洛伐克成为中国现代文学研究的摇篮之一（另一个是苏联）。在冷战时期，比起英、法、德、美等强国的汉学家，处于中欧（社会主义阵营的边缘小国）的捷克斯洛伐克汉学家有更多机会与同处社会主义阵营的中国密切接触，获得中国政府支持的图书资料（捷克斯洛伐克科学院建立了鲁迅图书馆），普实克所在的查理大学中国语言文学系和捷克斯洛伐克科学院的东方研究所形成了一个研究中国现代文学的学术圈，大学生有机会来中国留学访问。高利克就是在其导师普实克的推荐下，于1958～1960年留学北京大学两年，获得了第一手的研究资料。

高利克接受了布拉格形式主义与结构主义理论的训练，吸收了当代比较文学的研究方法和新趋势，并把它们运用到对中国新文学的发生史与演变史的阐释与建构中，力图在世界文学与比较文学的维度中探寻其内部与外部动力，解释中国新文学的生成过程。从"发生学"和"文学间性"的视角，把20世纪的中国文学纳入世界文学的生成过程中；深入分析中国现当代作家与外国文学思潮、本土文化传统的创造性对抗关系；在文学"系统—结构"中分析作家的外来影响及其独创性，挖掘其创作与世界文学之间的"刺激—对抗—创造"的复杂模式。从古今文学史的历时性维度和世界文学发展的同时性维度，考察20世纪中国现代文学的文本间性、抒情风格、文学思想的形成、特质与发展脉络。随着时间的推移和时代的变化，高利克在每个时期的研究侧重点亦有所不同：20世纪50～80年代主要侧重于对鲁迅、茅盾、郭沫若等著名作家、中国现代知识分子思想史的研究和中西文学关系的比较研究；90年代转向《圣经》在中国的翻译与影响研究；2000年以后，他把更多的精力投入中国比较文学、文学间性、世界文学与比较文学的理论、人类文化的类比性等领域。

（二）坚守人文主义思想，重视文学的事实与经验

以普实克、高利克为代表的布拉格汉学家形成了一种良好的学术品格和研究氛围。他们坚持在严谨的人文科学研究与富于人文主义的问题意识

之间，致力于探寻世界文学与中国文学之间的互动关系与审美特征，他们独特的国别身份和社会制度决定了他们对中国富有理解力和同情心。对于盲目而表面地套用欧洲的文学概念来解释中国文学的现象，高利克持有非常谨慎的批判态度。例如，他认为中国现代文学中的重要作品主要与浪漫主义、现实主义（自然主义）和象征主义的文学传统发生接触。虽然（批判的或社会主义）现实主义构成了中国现代文学的主流，但其中最醒目的最有价值的则是象征主义色调。在他看来，象征手法的流行可以追溯到中国传统文学的寓言（在小说创作中）和比兴（在诗歌创作中）方法，这导致中国现代文学中相当一部分作品的象征暗示性和意义的多重性。如果以此观点来分析以北岛、顾城、海子为代表的朦胧诗或后朦胧诗，我们可以发现象征这一古老传统的现代复现，它们并非仅仅受到西方现代主义文学思潮的刺激而出现，而是有其自身的文化传承。对于象征手法的喜爱与中国现代文学中的神话倾向，它们最能显示作家的创造性个性。海子就把自己视为天地之间的目击者，像一个创作神话工具的"神话制造者"。由此看出，与普实克、米列娜一样，高利克坚持探寻中国现当代文学与古老的文学传统之间的内在继承与转化，自觉或不自觉地抵制欧洲文化中心主义的倾向。布拉格汉学派的研究方法和结论可以促使我们认识中国新文学自身深厚的文化基因，确立中国现代文学的主体身份与文化自信。

（三）坚持独立的思考和严谨的科研态度

作为经历了社会主义时期和（东欧解体后）资本主义时期的一名学者，高利克作为汉学家的独特个人经历值得我们关注。即便是在 20 世纪 50～70 年代意识形态控制学术研究的时候，高利克依然坚持真理，减少外部意识形态的干扰，在对第一手文本文献的细读之中发现文学问题，寻找有理可据的客观事实或文献证据。同时，尽可能保持独立的思考与学术良心，决不随波逐流。1975 年 11 月 4～9 日，在斯德哥尔摩举行的国际会议"诺贝尔论坛第 32 期：中国现代文学及其社会背景"上，高利克勇敢发声："从 20 年代到 30 年代，除鲁迅外，没有一个人的话可以被接受……在这种情况下，恰恰将鲁迅作为一个旗手加以宣传，使其成为畅销书，这不是一种典型的'危险的叛国'吗？鲁迅不是正在成为被制造的中国文学生活的掘墓者之一吗？尤其是控制那种生活的决定性氛围？尽管是通过曲解和误读鲁迅来达到这样的目的。这一天的到来才有真正的希望，不仅鲁迅的作品，还有其他作家的作品会摆在柜台上、书架上和读者的面前。"① 高利克竟敢讨伐欧洲出现的极"左"文化政策，实事求是地说出如此大胆冒犯之言，这的确需要非同寻常的勇气与胆识。高利克有关中国当代文学的批评研究不但超越了中国学者面临的时代局限与束缚，同样也超越了欧洲中心主义的樊篱，其富有洞见的研究成果为东西方理解中国新文学开辟了一个多向度的汉学领域：在政治与艺术、历史与现实、史料与洞见、个案与文学（批评）史、中国与世界的多元维度中书写中国新文学史。

（四）与中国作家和学者保持密切交流与合作

从 20 世纪 60 年代至今，高利克与中国文人学者保持友好往来，从茅盾、叶子铭到顾城、王蒙、乐黛云等。自中国改革开放以来，高利克积极参与国际汉学界及中国的各种学术会议（包括世界汉学、国际比较文学、中国比较文学、中国当代文学、基督教与中国文学、中国文化与文明研究等），为中国比较文学的发展献计献策。1987 年 8 月 25～30 日，高利克参加了在西安举行的主题为"文学的空间与界限"的中国比较文学学会第二届年会。他和乐黛云、谢天振、倪蕊琴、廖鸿钧、贾植芳、刘小枫、钱林森、赵瑞蕻等学者一起乘坐火车去西安，与中国比较文学学者密切交流。此外，高利克与研究中国文学的各国汉学家关系甚好，如马悦然、顾彬等，也与中国作家、批评家保持了密切友好的合作关系，建立了牢固而深厚的友谊。当然，这也极好地促进了其学术著作在中国的翻译与传播。正如《汉学研究》主编阎纯德的中肯评价："作为'布拉格汉学派'的代表人物之一和比较文学领域的国际著名学者，高利克的贡献是双向的：无论是中国文化对西方的影响，或是西方文化对中国文化的影响，不仅体现在

---

① Gálik, Marián, "On the Social and Literary Context in Modern Literature of 1920s and 1930s", Göran Malmqvist ed., Nobel Symposium 32. Modern Chinese Literature and its Social Context, pp. 32 – 33. 转引自杨玉英《马立安·高利克的汉学研究》，学苑出版社，2015，第 10 页。

他的研究中，也体现了在东西方的学术精神中。"①

　　作为中国当代文学和比较文学发展的见证者与参与者，半个多世纪以来，高利克不断见证并悉心记录了 20 世纪中国作家和批评家逐渐融入世界文学和国际比较文学进程中的重要历程，以跨文化的视野揭示了中国现当代文学的整体特征，并身体力行地促进了中国与西方发生世界性的结合。法国比较文学家基亚认为："在曾经充当两种或多种文化联络员的文学家群中，人们发现有些国家的许多公民由于自己的文化和地理位置，好像命中注定要承担这种任务。"② 高利克就是这样一位命中注定从事汉学、比较文学与中国文学研究使命的"传道人"，一个不辞辛苦地穿行在东西文化两岸的"摆渡者"。

参考文献

1. 马立安·高利克论著中译本

〔斯洛伐克〕马立安·高利克：《中国现代文学批评发生史（1917－1930）》，陈圣生等译，社会科学文献出版社，1997。

〔斯洛伐克〕马立安·高利克：《中西文学关系的里程碑（1898－1979）》，伍晓明、张文定等译，北京大学出版社，1989。

〔斯洛伐克〕马立安·高利克：《捷克和斯洛伐克的汉学研究》，李玲等译，学苑出版社，2009。

〔斯洛伐克〕马立安·高利克：《茅盾与中国现代文学批评》，杨玉英译，台湾花木兰文化出版社，2014。

〔斯洛伐克〕马立安·高利克：《从歌德、尼采到里尔克：中德跨文化交流研究》，福建教育出版社，2017。

〔斯洛伐克〕马立安·高利克：《影响与翻译：圣经与中国现代文学》，刘燕编译，社会科学文献出版社，2017。

2. 相关参考书目

〔比〕布洛克曼：《结构主义：莫斯科－布拉格－巴黎》，李幼蒸译，中国人民大学出版社，2003。

---

① 〔斯洛伐克〕马立安·高利克：《捷克和斯洛伐克的汉学研究》，李玲等译，学苑出版社，2009，第 246 页。

② 转引自刘耘华主编《孙景尧先生周年祭纪念文集》，上海文艺出版社，2014，第 291 页。

〔美〕卡勒：《结构主义诗学》，盛宁译，中国社会科学出版社，1991。

〔捷〕普实克：《中国义诗学》，盛宁译，社会科学文献出版社，2005。

〔捷〕普实克：《抒情与史诗：现代中国文学论集》，郭建玲译，上海三联书店，2010。

〔捷〕米列娜：《欧洲的中国现代文学研究》，戴国华译，载《国际汉学》第15辑，大象出版社，2007。

〔苏〕什克洛夫斯基：《俄国形式主义论文选》，方珊等译，三联书店，1989。

〔瑞〕索绪尔：《语言学教程》，张绍杰译，外语教学与研究出版社，2001。

杨玉英：《马立安·高利克的汉学研究》，学苑出版社，2015。

张钊贻主编《尼采与华文文学论文集》，新加坡八方文化，2013。

近代日本《论语》研究述要

张士杰　　贺思圆*

摘　要： 在西方学术思潮与本土文化语境的综合作用下，日本学者对《论语》进行了重新审视、研究与诠释。文献批评与思想诠释是近代日本论语学的两个重要范畴，其中既有近代学术性质的科学研究，也有掺杂意识形态属性的异化诠释。这与传统的以及我国的《论语》研究都大不相同，是日本知识界基于近代日本文化构建这一根本性课题而做出的本土化、近代化的努力与尝试。

关键词： 近代日本　论语学　文献批评　文化构建

日本近代的《论语》研究与诠释已然和传统论语学大不相同，同时，也和中国论语学迥然相异。究其缘由，不外乎内外两种因素的综合作用。首先，在西方近代学术思潮的巨大影响下，日本学者的研究观念、思路、方法等发生巨大变化，其《论语》研究自然与传统学术渐行渐远；其次，在国家观念、民族意识的强力引导下，日本学者诠释《论语》的立场、态度、目的等愈加远离中国学术，其《论语》诠释自然与中国论语学大相径庭。

从这个意义上讲，近代日本《论语》研究具有两个非常显著的特征：第一，在继承清考据学以及日本江户学术的基础上，积极引进西方实证主义观念，形成精密的文献批评研究。这是日本近代《论语》文献研究的精华所在，其中颇多可观之处，或可为我国《论语》学界提供一个外部参照。第二，在特定的时代、文化语境中，《论语》诠释与近代国家主义、

---

* 张士杰，大连外国语大学日本语学院副教授；贺思圆，大连外国语大学文化传播学院硕士研究生。

皇权主义等观念搅在一起，沾染上一定的时代色彩和政治色彩。这是特定文化语境中的重新诠释，其中包含着一些关乎日本文化特质与民族精神属性的重要问题。从我国的日本学研究角度而言，颇有深究的必要。当然，文献批评与思想诠释往往相互交织，彼此渗透。前一种研究更富有纯粹的学术意义，但也不乏某些社会性、政治性的因素掺杂其中。后一种研究更倾向于政治伦理的表述与意识形态的构建，同时也借助文本批评的学术手段。

简言之，在日本近代的《论语》研究中，文献实证与思想诠释是两个最为重要的范畴。我们可以从中看清学术文化思潮与《论语》研究的内在关系，把握《论语》研究在近代日本的时代背景与文化语境中的新变及内在特质。同时，文献实证与思想诠释是日本近代《论语》研究的两条主线，串联着研究的思路、方法、目的、水准、得失、特质、流变、走向，以及学术流派、学术思潮、意识形态、文化构建等重要问题。本文将紧扣这两条主线，从《论语》与文化构建、学派与思潮、实证与诠释等方面，对日本近代的《论语》研究做一要略分析，明其所指，察其微妙，论其大体。

一　"学问《论语》"与文化构建

近代，西学东渐。日本知识界在欧风美雨的吹拂与浸润中，积极地对传统文化进行重新审视、理解和诠释。传统汉学首当其冲，遭到猛烈的批判，日益衰微。一些具有近代学术意识的知识分子上下求索，积极尝试运用西方学术观念和方法研究中国思想文化，使得近代意义上的日本中国学逐渐形成、发展。福泽喻吉、中江正直等激进的欧化学者热情地宣扬民主自由思想，批判传统汉学教育。狩野直喜、内藤湖南等积极引入孔德实证论观念，开创对中国哲学、历史研究的实证主义学派。白鸟库吉抛出"尧舜禹抹杀论"，津田左右吉通过中国思想文化研究实践其"中国文化否定观"。井上哲次郎导入德国的近代国家主义为天皇体制摇旗呐喊，服部宇之吉假借弘扬孔子教的名义为皇权政治造势。山路爱山以文献批评手段审定《论语》等典籍及孔子相关记述的可信度，将孔子还原为"历史人物"，向神化孔子的官方学术发出反对的声音。凡此种种，不胜枚举。综观日本近代的中国思想文化研究，可谓波谲云诡，异象纷呈。

然而，这些都不过是表象而已。究其实质，无非是日本的知识界通过不同的方式和手段进行日本近代文化的构建，对中国思想文化典籍的研究与重新诠释则成为这场文化构建运动中的重要形式和手段。

《论语》的际遇和命运也是如此。在日本近代文化的构建中，日本知识界借助西方学术观念与研究方法对《论语》进行怀疑、批判、实证、诠释，产生了数量庞大的《论语》类论著。濑尾邦雄在《孔子〈论语〉相关文献目录（单行本篇）》中按照编年顺序罗列了 1868～1990 年出版的相关文献约 2000 种，当然其中不光有专门的学术著作，也有小说、漫画等大众读物。不过，《论语》受到关注的情况，于此可见一斑。另外，林庆彰主编的《日本研究经学论著目录（1900–1992）》中的"孔子与论语"一部辑录了《论语》相关的论文、著作 2000 余种，数量之大，令人瞠目。这些构成了蔚为大观的日本近代论语学，其中既有大众阅读的小说、漫画，也有专家学者皓首穷经而成的大部头。前者是大众所感知的《论语》，后者是学者所做的《论语》研究与诠释。王晓平曾按照著者的身份属性将日本中国学进行分类，把中国学研究者以及日本学、比较文学、比较文化学者笔下的中国称为"学问中国""观念中国"，把作家、非中国文化研究者笔下的中国称为"文艺中国""乐趣中国"，把网络媒体工作者传递给大众的中国称为流动的"即时中国""可感中国"。受此启发，我们可以将论语学、中国学、比较文学比较文化学者的《论语》研究与诠释称为"学问《论语》"。

"学问《论语》"的陈述者中不乏大学教授、知名学者、学界权威，他们在大学讲堂上、在公开的演讲中、在出版的图书和发表的论文中陈述自己的研究和见解，在知识阶层中发挥着广泛的作用。而且，他们的身份也使其言论具有很大的影响力和公信度。"学问《论语》"在人文学术层面上深刻地影响着岛国居民的精神世界，参与了日本近代文化的构建。

从这种意义上说，对日本近代《论语》研究情况的考察，就是在论语学这一人文学术维度上对日本文化的构建和内在特质进行审视与思考。在日本近代学术的发展和文化构建中，《论语》研究占据着重要的位置，发挥了巨大的作用。反过来说，日本近代的《论语》研究，既是日本论语学、中国学的重要范畴，也是我国的日本学研究的重要对象。毋庸置疑，对日本近代的《论语》研究情况进行系统性梳理和学术观照，对于日本的论语学、中国学显然都具有重大的学术意义。

二 学术流派与学术思潮

就日本近代《论语》研究的情况而言，要在浩如烟海的相关文献和纷繁复杂的学术现象中理出一个头绪来，就如剥茧抽丝，实非易事。严绍璗在对日本中国学史的梳理中，按照研究者的学术观念和研究方法将近代中国学划分为"实证主义学派""批判主义学派""新儒家学派""非主流学派"等若干学术流派。不可否认，这是一种具有超凡的学术敏锐度的研究视角，于打开日本近代《论语》研究的纷繁局面颇具启发意义。

当然，学术流派的界定本身就异常复杂，往往很难做出允当的划分。例如，山路爱山与津田左右吉的中国思想研究虽然都洋溢着浓厚的怀疑主义、批判主义精神，但又十分注重运用文献批评的研究方法，与实证学派有一定的类似度。同时，若从研究的目的与效果来看，前者力图将孔子还原为"史实人物"，发出反对"官学体制"神化孔子怪象的一声清鸣，后者则在尊崇孔子的名义下，几乎瓦解了孔子的学说体系。而且，二者对待中国思想文化的真实态度也不尽相同。前者虽然稍有矫枉过正之嫌，但大体上认同《论语》的文献史料价值。后者虽然标榜还原孔子的思想和人格，实际上却否定了大量的孔子语录材料的真实性。显然，二者在学术主张、研究目的、结论等方面都存在着相当大的不同。而且，批判与否定，看似相近，实则不同。批判基于客观的科学精神，否定含有主观拒绝的态度。津田左右吉在《〈论语〉和孔子的思想》一书中刻意避免使用汉字，表现出一种狭隘的民族主义情绪和对中国文化的抵触态度。这已然越过了批判主义的界限，变身为一种否定论。因此，与其将二者划为同一学派，毋宁说是由怀疑主义、批判主义学术精神的源头分成了不同的学术河流。

实际上，学术精神与学派恰似源与流的关系。源头为一，分流成几支，但水质或许相似。分流几脉，流变虽然不同，但发源毕竟一处。某一种学术思潮往往对不同的学者产生影响，不同的学者也往往受到相同、相近学术思潮的浸染。以学派论，则有益于发现内部的共性和区分于别派的特性。以源流论，则有益于厘清发源和流变的轨迹、特质。赵沛霖从学术文化思潮为切入点治《诗经》学史的研究便符合这个道理，也取得了很好的学术效果，颇富启发意义。就日本近代的论语学研究而言，若能从厘清其与学术思潮的内在关系着手，则可能对学术思潮影响下的《论语》研究的新变和内在特质形成较为明晰的认识和较为准确的把握。例如，狩野直喜将实证主义观念用于中国典籍研究，他的学生武内义雄与宫崎市定的《论语》研究都可见这种影响，但又有各自的学术个性。武内大胆撇开狩野依重清学的观念，宫崎则主要在史学和语言学维度上进行研究。武内对狩野是有选择的继承，宫崎又是对武内的批判性发展。由狩野直喜到武内义雄，再到宫崎市定，实质上是实证主义研究从依重清考据学走向抛开清学，再发生史学和语言学转向的一条脉络。

如此，若从"学派论"退回一步，从学术思潮着手进行学术考察，亦或许会有不同的视野和意想不到的发现。日本近代《论语》研究论著庞杂繁复，学术思潮正是纲领。从此着手，或许正可以纲举目张。

三　影响日本近代《论语》研究的主要学术思潮

学术思潮往往对某一时期的文化构建发生巨大的引导、驱动作用，文化构建也往往因学术思潮的影响与制约作用而形成一定的状态与走向。日本近代文化的构建中，自由主义、马克思主义、实证主义、批判主义、怀疑主义、国粹主义、国家主义、皇权主义等多种学术、文化、社会思潮纷纷登场，发生着这样那样的作用。就《论语》研究而言，影响较大的学术文化思潮主要有怀疑论、实证主义、兰克史学、近代国家主义及皇权政治论等。

怀疑论哲学大抵可以分为彻底的怀疑主义和科学的怀疑主义。前者以皮浪（Pyrrho）、休谟（David Hume）为代表，皮浪以怀疑为目的，休谟以狭隘的经验论为理论基础，走向不可知论。后者以笛卡儿（René Descartes）为代表，他将怀疑作为手段，以"我思故我在"为"普遍怀疑"

加上一个终点，确立了理性主义原则，为西方近代哲学的产生奠定了基础。怀疑论反映在日本的中国史学、经学研究中，首先是主张打破唯古是信的僵化思维，不再将中国典籍视为神圣权威，而予以大胆的怀疑和批判。远藤隆吉对"六经"等中国典籍持怀疑主义态度，并提出"孔子是中国人"的命题，对日本学界将孔子神化为超越时空的圣人的现象具有理性的批判意识。白鸟库吉倡导以怀疑主义研究中国古代史，"在中国学研究中树立起了怀疑主义的旗帜"，但其"尧舜禹抹杀论"已经不止于纯粹的理性怀疑，似已走向虚无的中国文化否定论。在怀疑主义影响下的《论语》研究中，山路爱山及其《孔子论》、津田左右吉及其《论语和孔子的思想》堪为代表。山路爱山认为，历史人物因时代渐趋久远而难免附着虚饰、夸大的成分。因此，他主张审定中国典籍中孔子相关记述的可信度，以将孔子还原为历史人物。津田左右吉从对《论语》本文的怀疑出发，主张剔除后世的假托和伪作成分，但他将《论语》中的孔子语录材料大肆否定，几欲瓦解孔子学说体系。山路爱山的《论语》文献批评虽有矫枉过正之嫌，但基本仍在理性怀疑论的范围之内。相对而言，津田左右吉的研究思路虽然具有科学意义，但他怀有狭隘的民族主义情绪以及由此而生出的中国文化否定论的主观情感和意向，遂将怀疑论引向虚无的否定论。

实证主义又作实证哲学、实证论，即主张基于经验科学及基本材料以构成哲学体系的学说。主要创始人和代表学者当首推孔德（Auguste Comte，1798 - 1857）。他主张，在研究方法上，摒去思辨而看重经验；在研究对象上，舍去神学的、形而上的素材而独取经验的、形而下的素材。将实证论引入日本的中国传统文化研究的学者是狩野直喜。狩野推崇清考据学和江户徂徕学，在此基础之上又纳入实证主义观念，遂成实证主义中国学研究的大纛。将实证主义运用于《论语》研究的实践并取得巨大成功的是狩野的学生武内义雄。武内承继其师的实证主义学风，同时又抛开对于清考据学的崇信，主张对《论语》本文实行大胆而自由的文献批评，着重把握思想变迁中的内在逻辑关系，树立实证性"原典批判"研究的典范。

兰克史学，由德国历史学家兰克（Leopold von Ranke，1795 - 1886）

创立，主张严密的史料批判和客观的历史叙述，是一种建立在科学的学术基础之上的历史学。它强调客观的叙述，即必要摆脱先入为主的观念和价值判断，以客观的态度去撰写"曾经发生过的事情"。所谓科学的历史学，即历史研究不应止于史料的收集，更要以严格的学术方法进行史料批判。史料批判注重对史料进行详细的考证和科学的整理，即对史料进行审定检验，以去伪存真，并进行科学的整理，以重现历史。兰克学派史学家英国的阿克顿（Lord Acton）等人受科学实证主义的影响而努力淡化兰克的唯心主义成分和宗教色彩，突出强调兰克的客观的治学态度和科学方法。英国史学家里斯（Ludwig Riess）在东京大学教授历史学，将兰克史学传入日本。受其影响，坪井九马三、市村瓒次郎、那珂通世、桑原骘藏等创立了东洋史学。宫崎市定运用史学手段治《论语》文献批评，其中明显可见兰克史学的影响。

近代国家主义与日本的皇国史观本属于政治、社会范畴，但也对日本近代的中国学研究及《论语》诠释产生了巨大的影响。井上哲次郎在留学德国期间受俾斯麦等人的国家集权主义思想影响很深，后将其与儒学中的忠君观念相连接，倡导"孝悌忠信"和"共同爱国"，把中国的儒学、德国的国家主义融合于日本皇权政治论。这种混合型的皇权论在《论语》研究上的集中反映，就是将孔子和《论语》诠释为天皇体制的精神庇佑和理论支持。服部宇之吉及其倡导的孔子教最具代表性。服部撰《孔子及孔子教》《东洋伦理纲要》等，将孔子推崇为超越时空的圣人，将孔子之教提升为超越民族界限的伦理，并鼓动日本国民致力于将所谓"日本之新文明"推行于全世界。显然，这是日本近代皇权主义和对《论语》的歪曲诠释相结合而诞生的荒谬论调。对于此，必须有清醒的认识和科学的批判。

同一学术思潮一般会影响不同的学者，不同的学者往往也会受到多种学术思潮的影响，甚至学术思潮之间也会互相渗透。例如，兰克史学便引入科学实证主义，怀疑主义也可能走向实证主义，或是滑向批判主义，等等。反映在日本近代的《论语》研究中，就是多种学术思潮综合作用于某一学者及其研究。例如，武内义雄将实证主义观念用于对中国典籍文献的"原典批判"研究，但其文献批评的前提是破除对于经典的迷信，也就是说他的实证主义"原典批判"是以怀疑主义为源头活水的。又如，宫崎市定的《论语》研究就是实证主义、兰克史学以及近代语言学等多种学术思潮综合作用的产物。再如，山路爱山的文献批评中也同时泛着近代史学和实证主义的光亮；津田左右吉的《论语》研究则更为复杂，其中洋溢着怀疑主义、批判主义精神，但其文献批评的研究思路、方法又和实证主义不无关联，而且其文献批评及"中国文化否定论"也与兰克史学有着精神上的契合。

四 日本近代学术思潮影响下的《论语》研究代表作

在各种学术文化思潮的综合作用下，日本近代的《论语》研究呈现出颇具民族特质和时代属性的新态势。这里，笔者拣选几种代表性学术现象，略其大要。

实证主义文献批评是日本近代《论语》文献研究的一个独特之处，武内义雄的"原典批判"及《论语之研究》最具代表意义。据金谷治为《日本大百科全书》所撰"武内义雄"条，武内义雄力排传统汉学尊古泥古的主观风气，致力于建立具有近代科学意义的思想史学，《论语之研究》是武内积数年之功运用严密的实证方法解明《论语》文献的力作，是一部在《论语》研究史上具有划时代意义的著述。所谓"原典批判"，是日本学者对德文"Textkritik"的译名，也称"本文批判""本文批评"，是文献学的一支，着意于考校诸本以追求原典真貌。武内对传统汉学奉经典为神圣权威的治学态度颇为不满，主张将《论语》视为客观的研究对象，予以大胆而自由的文献批评。他说，"凡治古典者必要两种基础性研究：其一，以校勘学获得正确的文本；其二，以严密的原典批判解明书籍的来历"。这是武内文献批评的基本方法，即"不惟学术的文本校勘，更进一步对《论语》原典做了高等批判"。所谓"原典的高等批判"，是指在校勘本文的基础之上，探赜文本来历，追溯文本源流，复原《论语》的原初形态，进而推察早期儒家思想的演变轨迹。武内针对《论语》文本进行精密的"原典批判"，将现行本解构为几种不同的语录本子，并对各种本子的辑成年代、编纂者及传承者、流布地域等情况做了精密的考证和大胆的推断。具体而言，"学而""乡党"两篇为齐鲁二篇本；"为政"至"泰伯"七篇是河间七篇本；"先进"至"卫灵公"并"子张""尧曰"是齐人传本。其中，河间七篇本以曾子为中心，为曾子孟子学派所传，恐为古《论语》中最早的本子；齐论语七篇以子贡为中心，恐为齐人所传；齐鲁二篇本的内容及字词显示，其可能是由齐、鲁儒学亦即曾子学派和子贡学派折中而成的，而其成书当在孟子游齐之后。另外，"子罕"篇是后人附加于河间七篇本上的，"季氏""阳货""微子"三篇及古论中"子张问第二十一"恐为后人附加在齐论语上的。概言之，今本《论语》由河间七篇本、齐论语七篇、齐鲁二篇本及后人窜入篇目这四个部分构成。这些孔子语录辑成一部，即古论二十一篇。今本《论语》即根源于此，但稍有变化。

就研究思路、方法及成果而言，武内的《论语》"原典批判"无疑具有非常重要的学术意义。而且，考虑到当时的社会、政治环境，我们会发现武内的"原典批判"还具有了不起的社会意义。《论语之研究》出版于1939年，正值日本军国主义迅速膨胀之时。军国主义论者虚妄地高挂孔子的灵幡，将《论语》等典籍歪曲地诠释为其理论支持。于斯之时，武内的《论语》解构当可视为掷地有声的反战宣言。因此，其研究虽受到日本军部势力的极大压力，却得到了学术界的极高评价。著名哲学研究者和辻哲郎称赞《论语之研究》"于《论语》研究划一时期，而将来之研究必启发于此"。金谷治称赞《论语之研究》与津田左右吉《论语于孔子的思想》"二书实是现代《论语》研究的翘楚"。武内《论语》"原典批判"研究的意义如斯，学术魅力良大。然其论证中也有可商榷的地方，需要加以科学地考察和探讨。

日本近代的《论语》文献研究中，宫崎市定综合运用近代史学和语言学知识的思路和方法颇具特色。宫崎师承内藤湖南、羽田亨、桑原骘藏、狩野直喜、那波利贞、青木正儿，是日本"二战"后"史学届最有代表性的学者"。在《论语》的文献批评中，他从历史学研究的视角出发，越过清儒、宋儒、汉儒的注疏，将研究的焦点聚于原典，并"提出了一种既有别于历来经学传统中的性理之学，也不同于训诂考据之学的新的理念"。宫崎将自己对《论语》的一些思考和研究辑成一册，曰《论语之新读法》，后又在此基础之上撰成《论语之新研究》。显然，宫崎在强调一个"新"字。而且，他在《论语之新研究》开篇处即对武内《论语》研究的出发点进行质疑和否定，似乎也在宣示着自己不同于武内"原典批判"的特色。通观其书，不难发现宫崎在继承实证主义学风的同时，又颇具独特的学术个性，即以史家视野结合近代语言学知识对《论语》本文施以细致考证，并大胆地提出质疑。宫崎所标榜之"新"，就在于将《论语》的文献批评研究置于近代史学和语言学的维度上。

首先，宫崎将《论语》原文及注疏定性为史料。他认为，就考察孔子而言，《论语》无疑是第一等的根本史料。既然是史料，就不必奉之为只可校勘而不可怀疑的神圣经典，而必须以科学的手段对其真伪错讹进行考证和甄别。同时，宫崎也不轻信注疏。他认为汉学的注疏必然受到学者本人语言学知识、立场及用意的制约，若注者方法有误或者别有用意，则会使注释偏离原文本意。他还有意识地与清考据学划清界限，如在考证《论语》原文中的衍字问题时便说，"余遇有难解之处则施考证，遇有碍于文通义达之处则施考证，即考证之目的在于解读本文，而非为考证而考证，亦非单纯讨论修辞之优劣高下"。如此，通过对汉学、清学的质疑，宫崎市定将研究的对象确定为原始《论语》，确定了较具科学意义的史学维度。

其次，宫崎主张运用语言学知识分析史料。他认为，《论语》流布既已久远，原文中的字句或有误传，语义亦有变迁。虽然历有训诂、注疏，然而世易时移，才识各别，注家亦未必能全然中肯，难免生出些许疑难讹误。他对《论语》原文及注疏进行精读详审，发现其中颇多可疑之处。于是，他借助语言学手段从文字学、词汇学、句法学等层面对《论语》本文及注疏详加参究、思虑，力图修正补益。

史学和语言学是宫崎《论语》文献批评研究的两翼。他以史眼精读《论语》原文，对其中的疑难之处详参细究，指出误字、脱字、衍字、错简等原文中的问题以及句读、引文、文意、语意等训诂上的某些疑点。其中有的见解颇有所得，或有益于对原文的正确理解，似可成一家之言。有的见解则难免矫枉过正之嫌，而且其考证也有稍欠功力之处。

日本近代的《论语》文献研究中，山路爱山的《孔子论》体现出十分可贵的独立思考精神和较为理性的怀疑精神。首先，在官方学术神化孔子的阴霾笼罩着列岛的文化语境中，山路爱山综合运用文献批评以及社会历史学等手段，将孔子还原为"历史人物"。《孔子论》一书由"材料论"

"时势论"和"《论语》中的孔子"三个部分构成,其中"材料论"部分集中体现了作者重视文献考证的学术思想和方法。作者对几种中国古文献中关于孔子的材料进行分析和甄别,并得出结论认为:《中庸》《礼记·大学》《左传》《孟子》《易》《尚书》不可信,而《诗》《春秋》《论语》稍可信。当然,这里说的"可信""不可信"是就孔子相关记述而言的。山路爱山对典籍可信度的判定,主要是从以下四个角度展开的:第一,文献中所记孔子事迹是否符合史实人物这一基调;第二,文献版本是否古今传异;第三,据文献内容及思想判定今本是否古本;第四,旁征前人成果。其论证过程虽然不免些许矫枉过正之嫌,而且也呈现出一定的疑古倾向,但从整体上说,他的论证还是很严密、很有说服力的,其结论也有很多合理的成分。

其次,山路爱山将批判的矛头指向当时的官方学术。日本明治政府为巩固皇权统治而先后颁布了《教学大旨》(1879)、《改正教学令》(1880)、《幼学纲要》(1880)、《教育敕语》(1890)等,通过指导各级学校的教育,不遗余力地向日本国民灌输"忠孝"思想,鼓吹皇权的神圣性。其中《教育敕语》作为"教育圣旨"规定了日本学校的德育方针,也规定了全体国民所必须恪守的道德准则。此后,很多文人、教师为之"述意""衍义",为日本天皇驯化"忠良臣民"而摇旗呐喊。井上哲次郎受"文部省"之意撰写《勅语衍义》,利用儒家观念鼓吹皇权,大肆倡导"孝悌忠信"和"共同爱国",宣扬"服从实乃臣民之美德"。井上哲次郎将忠孝标榜为国民的伦理道德,实际上是"把德国国家主义,日本皇道主义和中国儒学思想合成一个体系"。以井上哲次郎为首的官方学术"强调了儒学的真精神在于孔子,而'孔教'就是儒学。可以说在日本文化史和日本汉学、中国学史上,孔子的地位在这个时代被置于至高无上的境地——美化孔子和神化孔子,成为这一学派从事学术研究的普遍手段"。这是当时日本哲学思想界的显著倾向。蟹江义丸的《孔子研究》利用丰富的资料为孔子做传记,堪为东京学派孔子研究的一个具有代表性的范例。山路爱山的孔子研究从文献批评入手,力图再现孔子时代的社会状况和时代背景,从而较为逼真地还原了史实人物孔子的形象。这就对为井上哲次郎大加赞赏的蟹江义丸《孔子研究》构成了犀利的批判和致命的冲击。同时，也对近代日本神化孔子、尊崇孔教以之为日本近代国家主义服务的官方学术发出不同的声音，表现出进步的学术立场，引发了一些进步学者的共鸣和学术上的支援。

山路爱山的孔子研究中最为可贵的是其批判精神。当然，山路爱山批判的标的不是孔子。他在《孔子论》序言中尊孔子为"日本思想界之共有"，这就表明孔子研究不应为官方学术所垄断，要为民间学者争得孔子研究的发言权。可见，其批判的靶子是官方学术的孔子研究，是井上哲次郎一派为服务于日本近代国家主义而美化孔子、神化孔子的所谓孔子研究。山路爱山通过文献批判最终表明自己的看法，即"孔子是历史上实有的人物"。不可否认这一认识是清醒而理智的。特别是当我们设想一下 20 世纪初这个时代背景的时候，我们不能不说这位民间学者不屈不挠于官方学术的独立精神和学术立场是难能可贵的。还有，山路爱山主张说"孔子是史实人物"，将孔子的文化遗产尊为"日本思想界之共有"，这对神化孔子的倾向来说是个巨大的冲击，同时也没有走向否认一切的疑古主义。

日本近代《论语》研究中，疑古思潮与文献研究相结合的代表性人物与研究是津田左右吉及其《〈论语〉与孔子的思想》。津田左右吉（Tsuda Saukichi）是活跃于日本大正、昭和时期的代表性史学家、思想史家，在日本文化、中国文化、印度文化研究方面著述甚丰，影响极大，世称其学为"津田学""津田史学"。津田中国学的一个显著特征在于其对中国思想文化，尤其是儒家思想的批判。《〈论语〉与孔子的思想》是津田中国思想研究的代表作之一，也是其《论语》研究的集成之作。津田宣称将《论语》视为纯粹的研究对象施以近代"学问的""本文批判"和"高等批判"，并在论证过程中属意于利用文献批评的手段，还将孔子语录材料与思想史相对照。津田的《论语》批判看似科学、严谨，不容置疑。然而，津田的《论语》研究似乎颇为特立独行。他标榜尊重孔子，却对《论语》中的孔子之言极尽怀疑；他声称还原孔子思想，却否定了大量的孔子之语；他主张通过《论语》解明孔子思想，却几乎肢解、瓦解、否定了孔子的学说体系。津田将《论语》和孔子思想定位为中国思想文化的核心和关键，否定了孔子之言和孔子思想，就等于在核心层面和关键部位否定了中国思想文化。津田对《论语》和孔子思想乃至中国思想文化的极力批判和否定，其实是事出有因的。从明治政府颁布《教育敕语》，到井上哲次郎撰《敕语衍义》宣扬忠君观念，再到服部宇之吉鼓吹孔子教，20 世纪上半叶的日本一直弥漫着盗用儒学以服务于皇权政治的浓厚阴霾。孔子和儒学遭到绑架，并被推为皇权论的"教主"和理论源泉。从这种意义上说，津田对《论语》及孔子思想的批判和否定实质上是对皇权论者的批判和否定，具有一定的进步意义。然而，从学术研究的角度来看，津田的谬误也是无法回避的。

日本近代的《论语》研究中，从皇权主义立场进行《论语》诠释的代表性学者是服部宇之吉。服部宇之吉是鼓吹孔子教的最具代表意义的人物之一，其孔子教是近代日本皇权论与《论语》诠释相结合的最为典型的歪理邪说。服部宇之吉通过三次诠释对孔子教的性质、内涵做了规定和诠释，完成了孔子教理论体系的构建。首先，他借孔子之名从儒教中提炼萃取出"孔子教"；其次，他将"孔子教"的中心规定于孔子的人格；再次，将孔子的天命诠释为行道。孔子教既非宗教，也不同于儒教，其中心范畴是孔子的人格。孔子的人格圆满、完全，他智、仁、勇三德完备，而一以贯之为仁。孔子的人格伟大、高尚，他修己以完善人格，知天命而尽人事。孔子的人格是孔子之道的体现，孔子之道即政治之道。同时，服部也根据孔子之教对孔子之徒的修学内容与目的做了规定，即他主张通过修学以养成人格，自觉、自信弘教行道的天命，并鼓动日本人民自觉自信"日本之天命"。当然，服部所弘之教、所行之道已然与真正的孔子思想相去甚远，他所谓的天命实际上也是别有他意的。他虚妄地认定"日本之新文明"为世界最高文明，终将"泽被世界""恩泽人类"，并且狂热地鼓动日本国民努力推进这一理想的实现。这是他对日本人与日本帝国的"天命"的规定。服部绑架了孔子，构建孔子教为日本皇权政治服务。不仅如此，他还主张一统天下，鼓吹将日本文化普及全世界，而且毫不隐讳地表明对武力的肯定。显然，他是想要使日本做世界的文化宗主，妄图使日本霸占世界。在服部孔子教的理论体系中，孔子人格是孔子教的中心。服部自命为孔子之徒，认为日本是孔子教的继承者。他主张日本人要通过努力修己以养成人格，力图接近孔子人格。但是，服部所鼓吹的孔子教及其所谓"日本之新文明""日本之天命"等，实质上已经与孔子学说的精神内涵相去甚远，也与他自己宣扬的孔子人格完全背离。对于服部宇之吉的荒谬诠释，必须加以客观考察和科学批判。

五　小结

他山之石，可以攻玉。在近代的学术文化语境中，日本知识界将各种思潮与论语学相结合，做出颇具民族特色的研究和诠释，并在很大程度上参与近代文化的构建。当然，日本近代的《论语》研究质地不一，玉石混杂。若是弃置不顾，那便是烂石一堆；若是加以拣选琢磨，或许能于其间发现一二珍宝。笔者认为，其中至少可以攻出四种玉来：其一，为《论语》研究提供一个参照；其二，对其歪曲诠释和荒谬解读进行科学地批判；其三，弄清日本近代《论语》研究的内在特质；其四，从论语学的侧面管窥近代日本的人文学术和社会文化。

参考文献

〔日〕濑尾邦雄：《孔子〈论语〉关系文献目录·单行本篇》，东京：明治书院，1990。

〔日〕山路爱山：《孔子论》，东京：民友社，1905。

〔日〕井上哲次郎：《勅语衍义》，东京：敬业社，1891。

〔日〕服部宇之吉：《孔子及孔子教》，东京：明治出版社，1917。

〔日〕武内义雄：《武内义雄全集第一卷·论语の研究》，东京：角川书店，1978。

〔日〕和辻哲郎：《孔子》，东京：岩波书店，1988。

〔日〕金谷治：《论语の世界》，东京：日本放送协会，1970。

〔日〕金谷治：《〈论语〉改訳版》，东京：岩波书店，1999。

〔日〕和辻哲郎：《孔子》，东京：岩波书店，1988。

〔日〕宫崎市定：《论语の新研究》，东京：岩波书店，1974。

《日本大百科全书》，东京：小学馆，1994。

严绍璗：《日本中国学史》，江西人民出版社，1991。

严绍璗：《日本中国学史稿》，学苑出版社，2009。

王晓平：《日本中国学述闻》，中华书局，2008。

张士杰：《试论山路爱山的孔子研究——以〈孔子论·材料论〉为例》，《日语学习与研究》2009 年第 3 期。

赵沛霖：《现代学术文化思潮与诗经研究——二十世纪诗经研究史》，学苑出版社，2006。

　　林庆彰：《日本研究经学论著目录（1900－1992）》，台北："中央研究院"中国文哲研究所筹备处，1993。

　　李庆：《日本汉学史·第三部》，上海外语教育出版社，2004。

　　刘萍：《津田左右吉研究》，中华书局，2004。

　　刘岳兵：《日本近代儒学研究》，商务印书馆，2004。

变异学视角下的六朝小说译介研究

——以《搜神记》与《世说新语》的英译为例

芦思宏[*]

摘　要： 在中国小说的发展史上，六朝小说肩负着承上启下的使命，是中国小说史研究的重要部分，也是海外汉学关注的热点问题。虽然六朝志怪小说的英译最早可追溯至 19 世纪早期，但《搜神记》与《世说新语》的全译本直至 20 世纪下半叶才陆续问世。本文结合比较文学变异学的理论基础，以杜志豪、柯润璞的《搜神记》与马瑞志的《世说新语》为材料，分析译者在各自文化特点、思维方式等因素的影响下，在翻译中呈现出的主体性特点，并将其与国内的英译本进行对照，分析同一文本在异质文化间的译介差异。在此基础上，对马瑞志等学者使用的省略、扩充、注释等翻译技巧进行探究，以期对六朝小说的再译起到积极的借鉴作用。

关键词： 变异学　《搜神记》　《世说新语》

在异质文化的传播中，由于传播主体的选择、语言体系的差异、接受主体的过滤等因素的影响，文学作品在流传至他国后势必会产生作用与反作用的过程，由此形成的文本变异现象成了变异学理论的前提与基础。比较文学变异学是将跨越性和文学性作为研究支点，通过研究不同国家间文学交流的变异状态及研究没有事实关系的文学现象之间在同一个范畴上存在的文学表达的异质性和变异性，探究文学现象差异与变异的内在规律性

---

* 芦思宏，大连外国语大学文化传播学院讲师。

的一门学科。①

从研究范围来看，变异学理论主要涉及五个方面。第一是跨国变异研究，典型代表是关于形象的变异学研究。20世纪中叶，基亚在《比较文学》中专列一章"人们看到的外国"对形象学进行论述，形象学也在不断发展中成了比较文学研究的一个分支。形象学的研究对象是在一国文学作品中表现出的他国形象，而这种形象是一种"社会集体想象物"②。第二是跨语际变异研究，典型代表是译介学。文学作品在流传至他国时将穿过语言的界限，通过翻译在目的语环境中被接受，在此过程中形成的语词变异是变异学所关注的焦点。在当下的研究视野中，译介学已不再满足对"信、雅、达"的强调，转而突出在翻译过程中的"创造性叛逆"，这也促使译介学成为一种文学变异研究。第三是文学文本变异，典型代表是文学接受学研究。从变异学的角度出发，接受方受主体的审美与心理等因素的影响，这种无法实证的变异现象是变异学研究的重要内容。第四是文化变异学研究，典型代表是文化过滤。比较文学变异学的基础在于对异质文化与文学的比较分析，而文学作品与现象在不同国家的穿梭中必然会受本土文化限制，接受方在文化传统的影响下对外来信息进行选择、改造、移植，从而产生文化层面的变异现象。第五是跨文明研究，典型理论是文明对话与话语变异问题。赛义德认为，当一种文学理论从一个国家旅行到另一个国家后，这种理论话语必然会产生变异。③

虽然六朝小说在海外传播的历史较早，但与《西游记》《金瓶梅》《水浒传》《红楼梦》等其他中国长篇小说相比，六朝小说的英译不仅起步较晚，全译本的数量也极为有限。六朝小说大多篇幅短小、情节简单，在各个方面的成就均不能与明清时期的长篇小说媲美。但六朝小说承担着承上启下的关键作用，在文体、主题、人物等方面深刻影响了后世的小说创作，尤其是此时诞生的志怪小说代表《搜神记》与志人小说代表《世说新语》，其艺术成就更是达到了唐前的巅峰水平。因此，系统总结英语世界

---

① 曹顺庆主编《比较文学概论》，中国人民大学出版社，2011，第150页。
② 〔法〕基亚：《比较文学》，颜保译，北京大学出版社，1983，第170页。
③ 曹顺庆、芦思宏：《变异学与东西方诗话的比较研究》，《安徽师范大学学报》（人文社会科学版）2016年第1期。

中关于六朝小说的译介和研究情况，对于国内外六朝小说的研究推进均具有积极的意义。

就六朝小说的全译本数量来说，目前完整的国外英译本只有两种，均产生于 20 世纪 70 年代之后，即 1976 年马瑞志的《世说新语》英译本，1996 年杜志豪、柯润璞的《搜神记》英译本，其他散见于中国文学的选译本或学位论文之中。此外，如《拾遗记》《幽明录》《搜神后记》等其他六朝志怪小说的章节翻译也都分布得较为零散，缺少全译本间相互比较的条件。值得庆幸的是，国内对六朝小说的英译工作起步颇早，1949 年后为配合中国文化的推广，杨宪益、戴乃迭夫妇翻译的《汉魏六朝小说选》（Selected Tales of the Han，Wei and Six Dynasties Periods）、《不怕鬼的故事》（Stories about Not Being Afraid of Ghosts）等相继刊登于《中国文学》（Chinese Literature）上，选取了六朝小说中的一些重要篇目进行翻译。2004 年，上海古籍出版社出版了马照谦的《绘画世说新语评点·英译珍藏本》，著名的翻译家丁往道也有《搜神记》的全译本著作。国内学者们对六朝小说的译介工作，为中西比较研究提供了良好的基础，这样不仅能从英译本中分析六朝小说的译介特点，也能从跨文明的视角探讨中西方对六朝小说的译介差异。据此，笔者主要从三个方面展开，一是从译者的文化背景出发，分析主体性对英译本翻译的影响；二是通过中西译本间的对比研究，分析异质文化所造成的译介差异；三是分析省略、扩写、注释等翻译策略的运用。

一　译者主体性对英译本翻译的影响

两种异质文明的语言翻译并非易事，对中国古代典籍的翻译更是如此。译者除了要面对翻译中的常规问题外，还要面对中国典籍中的文化话语、专有名词以及复杂的历史环境，如何在保持中国典籍原有意蕴的前提下，清晰明白地向西方读者介绍中国古代文学，对译者也是一项严峻的考验。区别于日常翻译与科技翻译，文学翻译的最大特点是它所使用的不是一般的语言，不是一般意义上的仅仅为了达到交际和沟通信息目的而使用的语言。正如著名文学家茅盾所说，文学的翻译使用另一种语言，它把原作的艺术境界传达出来，使读者在读译文的时候能够像读原作时一样得到启发、感动和美的感受。"① 可见，文学翻译是译者使用的一种具有美学功能的艺术语言，要求译者对原文本重构与再现，翻译作品要能够表现出作家在创作时所创造的艺术世界，因此译者必须殚精竭虑寻求最为恰当的语言来进行翻译。在此过程中，作品也势必会受到译者的主体性影响，呈现出与原文本所不同的艺术特点。译者主体在翻译的过程中，为了适应目的语读者的阅读与审美习惯，必须运用各种手段和策略来表现原著中的艺术特色，在此过程中翻译不再是简单的语言转换，而是一种创造性的转换。自 20 世纪 90 年代以来，译介学开始在国内蓬勃兴起，1999 年谢天振教授总结了埃斯皮卡（Robert Escarpit）提出的"创造性叛逆"，并做出了进一步阐述：

> 创造性叛逆并不为文学翻译所特有，它实际上是文学传播与接受的一个基本规律。我们甚至可以说，没有创造性叛逆，也就没有文学的传播与接受。……一旦一部作品进入了跨越时代、跨越地理、跨越民族、跨越语言的传播时，其中的创造性叛逆就更是不言而喻的了，不同的文化背景、不同的审美标准、不同的生活习俗，无不在这部作品上打上各自的印记。这时的创造性叛逆已经超出了单纯的文学接受的范畴，它反映的是文学翻译中的不同文化的交流与碰撞，不同文化的误解与误释。创造性叛逆的这一性质，使得文学翻译的创造性叛逆在比较文学研究中具有了特别的意义。②

作为变异学理论的重要分支，译介学强调的"创造性叛逆"也为跨文明比较文学的研究提供了坚实的理论依据。正如曹顺庆教授所说："译介学是比较文学变异学中研究语言层面的变异的分支学科，它关注的是跨语际变异（interlingual translation）过程中发生的种种语言变异现象，并探讨产生这些变异的社会、历史以及文化根源。"③ 下文借助译介学的相关理论

---

① 茅盾：《为发展文学翻译事业和提高翻译质量而奋斗》，载《翻译研究论文集（1949 - 1983）》，外语教学与研究出版社，1984，第 10 页。
② 谢天振：《译介学》，上海外语教育出版社，1999，第 141 页。
③ 曹顺庆主编《比较文学教程》，高等教育出版社，2006，第 111 页。

分析译者主体性对于六朝小说翻译的影响。

（一）杜志豪、柯润璞与《搜神记》英译

《搜神记》英译本的译者杜志豪（DeWoskin，Kenneth J.），师从声名卓著的汉学家夏志清先生，1974 年以"搜神记与志怪传统——一种书目学与文类学研究"为题，在哥伦比亚大学获得了博士学位，此后致力于《搜神记》与中国志怪小说的研究。作为美国最杰出的汉学家之一，杜志豪长期担任内密歇根大学亚洲研究系主任，在就职于迪洛伊特－图什会计师事务所的十多年来，他几乎有一半的时间在中国度过，其家人也多与中国文学结下了不解之缘。柯润璞（James Irving Crump，Jr.），又译为柯迁儒，是美国汉学界杰出的翻译家和西方元杂剧研究的开创者。柯润璞 1950 年毕业于耶鲁大学，其导师是著名的汉学家金守拙，在执教于密歇根大学安娜堡分校期间，一直在此从事中国白话小说的相关研究。柯润璞最为学界熟知的是他在元杂剧领域所做出的杰出贡献，代表专著《忽必烈汗时期的中国剧场》是英语世界元杂剧研究的奠基性著作，他同时也发表了一系列译著和期刊论文。1996 年，柯润璞与杜志豪合作，翻译了全本《搜神记》（英译本 *In Search of the Supernatural：The Written Record*），译著的扉页上写道："此书献给我们各自的导师金守拙和夏志清先生。"

《搜神记》与其他志怪小说的英译起步较早，虽然最早可追溯至 19 世纪初叶，但杜、柯的英译本却是英语世界中第一本《搜神记》全译本。在中国文学的早期研究历史中，志怪小说一直处于边缘地位，不受主流的研究学者重视，直到"中国小说起源"问题提出后，志怪小说的研究才得以广泛开展，英语世界中对志怪小说的研究历史也相对较为短暂。1974 年，杜志豪的博士论文《〈搜神记〉与志怪传统——一种书目学与文类学研究》，将志怪小说作为一种文体类型进行分析，并探究其对后世鬼神小说创作的影响，是关于《搜神记》与志怪小说较早的研究成果。此后，杜志豪以《搜神记》为研究基础，展开了自己的汉学研究，并有相关研究成果问世。杜、柯二人合作的英译全本《搜神记》，填补了英语世界中《搜神记》译介的一大空白，该译本在问世后受到了诸多汉学研究者的广泛关注，诸如康儒博、傅飞岚、司马德琳等均就此译本发表过书评。杜、柯的

英译《搜神记》除完成了全部464则故事的翻译外，还在附录部分补充了《搜神记》的成书性质、历史版本、词语对照等内容，有助于西方读者对《搜神记》一书的阅读和理解。尽管该译本存在着较多的理解偏差、误译漏译、注释不足的问题，但杜志豪与柯润璞二位的开山之功却不可小觑，为今后《搜神记》的再译提供了宝贵的经验与借鉴。

虽然杜志豪与柯润璞二位都是当代著名的汉学家，但由于二位并没有成长于汉语的语言环境之中，又均非专门研究中国中古文化与《搜神记》的学者，缺乏对中古时期文化背景的深刻理解，因此杜、柯的《搜神记》英译本也有很多不尽如人意的地方。

第一，《搜神记》的英译本没有注释，这就给西方读者造成了极大的阅读障碍。《搜神记》的故事大多较为简单，翻译的难点不在于人物塑造、环境渲染、情节起伏的部分，而在于故事中渗透出的受佛教、道教影响下的魏晋文化内涵，其中一些文化术语涉及作者们对于世界的认知和感受，如何能完整地呈现《搜神记》的文化意蕴是译者所要面对的首要问题。在此前提下，《搜神记》的英译必须要配以详尽的注释内容，解释文中所出现的文化负载词及其背后的深层文化意义，才能更好地被西方读者接受。相较而言，《世说新语》的译者马瑞志教授得益于自幼的汉学功底和语言环境，不仅完整翻译了刘孝标的注释，还结合自己的理解加以补充。第二，文化术语的误译。受制于译者对中国语言、文化、宗教等方面的认识不足，杜、柯译本在涉及文化负载词的翻译时多有误译，影响了《搜神记》英译本的整体艺术效果。兹举几例加以证明。如《卷三·第四十九》中，钟离意说："夫子，圣人。所以遗瓮，欲以悬示后贤。"杜、柯译本将"圣人"译为"Saint"，但在英语中"Saint"除了"圣人"的意思外，更多的是"神仙"的意思，此处应用"Sage"较为恰当，而在翻译《卷一·第十三》的时候，又将"神仙"译为"Sage"，而没有选择更为合适的"Saint"或"Immortal"。尽管两词在译为中文后没有太大的差别，但在英文中却有细微差异。而且，杜、柯译本在文化负载词的选择上出现过多次失误，如《卷六·第一百二十四》中记："景帝十六年，梁惠王田北山。有献牛足上出背上者。刘向以为近牛祸。""牛祸"意为灾难的征兆，即丁往道先生所译的"According to Liu Xiang, the bull was an omen of disaster"，而非杜、柯所译的"这是属于牛类的坏征兆"（Liu Hsiang was of the opinion that this belonged to the bovine class of bad portent）。此外，译者在遇到自己难以理解的部分，以"＊"或"？"加以标注，在注释中承认自己在阅读时所遇到的困惑，而这种错误是不该在专业译著中出现的。如此种种，不一而足，反映了译者对于文言文和文化背景的认识不足。

（二）马瑞志与《世说新语》

1914 年，马瑞志教授出生于中国河北保定，父亲是清朝末年来华的著名传教士马德牧师。马瑞志童年就学于北京城附近的通县，自幼热爱汉语，尤其是对中国史籍极为喜爱。马瑞志于 13 岁时返回美国求学，1935 年以优异的成绩获得普林斯顿大学艺术与考古学学士学位，后于 1939 年获得普林斯顿神学院神学学士学位，并于弗吉尼亚州担任牧师一职。马氏在回中国传教的行程被阻后，开始在伯克利加州大学东方语言学专业学习，并于 1949 年获得了语言学博士学位。在加州大学学习期间，马瑞志师从白俄著名学者卜弼德（Peter Alexis Boodberg）与中国著名的语言学家赵元任教授，此后一直致力于中国中古文学与文化的研究。在追溯自己研究《世说新语》的缘起时，马瑞志教授说：

> 我对汉学研究兴趣产生在很大程度上要归因于这样一个事实：即我的父母是传教士，我在保定度过了我一生中的头十三年。……在京都的两个度假年，我结识了日本京都大学人文科学研究所的一批学者，他们正聚在一起按部就班地搞日译本《世说新语》。他们也邀请我参加他们的工作，搞一个英语译本《世说新语》以与其日文译本相匹配。①

马瑞志的英译《世说新语》，是其汉学研究的代表成就之一，为海外汉学的发展做出了难以估量的巨大贡献。首先，马译本在结构框架上十分严密，既有西方理性系统的科学精神，又体现了中国传统的校勘传统，这种融会中西的研究方法得益于马瑞志多年积淀的中学和西学素养。《世说

---

① 范子烨：《马瑞志的英文译注本〈世说新语〉》，《文献》1988 年第 3 期。

新语》英译本由前言、正文、附录三部分构成，前言部分有《自序》《导论》《附志》三部分；正文详尽地翻译了《世说新语》中的三十六门、1134 则故事。附录则有《传略》《释名》《缩写》《书目》《索引》五部分。马译本《世说新语》全书共计 741 页，作为英语世界中《世说新语》的唯一全译本，其重要的研究价值不言而喻。

其次，马瑞志对中国中古文化的再现，使其在英译后最大限度地呈现出本来面貌，没有因为语言的传递而失去内在的文化意蕴。《世说新语》中的故事情节都较为简单，人物刻画也并不复杂，但在语词中蕴含的悠远韵味却是《世说新语》的翻译难点。正如马瑞志所说：

> 《世说新语》中并没有什么神秘到外国人难以理解的东西。这部书记载的逸闻轶事、绘画言谈乃至人物性格大部分都是只要稍加替换就可能在任何社会上发生的。因此，我在复述它们的时候，尽可能做到接近原来的形式，尽管这种做法将导致对英文用法的某种"破格"，但我觉得这样逐字逐句地保留原文的意象和观念较之从英文中寻找虽然接近作者"用意"，却改变了原貌的相应词句要好得多。①

马瑞志的翻译不拘泥于中文的字面含义，而是寻求英文中最为恰当的、最能传递深层含义的词语来表现原文，而成就马译本价值的关键也正在于此。以《世说新语》三十六门的名称翻译为例（见表1）。

表1　《世说新语》三十六门的名称翻译

序号	中文名称	英译
1	德行	Virtuous Conduct
2	言语	Speech and Conversation
3	政事	Affairs of State
4	文学	Letters and Scholarship

---

① Richard B. Mather, *Shih-shuo Hsin-yu*: *A New Account of Tales of the World*（Second Edition）. The University of Michigan, 2002.

序号	中文名称	英译
5	方正	The Square and Proper
6	雅量	Cultivated Tolerance
7	识鉴	Insight and Judgment
8	赏誉	Appreciation and Praise
9	品藻	Grading Excellence
10	规箴	Admonitions and Warnings
11	捷悟	Quick Perception
12	夙惠	Precocious Intelligence
13	豪爽	Virility and Boldness
14	容止	Appearance and Manner
15	自新	Self-renewal
16	企羡	Admiration and Emulation
17	伤逝	Grieving for the Departed
18	栖逸	Reclusion and Disengagement
19	贤媛	Worthy Beauties
20	术解	Technical Understanding
21	巧艺	Skill and Art
22	宠礼	Favors and Veneration
23	任诞	The free and Unrestrained
24	简傲	Rudeness and Arrogance
25	排调	Taunting and Teasing
26	轻诋	Contempt and Insults
27	假谲	Guile and Chicanery
28	黜免	Dismissal from Office
29	俭啬	Stinginess and Meanness
30	汰侈	Extravagance and Ostentation
31	忿狷	Anger and Irascibility
32	谗险	Slander and Treachery
33	尤悔	Blameworthiness and Remorse
34	纰漏	Crudities and Slips of the Tongue
35	惑溺	Delusion and Infatuation
36	仇隙	Hostility and Alienation

对照这些译文，可以清楚地看到马瑞志对中国文化术语的翻译处理，体现了中文词汇中的文化意蕴，使其能更好地被国外读者所接受。例如"文学篇"，普通人可能会不加思索地译为"Literature"，但马瑞志却译为"Letters and Scholorship"，即"文章与学术"。"文学"一词虽在先秦时期业出现，即孔子在《论语》所说的"文学，子游子夏"，但其意义并非是现在所说的以语言来表现客观世界和主观情感的表现形式，而应解读为"文章博学"之意。参照"文学篇"中的内容而言，多是形容魏晋士人的强闻博记、知识渊博，马氏的翻译如实传递了"文学"的真正含义。另如将"雅量"译为"Cultivated Torlerance"，将"品藻"译为"Grading Excellence"，将"自新"译为"Self-renewal"等，都可见马瑞志深谙中西语言的深层含义，才能如此完美地实现二者间的自然转换。

此外，马瑞志的贡献还在于对《世说新语》材料的整理与补充，并于书后附以近 200 页的补充。《传略》部分概述了《世说新语》一书中所出现的 626 则小传，具体内容包括人物的姓名、字号、异名、尊名、乳名、生卒年月、活动时间、出现条目，以及对刘孝标注释的补充介绍，这样琐碎细致的工作，便于读者随时查询相关条目，避免了国外读者对《世说新语》人物的混淆。另外，马瑞志对书中出现过的文化术语与官职进行了总结和注释，先列出中文词汇的拼音标注，再用英文加以解释，便于西方读者阅读和理解。最为重要的是，马瑞志所做的书目索引，总结了《世说新语》研究涉及的绝大多数参考材料，马氏将其分为《世说新语》文本、《世说新语》译本、专门研究（即中外学者研究《世说新语》的专著和论文）、背景研究（六朝社会、历史、文化等方面的国内外成果）。马氏这一书目的编撰，为研究《世说新语》的学者提供了极大的便利，研究者只要随手查阅即可找到所需材料，而不必将精力过多地放在资料的搜集整理上。

二　异质文化间的翻译比较

在跨文明的研究视域下，翻译并不仅仅是两种文本之间的语言转换，而且是一种跨文化的交流活动，如何能够跨越文化的藩篱传达文本的真实意义，是异质文学译介中所要关注的首要问题。文学与语言二者之间相互渗透、相互影响，文化根植于语言之中，语言是文化的载体，如不了解语言背后的文化底蕴，就无法在异质文化间传递出原文本的精髓。由于中西文化在知识背景、思维方式等方面的迥异特点，造成了中国古代文学在翻译的过程中，必然会产生一系列的文化过滤现象。所谓文化过滤，"是跨文化文学交流、对话中，由于接受主体不同的文化传统、社会历史背景、审美习惯等原因而造成接受者有意无意地对交流信息选择、变形、伪装、渗透、创新等作用，从而造成源交流信息在内容、形式发生变异，文化过滤具有明确的方向性与功利性特征。"[1] 中西文化的异质性，存在于国家、民族、文化等各方面，既是翻译所要面对的首要前提，也是跨文明背景下对翻译工作提出的挑战。在西方翻译领域中，较早关注异质文化影响的是尤金·奈达，他认为作为文化的重要载体，语言的异质性反映了文化的内在差异，决定了不同语言背景的人们持有不同的观点和判断标准，所以两种语言之间并没有完全对等的词语。尤金·奈达提出，"译者应该着眼于原文的意义精神，不拘泥于语言形式对应，以期达到译文在译入语文化环境中产生在源语文化环境中相应的效果。"[2] 作为真实反映魏晋文化、哲学、生活等内容的文学文本，六朝小说背后隐藏的文化意蕴给英语世界的译者造成了种种障碍，这主要取决于异质文化间不同的语言习惯和思维方式，下文选取中西方译者的译文选段加以比较分析。

《搜神记·卷十八》中有一则"斑狐"的故事，大意为张华在晋惠帝时担任司空一职，以聪明博学而闻名天下。当时燕昭王墓前有一只花纹斑驳的狐狸，这只狐狸修炼千年，能够任意变化形态，于是变成书生的样子去拜谒张华。张华与斑狐展开了热烈的讨论，原文为：

> 华见其总角风度，洁白如玉，举动容止，顾盼生姿，雅重之。于是论及文章，辨校声实，华未尝闻。比复商略三史，探赜百家，谈

---

① 曹顺庆主编《比较文学学》，四川大学出版社，2005，第 273 页。

② Nida, Eugene A., *Language and Culture: Contexts in Translation*, Shanghai Foreign Language Education Press, 2001, p. 79.

老、庄之奥区，披风、雅之绝旨，包十圣，贯三才，箴八儒，适五
礼，华无不应声屈滞。

杜志豪、柯润璞的译文：

Chang in turn was impressed by this fashionable scholar with his youthful
hairdo, his jade-white complexion, and his elegant manners. He treated him with
great respect, and they discussed literature-arguing. The differences between
name and substance. They discussed the Three Historical Works and investigated
the philosophers' theories including the hidden meanings of Lao-tzu and Chuang-
tzu. They criticized the ultimate significance of Kuo-feng and the Ta-ya, covered
the Three Realms-Heaven, Earth and Man-summed up the wisdom of the ten sa-
ges, the confucian disciples, and the Five Ceremonies: in all of these arguments
Chang Hua was stopped, stultified, and could not answer the fox. [1]

丁往道译文：

On seeing his guest, young, handsome and gracious, with expressive eyes
and skin as white as jade, Zhang Hua was impressed. When they discussed some
literature masterpieces and questions of "name" and "substance", Zhang Hua
found his guest's views novel. They went on to comment on the three famous his-
torical works, the theories of the ancient hundred schools of thoughts, the profun-
dity of the Laozi and Zhuangzi, the motifs of the ballads and hymns in the *books
of songs*, the doctrines of the ten great sages, the relations between Heaven,
Earth and Man, the weakness of the eights confucian schools, and the five cate-
gories of rites. On all these Zhang Hua had to agree with and had difficulty in ar-
guing with his guest. [2]

---

① Dewoskin, Kenneth J. & Crump, J. I. Jr. *In Search of the Supernatural: The Written Record.*
Stanford: Stanford University Press, 1996, p. 217.
② Ding, Wangdao, *Anecdotes about Spirits and Immortals*, Foreign Language Press, 2004, p.
990.

杨宪益、戴乃迭的译文:

When Zhang hua saw this debonair young scholar with his jade-white complexion and graceful, charming manner, he showed him great respect. They talked of literature, arguing about form and substance, and Zhang hua learned much hitherto unknown to him. Then they discussed history and philosophy, the hidden meaning of Lao Zi and Zhuang Zi, the finer points of *The books of songs*, the ten sages, the three virtues, the eight schools of Confucianism, the five types of ceremony——and Zhang Huawas worsted in every argument. ①

"斑狐"这则故事中出现了如"三史""百家""老庄""风雅"等多个中国的文化负载词,通过对三种译文的对比,可以体现出异质文化的译者对于这些词语的理解程度(见表2)。首先,杜志豪和柯润璞的译文选择了逐字逐句的直译方法,较为直接地将原文译为通俗易懂的英语语言。但正如前文所言,杜、柯的译本中没有对文化负载词的注释说明,对西方读者造成了极大的阅读障碍,这也是杜、柯译本被学界所质疑的重要原因。尽管杜、柯二位都是知名的汉学家,但在某些关键词的翻译上仍显得有些

表2　《搜神记》中斑狐故事的不同译法

中文原文	杜志豪、柯润璞译文	丁往道译文	杨宪益等译文
总角风度,洁白如玉,举动容止,顾盼生姿	his youthful hairdo, his jade-white complexion, and his elegant manners	young, handsome and gracious, with expressive eyes and skin as white as jade	his jade-white complexion and graceful, charming manner
商略三史	discussed the Three Historical Works	comment on the three famous historical works	discussed history
探赜百家	investigated the philosophers' theories	(comment on) the theories of the ancient hundred schools of thoughts	(discussed) philosophy
老、庄之奥区	the hidden meanings of Lao-tzu and Chuang-tzu	the profundity of the Laozi and Zhuangzi	the hidden meaning of Lao Zi and Zhuang Zi
风、雅之绝旨	the ultimate significance of Kuo-feng and the Ta-ya	the ballads and hymns in the *Books of songs*	the finer points of *The books of songs*

---

① 杨宪益、戴乃迭英译,汪龙麟今译《汉魏六朝小说选》,外文出版社,2006,第122页。

中文原文	杜志豪、柯润璞译文	丁往道译文	杨宪益等译文
包十圣，贯三才，箴八儒，适五礼	covered the Three Realms-Heaven, Earth and Man-summed up the wisdom of the ten sages, the confucian disciples, and the five ceremonies	the doctrines of the ten great sages, the relations between Heaven, Earth and Man, the weakness of the eights confucian schools, and the five categories of rites	the ten sages, the three virtues, the eight schools of Confucianism, the five types of ceremony

力不从心。例如"总角"一词，出自《诗经·齐风·甫田》中的"婉兮娈兮，总角丱兮"，意指未成年的少年，"总角风度"是用来形容少年人聪慧敏捷的样子。杜、柯将"总角风度"译为"youthful hairdo"，过于拘泥于字句之间，反而偏离了原文的意义，不若丁往道直接译为"young"。又如在翻译"风、雅"时，杜、柯将其译为拼音的"Kuo-feng and Ta-ya"，但此处的"风雅"就是指《诗经》一书，因此丁往道与杨、戴均译为"the books of songs"，杜、柯的译文既不能令读者理解，又失去了原文的文化意蕴。另如"百家""奥区""五礼"的翻译，也都有不尽如人意之处。其次，丁往道先生常年从事英语教学与中国文化典籍的译介工作，对于文化负载词的翻译功底优于其他译者，能够较为恰当地选择对应的译文传递原意。如在翻译"总角风度"一句时，丁往道并未选择直译的方法，而是选取了几个能够表现斑狐外貌气质的词语，以言简意赅的方式塑造出了一位优雅迷人、风度卓绝的书生形象，其中将"顾盼生姿"译为"with expressive eyes"更是传神。另如"奥区"一词，杜、柯与杨、戴均译为"the hidden meaning"，虽然表现出原文的意思，但却总使人感到有些单薄，丁往道选取的一词"profundity"则凸显了老庄思想的深度。再次，杨宪益、戴乃迭的译文出自《汉魏六朝小说选》，由于选文涉及的文本较多，且译介目的是传播中国文化，所以杨、戴的译文相对简洁通俗，虽然在文化负载词的翻译上优于杜、柯的译本，但整体的艺术效果不如丁往道先生，如"五礼"在汉学界多被译为"five rites"，而不是杨、戴使用的"five types of ceremony"。

《世说新语·德行》中有一则"荀巨伯却贼"的故事，原文为：

荀巨伯远看友人疾。值胡贼攻郡，友人语巨伯曰：“吾今死矣，子可去。”巨伯曰：“远来相视，子令吾去，败义以求生，岂荀巨伯所行耶！”贼既至，谓巨伯曰：“大军至，一郡尽空，汝何男子，而敢独止？”巨伯曰：“友人有疾，不忍委之，宁以我身代友人命。”贼相谓曰：“我辈无义之人，而入有义之国。”遂班军而还，一郡并获全。

马瑞志译文为：

Hsün Chü-po had come from a distance to visit a sick friend. It happened just then Hu bandits attacked the commandery. The friend said to Chü-po, "I'm going to die now, anyhow. You may as well leave."

Chü-po replied, "I came a long distance to see you, and now you are telling me to leave. Is destroying morality to save his own life something Hsün Chü-po would do?"

After the bandits arrived they said to Chü-po. "A large army has arrived and the entire commandery is deserted. What sort of man are you that you dare to remain here alone?"

Chü-po replied, "My friend is sick and I can't bear to abandon him. I would rather give myself up for my friend's life."

The bandits talked it over among themselves and said, "We are people without morality who have entered a state where morality prevails." And forthwith they withdraw their army and returned to home, and the entire commandery was preserved intact. [1]

杨宪益、戴乃迭译文为：

Xun jubo travelled a great distance to see a friend who was ill. The place was being attacked by the Huns when he went.

"I shall die here." said his friend. "You had better go."

---

[1] Richard B. Mather, *Shih-shuo Hsin-yu: A New Account of Tales of the World* (Second Edition). The University of Michigan, 2002, p. 4.

"I came all this way to see you." retorted Xun. "And now you tell me to leave! How can I act against my conscience simply to save my skin?"

The invaders came and said to him, "At our greay army's approach the whole district has fled. Who are you that dare to stay here?"

Xun replied, "My friend is ill and I cannot leave him. Let me beg you to take my life instead of his."

Then the Huns said: "We are wicked men coming to the land of the just." They withdraw their troops and the whole district was spared. [①]

马照谦译文:

Xun jubo went to a long way to see a ailing friend in a city, which was being assaulted by enemy. His friend said to him, "I can't live over today. You should leave as quickly as possible." But Xun refused him. After the city was taken the enemy asked Xun. "Every time when we arrive, all the dwellers will flee from sight. How dare you stay behind alone? What are you?" Xun replied, "I cann't bear deserting my friend. I would rather give up my life for his." They said to each other after hearing his words, "We, the immoral people, arrived in the country of morality." So they withdrew from the city, and it was kept from total destruction. [②]

在这一段中出现了几个专词或专句，如何对这些有特定含义的句段进行翻译，是传递原文意义的关键所在，具体比较参照表 3。

表 3 "荀巨伯却贼"的英译差别

原专词	马瑞志译文	杨、戴译文	马照谦译文
胡贼	Hu bandits	Huns	enemy
郡	commandery	The place	city

---

① 杨宪益、戴乃迭英译，汪龙麟今译《汉魏六朝小说选》，外文出版社，2006，第 442 页。
② （南朝·宋）刘义庆原著《绘画世说新语·英译珍藏本》，陈力农绘画，张澈助读，马照谦英译，上海古籍出版社，2004，第 5 页。

续表

原专词	马瑞志译文	杨、戴译文	马照谦译文
败义以求生	destroying morality to save his own life	act against my conscience simply to save my skin	refused
委	abandon	leave	desert
我辈无义之人	We are people without morality	We are wicked men	We, the immoral people
一郡并获全	the entire commandery was preserved intact	the whole district was spared	it was kept from total destruction

通过"荀巨伯却贼"这一故事的译文比较，可以看到在翻译这些带有文化色彩的句段时，三位译者有不同的理解，直接影响了英译文的表现效果。首先，马瑞志虽非中国人，但自幼生长于中国的语言环境之中，又醉心于中国的文化典籍，回国后毕生致力于中国中古文学的研究，深谙中英文间的语词表现力，能够选择最为恰当的词语对《世说新语》的原文进行翻译。如马瑞志将"胡贼"译为"Hu bandits"，除了最贴近原文意义外，还在注释中补充了"胡"的定义，即"以匈奴、鲜卑和土尔吉斯坦后裔为代表的中国北方或西北方的非中国部族，据记载于155～166 年间常在边境发动侵略。"① 这种译法不仅最大程度地忠于原文，在注释中的补充内容也能使读者对故事的发生背景有更清晰的了解。另如，马瑞志将"一郡并获全"译为"the entire commandery was preserved intact"，其中"intact"一词的使用，完整再现了由于荀巨伯舍生取义的人格感动了敌人，最终保全了本郡的所有人民。其次，杨宪益、戴乃迭夫妇为中国的典籍翻译做出了巨大贡献，他们是最早把中国古典文学名著译成英文的作家之一，作品从先秦散文、诗经楚辞到《水浒》《红楼梦》《鲁迅全集》，乃至现当代文学作品等百余种。由于杨、戴夫妇涉猎的文学作品较广，《汉魏六朝小说选》的选译也是为了中国传统文学的对外传播，该译本的翻译虽然较为简略，但仍然渗透着译者背后的中华文化精神。"败义以求生"体现了对古代伦理观念"义"的重视，士人们往往将其视为比生命更为重要的节操，中国

① Richard B. Mather, *Shih-shuo Hsin-yu: A New Account of Tales of the World* (Second Edition), The University of Michigan, 2002, p. 5

神话、故事中多有"舍生取义"的人物形象。杨、戴夫妇将此句译为"act against my conscience simply to save my skin"，做出了一种非常合理的扩写，将"conscience"与"skin"进行对比，孰轻孰重一目了然，表现出荀巨伯不惧死亡的大义凛然，突出了英译文的艺术感染力，也使得后文以人格"却敌"的情节更为生动。再次，相较于马瑞志和杨、戴的英译本，马照谦的译文显得较为简单，在许多词语的翻译中没有体现出与中国文化对等的英文含义，因此译文在语言的表现力上不如其他两个译本。如将"胡贼"简单译为"enemy"，将"郡"译为"city"，都损害了原文本中的文化内涵。荀巨伯所说的"远来相视，子令吾去，败义以求生，岂荀巨伯所行耶"一句，凸显了英雄人物的性格特点，但马照谦的译文却直接忽略此句的翻译，而以"refused"一带而过，没能使读者感受到荀巨伯的人物魅力。而"We, the immoral people"这种中式英语的运用，使得英译文显得不伦不类。

三　扩写、简写、注释等翻译策略的运用

在异质文化的环境中，译者在翻译中西文学作品时常会陷入两难的境地：一方面，译者若是保留全部的原文风格和文化韵味，就必须要对文中出现的异质性内容做出充分的解释，但过多的阐释性内容会使小说叙事的流畅度受到影响；另一方面，译者如果大量忽略文化负载词的翻译，采用简单意译的处理方式，又会过滤掉中国古典小说中的独特底蕴。由于中西方读者在阅读习惯上存在着巨大差异，所以要求译者根据具体情况采用扩写、简写、注释等多种翻译策略，在原文与译文间寻求一种平衡，既能保证叙事的流畅进行，又不过多损害中国小说的文化本质，力图译出一种能够全面展示中古世界又能让读者产生审美感受的译本。

在杜志豪和柯润璞的《搜神记》译本中，经常出现对人物语言对话的扩写，将平实的文言语句改写为简短的诗句，有时甚至带有韵律，丰富了原文中的词语和语调韵味。尽管由于受到语言背景等因素的影响，杜柯的扩写有时并不十分恰当，但他们对扩写策略的使用，契合了西方读者的阅读兴趣，是跨文化译介的重要尝试。如《搜神记》中有一则"干将莫邪"

的著名故事，故事的开头讲道：

> 楚干将、莫邪为楚王作剑，三年乃成。王怒，欲杀之。剑有雌雄。其妻重身当产。夫语妻曰："吾为王作剑，三年乃成。王怒，往必杀我。汝若生子是男，大，告之曰：'出户望南山，松生石上，剑在其背。'"于是即将雌剑往见楚王。王大怒，使相之："剑有二，一雄一雌，雌来雄不来。"王怒，即杀之。

在"剑有二，一雄一雌，雌来雄不来"一句的翻译上，杨戴夫妇与丁往道都是直接翻译，并未做太多特殊处理。杜志豪和柯润璞的译文却将其翻译为短诗，即"Male and Female, Swords there are two; Female will come, Male won't give to you."① 杜柯译本的翻译，为平实的语言赋予了节奏，使读者更能感受到当时环境的紧张，对于凸显主题起到了很好的艺术效果。杜、柯译本善于将语言扩写为诗句，这种翻译策略在"韩凭夫妇""天上玉女"等故事条目中均有运用。

基于深厚的汉学功底和文学素养，马瑞志先生在翻译《世说新语》时，在很多条目中运用了简写的策略，在不损害故事的文化内涵的基础上，使西方读者更易于阅读和理解。如《品藻》中有一则：

> 郗嘉宾道谢公："造膝虽不神彻，而缠绵纶至。"又曰："右军诣嘉宾。"

对此，徐震堮先生曾注释指出，根据全文的语境来看，"嘉宾"二字可能为衍文。马瑞志对"造膝"句的翻译为"In an inmate knee-to-knee discussion, even though he's not profoundly penetrating.""又曰"一句译为"Some one remarked, But Wang Shih-chih goes directly to the point."② 马氏在

---

① Dewoskin, Kenneth J. & Crump, J. I. Jr. *In Search of the Supernatural: The Written Record.* Stanford: Stanford University Press, 1996, p. 125.

② Richard B. Mather, *Shih-shuo Hsin-yu: A New Account of Tales of the World* (Second Edition), The University of Michigan, 2002, p. 285.

译文中省略了"嘉宾"二字，显然马瑞志与徐震堮先生一样，将"嘉宾"视为衍文，这就避免了西方读者在阅读中可能产生的误解。

《世说新语》一书是魏晋时代文化的真实缩影，深刻反映了当时动荡不安的历史环境、朝代更迭、士族关系，这些复杂的背景因素给《世说新语》的阅读带来了很大的障碍。基于此，南朝梁代的刘孝标为《世说新语》作注，详细阐释了《世说新语》条目中的词语和背景，国内学界往往认为，刘孝标的注释内容与《世说新语》原文具有同样的学术价值。马瑞志的译本价值，不仅在于对《世说新语》全文做出了精妙翻译，还在于他完整翻译了刘孝标的注释内容，同时结合现代材料进行补充说明，显示出马氏在翻译过程中的主体性和洞见性。如马瑞志对《世说新语》一则故事的注释，得到了中西方汉学界的高度赞誉，该则故事的原文为：

> 初，荧惑入太微，寻废海西，简文登阼，复入太微，帝恶之。

马瑞志的注释可谓全书的神来之笔，他在注释部分指出：

> 《晋书》卷十一记载，太微垣是天际的围栏，与地球上的天子相互对应，因此行星的入侵被视为是不祥之兆。太微垣包括室女座、狮子座和后发座构成的一组星云，现在大约位于东经190°的中央位置。如果考虑到岁差等因素，在公元四世纪时，太微垣应该位于东经165°和170°之间，根据现有资料表明，太微垣更接近于160°。在刘孝标注释的《世说新语》中，他引用了《晋阳秋》中的记载证实了这一天文现象，同时在《晋书》卷十三中也有同样的记录。在布莱恩特·塔克曼的《在五天和十天的间隔内行星、月亮和太阳的位置》一书中，他精确地测算并指出了这些行星出现的准确时间和位置。在塔克曼文献的基础上产生的测绘图表，证明了该则故事所描绘的火星运动过程，发生时间在公元371年11月15日和公元372年5月29日之间。①

---

① Richard B. Mather, *Shih-shuo Hsin-yu: A New Account of Tales of the World* (Second Edition). The University of Michigan, 2002, p. 62.

　　马瑞志引用了大量现代西方的天文学研究成果，证明了"荧惑入太微"曾真实发生，说明在公元 371 年至 372 年间，确实发生过文中所记载的行星运动。马瑞志先生在回国后受到了良好的科学训练，具有严密细致的逻辑思维和理性分析能力，他以现代科学为依据对《世说新语》进行考证注释，验证了《世说新语》故事的可信性，这种方法的运用可谓前无古人，马瑞志翻译水平的高超可见一斑。

《西游记》在德语世界的译介和传播

何　俊[*]

摘　要：当前，在"一带一路"倡议的宏观背景下，《西游记》的域外传播问题越发引起学界注意。德语世界的《西游记》译介与接受已经走过了整整一个世纪：在初期阶段，《西游记》只是以妙趣横生的单篇故事的形象进入德语区读者视野；到了 20 世纪中期，随着德语区汉学学科的建制以及几部《中国文学史》的诞生，德语世界对《西游记》更为广阔深邃的思想、宗教文化背景等有了进一步的认识。起先的《西游记》德译本大多通过转译其他西方语言译本而成，而且多为选译；直到 2016 年，自中文译出的全译本才姗姗来迟，虽然在底本选取和作者归属方面尚存争议，但无疑推动了这部名著在德语世界的传播。

关键词：《西游记》　德语译本　林小发

作为把他国作品译成自己语言最多的国家，德国在译介中国文学方面取得的巨大成绩一直为世人瞩目。中国古典四大名著早已进入德语国家学界的视野，明代长篇小说《西游记》也不例外。从 20 世纪初期的零散单篇故事译介开始，一直到今日一度成为国内媒体焦点的全译本的推出，《西游记》在德语世界经历了一场长达百年的奇幻西行，成为中德文学和文化沟通交流史上的一段佳话。时下，随着"一带一路"倡议的大力推进，《西游记》及其在域外的传播和研究问题越发吸引学界的关注。

---

[*]　何俊，西南交通大学外国语学院副教授，硕士研究生导师。

一 20 世纪早期的零散译介

就早期的《西游记》单篇故事翻译而言，卫礼贤（Richard Wilhelm，1873 - 1930）功不可没。这位中国典籍翻译的集大成者，对中国纯文学的翻译就数量上来说只能算是客串式的旁涉。在 1914 年首版的《中国民间童话》一书里，卫礼贤一共选译了 100 篇故事，其中有四篇故事来自《西游记》的改译：第 17 篇《杨二郎》，第 18 篇《哪吒》，第 92 篇《江流和尚》，第 100 篇《心猿孙悟空》。这四篇故事看起来并无关联，卫礼贤选译的标准和志趣似乎也只是看重其趣味性和故事性，因为其中主人公介于人神之间的身份特征，将其纳入民间童话的范畴似乎也不为过。这四篇翻译故事后来被辑录成《心猿孙悟空》，1923 年在柏林出版了 64 页单行本，1936 年在慕尼黑又出版了 36 页单行本。此处可以窥见，早期德语世界对《西游记》的认识还不够深入，仅仅停留在民间神话传说故事的层面之上。1921 年，在纽约推出了马滕斯（Frederick Herman Martens）转译自卫礼贤《中国民间童话》德译本的英语译本，同样收录了原译本的四篇《西游记》故事，但在编排顺序上有所改动。

在德国汉学家顾路柏（Wilhelm Grube，1855 - 1908）的《中国文学史》（1902）中，作者虽然专辟章节讲述了明清长篇小说，但四大古典名著中唯独遗漏了《西游记》。该书甚至着墨甚多地讲到了神怪小说《封神演义》和《白蛇传》，但对《西游记》不着一字。对《封神演义》的述及当然跟顾路柏的个人兴趣息息相关，因为他曾译过全本。在这部严格意义上的德语世界第一部《中国文学史》问世之前，另一位东方学家硕特（Wilhelm Schott，1802 - 1889）还撰写过一本《中国文学论稿》，把中国小说分为"历史小说、奇幻小说和市民（或家庭）小说"三类，其中在历史小说类提及《三国志》和《水浒传》，在奇幻小说类述及《白蛇传》，在第三类举隅当时法国汉学家翻译过来的《玉娇梨》和《好逑传》，但对《西游记》也不着一字。无论如何，可以窥见的是，在德国汉学学科刚刚开始迈步的早期阶段，对《西游记》的认识还不深入，还没有把它放置在中国古典文学名著的视域下来考察，甚至有可能从未听闻。

　　到了 1926 年，先前译介过《西游记》故事的卫礼贤在自己所著的《中国文学史》中专门提及这部名著。在此，卫礼贤同样把《西游记》和《封神演义》并举，其关联是佛教对中国文学母题的影响，认为这两部著作都是"佛教影响下的史诗般的作品"。在他看来，如果没有佛教潜移默化的影响，这两部作品的产生是不可能的，而且佛教史诗般的描述语言形式也对这两部小说产生了重大影响。对此他举例说，小说中用散文体形式描写的对话在文末都用诗句形式总结出来，这可能跟佛经有着巨大关联；而且这一形式也被民间文学借用，因此小说文类的高潮也打上了诗学的烙印。在同一章节中，作者谈及中国章回小说源于说书的技法"欲知后事如何，且听下回分解"，又提及这些故事情节的材料其实都是众口相传，比如玄奘西天取经的故事，直到最后这些材料落入一个语言大师之手被加工整理为高超的艺术品。就《西游记》的早期版本而言，它最早可追溯至唐代，卫礼贤提及宋代和另一个写于 14 世纪的版本，这些版本不断加工，直到最后在 16 世纪中期经吴承恩之手加工而成。接下来，作者对《西游记》的主要内容和中心思想有一长段评述：

　　　　这部小说已成今天的式样，其寓意是将人从现象世界中拯救出来，在这一点上跟朝圣之旅有着不太一样的相似之处。首先小说描绘了有着一颗人心的不羁猴王孙悟空，他总是不安分，不断地向上进取，最后甚至倨傲不屈地要跟天帝分庭抗礼，夺取他的宝座。只有老子（太上老君）能够用紧箍咒制服他，他安静时就没问题，不安分时就会头疼。这个情节可以让西方人联想到豪夫童话中年轻的英国人及其领带的故事。最后孙悟空被佛祖制服并皈依了佛教，因为他必须经历这一点，即使他神通广大也跳不出佛祖的手掌心。于是，猴子一心向佛，并在朝圣途中遇见了唐僧。猴子战胜了有着人的动物性一面的猪八戒，并与另一个类似乌龟、同样有着人类消极性征的动物一起，伴随唐僧西行。一路上他们要经历很多冒险，最危险的是渡过一条只容得下一叶小舟的野外之河，这对除了孙悟空以外的三人来说都异常危险。最后，一艘无底的船来了，这就是通往天国的渡船。唐僧在上船时落水，被救上来。他们渡河到中央时，看到了一具尸体，唐僧知道这就是他在尘世的肉身。所有人都祝福他得到了救赎和解脱，船到岸时船夫消失不见，而他们终于抵达终点。

二 20 世纪中晚期的几部转译

1946 年，博纳（Georgette Boner）和尼尔斯（Maria Nils）根据英国汉学家韦利（Arthur Waley）的著名英译本《猴》转译出第一个《西游记》德语单行本，即《猴子的朝圣之旅：一个中国传奇》（*Monkeys Pilgerfahrt, Eine Chinesische Legende*），最初在苏黎世出版。韦利的英译本在英语世界影响深远，至今仍然被一些美国大学用作中国文学课的教材，而转译过来的德译本同样反响甚好。1961 年，汉堡一家出版社推出了这一译本的再版，改为《叛逆的猴子》（*Der Rebellische Affe*），收入中国古典文学书系。该版本收录了卫礼贤之子、同为著名汉学家的卫德明（Hellmut Wilhelm）撰写的引言或导读——《如何理解这部作品》。译本标题改头换面，但内容未变，可谓"换汤不换药"。之所以变换标题，给孙悟空贴上"反叛斗士"的标签，就是为了迎合 20 世纪六七十年代欧洲社会叛逆、豪放的社会风潮和嬉皮士运动，满足当时的欧洲人挑战主流价值观的愿望。1980 年在慕尼黑又推出了第二版《猴子的朝圣之旅》，1997 年在苏黎世发行了由博纳（Georgette Boner）和另一译者尼尔斯（Nadia Jollos）合译的英译德新版本。德文转译本（1980 年）附上了韦利英译本前言的德语译文，据此可知英译本是根据上海亚东图书馆 1927 年排印本选译的。亚东图书馆 1921 年版《西游记》内收胡适所撰长文《〈西游记〉考证》，但美国出版的韦利译本卷首所附"导言"（Introduction to the American Edition）却是胡适于 1942 年 12 月 5 日用英文撰写而成，二者并不对应。当然，胡适的英文"导言"还是采用了《〈西游记〉考证》当中的部分文字。英译本选译的内容为原书的第一至第十五回、第十八至十九回、第二十二回、第三十七至三十九回、第四十四至第四十九回、第九十八至一百回，共三十回，而德文转译本完全遵照了这一内容架构。韦利为英译本所作的序言也被译成了德语，有一段如下：

《西游记》的独特之处在于它糅合了美丽与荒诞、深奥与无稽。传说、寓言、宗教、历史、反官僚的讽喻与纯粹的诗词——所有这些迥然相异的要素都囊括在这部小说里。故事中的官员都是天上的仙人，所以大家可能会认为作者要讽刺的是宗教而非官僚机构。但中国人普遍认为，天上的等级结构无非是地上的政府的复制品。在这方面中国并不像其他国家那样让我们去猜，而是和盘托出。有种理论极其常见，那就是一个民族崇拜的神明，无非是其世俗统治者的化身。在大多数情况下，这种派生关系并不是很明显。但就中国老百姓的信念来说，这是毫无疑问的。天国只是整个实质性的官僚体系的虚幻再现而已。

从体例上来说，韦利在英译本正文中仅用"第一章"直至"第三十章"来标注章节，但在目录页中却用文字归纳了相应章节的主题，如"第一至七章：神猴孙悟空的故事""第八章：观音的使命""第十五章：收服白龙马""第二十九至三十章：第八十一难"等，德译本同样遵循了这一体例。德文转译本虽然没有收录胡适的考证文字，但在最后附上了威利为德译本撰写的后记，其中提及胡适的文章，并提出《西游记》把两大主题即历史和神话结合了起来。韦利对《西游记》故事性的认识与移植最为成功，其英译本曾多次再版或重印，甚至改编为儿童文学读本，是迄今为止最为流行、最有影响的《西游记》英译版本。

1962年，赫茨费尔德（Johanna Herzefeldt）推出第二个转译本，自俄罗斯汉学家罗加切夫的百回全译本译出。俄译本1959年由莫斯科国家文学出版社发行，采用的底本是中国的作家出版社1954年的排印本。这个转译过来的德译本产生于前东德时期，由俄语转译过来可谓水到渠成。联系当时前东德的政治和文化症候，字里行间对宗教有些抵触也不无奇怪，因此在反映原著深层次的儒释道并立的中国传统哲学思想方面就有较大欠缺和遗憾。转译本采取总结性的翻译方式，诸多的诗词、回目、对话等均被删除。值得注意的是，该译本前几年被收入大中华文库，2010年岳麓书社以德汉对照的双语版引进发行。

1986 年，费舍尔（Peter Fischer）和施密特（Renate Schmidt）从法语转译出另一部德译本《西游记，或曰玄奘如何把佛教传到中国》（*Die Reise nach Westen oder wie Hsüan-tsang den Buddhismus nach China holte*）。法译本（*Sur les traces de Bouddha*）1929 年付梓，译者为法国东方学家、法兰西学院成员格鲁塞（René Grousset），他曾于 1930 年获得汉学界的诺贝尔奖"儒莲奖"。转译而来的德译本附有前言和后记，从"丝绸之路"的视域展示了唐僧取经的西天之旅，在扉页和封底都附上了取经途中经过的丝绸之路的路标地图，对今天而言有较强的现实意义。1992 年，慕尼黑伦兹出版社发行《猴王》的节译本，收入中国古典童话系列，标注原作者为吴承恩。因为《西游记》与生俱来的故事性和趣味性，尤其是美猴王孙悟空的故事老少咸宜、喜闻乐见，围绕这个故事产生了一批译成德语的通俗读物，除了针对少儿的彩色插图本童话故事，甚至还有盲文版。20 世纪 80 年代，外文出版社还发行了一批西游记故事连环画，包括《勇斗青牛精》《孙悟空三打白骨精》《通天河》《猪八戒成亲》《唐僧取经归来》等。

这一时期，德语世界的几部中国文学史书系也在不同程度上提及《西游记》。"二战"期间，大批汉学家移居美国，导致战后德国汉学资料奇缺。1945 年，德国传教士汉学家菲佛尔（Eugen Eifel, 1902 – 1999）翻译的日本学者长泽规矩也（Nagasawa Kikuya）的《支那学术文艺史》在北平出版，这部文学史代表了当时日本汉学的研究水平，为正处于低谷的德国汉学带来了活力。这部著作用较多篇幅介绍了《西游记》，尤其是详细梳理了它在前期的表现形式，比如宋代话本《大唐三藏法师取经记》和《大唐三藏取经诗话》等，并述及这部小说并非空穴来风，其实是古印度故事和中国历史史实的融合。同时，还从文献学的角度谈及吴承恩本跟《永乐大典》所载的不同之处，并列举了朱鼎臣和杨致和的抄略本、清代流传最广的陈世斌的《西游真诠》等多个版本，指出了《西游记》折射出的明代宗教融合的趋势。因为这部《支那学术文艺史》由日本人原著，对《西游记》的叙述也承袭了日本汉学界的研究传统。以研究东方民俗闻名的汉学家艾伯华在其专著《中国 17 到 19 世纪的小说——社会学角度的研究》中把中国小说分为五大类，把《西游记》列入"神话讽喻"类，并用他创立的中国民间故事类型理论逐章详细分析了这部小说。1984 年，德博（Günther Debon）编写并出版了《东亚文学》一书，其中毕鲁直（Lutz Bieg）在"六大奇书"一章简要介绍了吴承恩著的《西游记》有着诸多前期作品，并提及杜德桥（Glen Dudbridge）和余英时（Anthony C. Yu）之间对作者归属的争论，同时也着重强调了这部小说有着"深刻寓意"。施寒微（Helwig Schmidt-Glintzer）1990 年出版的《中国文学史》在"文人官吏的古典长篇小说"这一章介绍了《西游记》，将它定性为"奇幻谐趣小说"，并将原著者归属为吴承恩，但同时提醒读者注意包含一百回目的小说版本并不是出自吴的笔下，而是最早要追溯到 17 世纪下半叶。接下来，施寒微把《西游记》分为五个不等的部分（第 1～7 回、第 8 回、第 9～12 回、第 13～97 回和第 98～100 回），介绍了其主要内容。颇值一提的是，他还简明扼要地梳理了《西游记》的成书过程以及《西游补》《西洋记》等后续之作。

三　姗姗来迟的自汉语译出的全译本

　　进入 21 世纪，德语世界的《西游记》译介也不断向前推进。在艾默力（Reinhard Emmerich）出版的另一部《中国文学史》中，柯理（Clemens Treter）在"明清文学"一章花较大篇幅详细介绍了《西游记》。他提及《西游记》的成书基于历史证据和文学材料两个基础之上，尤其提到此前就有同名的评话出现。在作者归属方面，他归之为吴承恩，但也指出尚存争议。值得一提的是，柯理还特别述及穿插进《西游记》中的创世神话，以及小说情节的宇宙论关联：它让小说文本与不同的宗教和哲学理念在寓意上联系起来，并将这部小说解读为一场进入人的灵魂内部之旅；外在的取经转化为对内心之"我"的找寻，由此探究明代新儒学中自我修行的中心问题，"心猿孙悟空"有时候被阐释为人的灵魂的标志，即是一个例证。但是，新儒学的解读与小说对佛教和道教的深入探究并不矛盾，因为明代中末期的显著特征就是不同信仰或思想融合为一。另外，柯理还提及《西游记》可以算作中国文学解读"寓意"的典范之作，跟西方"寓意"小说不同的是，《西游记》中存在着多种重叠的解读方法。前几年，顾彬（Wolfgang Kubin）出版了十卷本《中国文学史》书系，第二卷为司马涛（Thomas Zimmer）撰写的《中国皇朝末期的长篇小说》，其中对《西游记》及其续书做了非常详尽的介绍。

2008 年 3 月，德国汉学家施寒微在《法兰克福汇报》上撰文，参照由韦利《西游记》英译本转译而来的德译本，从叙述材料（"虚拟的羁旅描述"）、主题旨趣（"中国中心主义"）和叙事方式（"保持距离和反讽的叙述方式"）三个角度出发，对这部中华古典名著做了普及为主，但又不失深度的介绍。文章特别提及《西游记》这部名著产生于 1582 年，而同一年来自科隆的耶稣会士汤若望（Adam Schall von Bell，1582 – 1666）出生，这种时间上的叠合虽属偶然却也显而易见。施寒微同样提及了当时流行的国内对文学作品"阐释解读"的传统，并举例"三藏"可以解释为佛教经籍的"三个筐子"（经、律、论），又可阐释为人自身的三个组成要素：灵魂、声音和体能，由此引发出这部小说的"寓意"（德：Allegorie，英：allegory），并援引胡适对《西游记》讽刺特征的强调，以及日本学者"从中世纪思想中解放出来，迈入现代思想的步骤"。另外，这篇评论还把《西游记》置于更为广阔的政治、经济、社会和文化上的宏观视域中来考量，提及当时频繁的统治者更迭、经济发展和人口增长，以及由此引发的市民读书阶层、书商和出版事业的发展、书院的创制以及教育的扩大等。

从 2005 年到 2009 年，John Zhou 编译的四卷本《西游记》在德国 Ost-Zhou 出版社出版。自 2016 年以来，直接自汉语译出的《西游记》德语全译本成为国内外媒体界关注的焦点。这一版颇受好评的德语《西游记》翻译出自瑞士人林小发（Eva Lüdi Kong），他曾在中国生活超过 25 年，2004 年硕士毕业于浙江大学人文学院中国古代文学专业，导师是楼含松教授。该译本爆红具有历史的必然性，因为在此之前，德语世界一直没有全译本《西游记》，流传的译本多是节译，且多是其他外语译本转译，此前的唯一一部全译本也是经由俄语转译。同时，从更大的文化背景考量，中国正在推进"一带一路"倡议，《西游记》以其特有的文化品质——玄奘取经线路与丝绸之路高度重叠——成为世界认识中国传统文化的窗口，正是这一时代精神有力地推动了读者阅读热情的高涨。随着译林出版社编辑王蕾将林小发的德译本回目回译成中文，一时网民惊呼"堪比史诗"，或可与

《魔戒》媲美，各大网站、公众号均有较大反响。可以毫不夸张地说，中国文学德译作品第一次在中国国内受到如此程度的关注。这个德译本在德国乃至欧洲也是好评如潮，一个明显的表征就是，译者因此获得第十三届莱比锡书展翻译类大奖，该奖项为德国该行业的较高奖项。2017 年 3 月 3 日，德国《文学批评》杂志发表了对该译本的书评，文章提及把作品归属为吴承恩在 20 世纪 70 年代以来受到了各种质疑，并特别说明在 16 世纪的中国，小说被视作低等价值的文学体裁，因此都会匿名出版。书评者对译本持肯定和褒奖态度，认为译者引领读者进入了远东的思想世界，包括数字象征、易经卦象或是明代的社会律法等。当然，在收获鲜花与掌声的同时，来自专业人士的微词指摘也有所耳闻，主要针对该译本选用的底本问题，认为以清代汪象旭《西游证道书》为底本并非最佳选择，因为它不是一部《西游记》的善本。

（一）底本问题

在译本后记中，译者交代选用的翻译底本是 1663 年在杭州出版的《西游证道书》，这是一个对清代《西游记》流传产生过决定性影响的校对评注本。众所周知，现存最早的《西游记》版本是明代万历二十年（1592）金陵世德堂《新刻出像官板大字西游记》（简称世本），后来明清两代之《西游记》文本演化基本在此基础上进行，中国当代三大《西游记》通行本——人民文学出版社黄肃秋注释本（1955 年）、人民出版社李洪甫整理校注本（2013 年）和中华书局李天飞校注本（2014 年）——也都是按世本整理。译者由于深受老子道家思想的影响，对《道德经》情有独钟，因而在众多明清两代的《西游记》版本中与《西游证道书》最有亲近感。译者也说明了她选用《西游证道书》的原因，是因为此书对明代《西游记》早期版本有所"改动"：

> 对叙述文本和穿插诗词有语言风格上的加工；
> 删除了冗长的重复以及描写性的诗词；
> 编辑了疏漏和不合逻辑之处；
> 删除了个别被认为是有悖道德教化的语句；

在第九回插入了玄奘的生平，并把原来第九到十一回的内容重新编排成第十回和第十一回。

有学者认为，林小发选用的《西游证道书》底本并非善本，首先就在于对原本文字进行了大幅删削，字数缩减接近三分之一，诗词曲赋被砍掉十之三四，面目全非。《西游证道书》在多处大肆芟除描写性诗词歌赋而造成文字干瘪失神，从严格意义上说，并不能等同于《西游记》。正因如此，林小发女士以《西游证道书》为底本，就难称严格意义上的"全译本"。《西游记》诗词曲赋数量最多，或居四大名著之首，而且由于其中隐晦的宗教意义，文字尤其艰涩，翻译极具难度，而《西游证道书》恰恰对此作了大幅删削。此番林小发德译本选择《西游证道书》为底本多出于译者的主体性目的和个性化需要，其负面效果或许会逐渐显现出来。

其次，林译本采纳《西游证道书》的思想立意不能全面、准确反映《西游记》的丰富性、多样性文化内容。《西游记》以唐代高僧玄奘西天取经的故事为底本，兼纳儒、道等各家文化，尤其与风靡于明朝、后来对日本明治维新产生过重要影响的王阳明心学存在紧密关联，是名副其实的中国传统文化宝典。汪象旭自号"奉道弟子"，他的《西游证道书》首倡"证道"说，肆意将《西游记》阐释为"金丹"之书，从而开启了清代《西游记》道教化潮流，《西游记》的思想遭到"异化"和"曲解"。对于《西游证道书》阉割、曲解《西游记》的思想内容，从古代到现代都有清理和批判。

说到《西游证道书》的"改造"之功，主要在于其合理的艺术修补，典型者即增补"唐僧出世"故事，补足九九八十一难的前四难。汪象旭、黄周星的修补工作使全书更为精炼可读，成为《西游记》诸本中情节最完整、错误最少的一种。陈士斌《西游真诠》、刘一明《西游原旨》、张含章《通易西游正旨》、含晶子《西游记评注》基本都采用了《西游证道书》删改过的文本进行评点。清代唯一的一部全本，即张书绅《新说西游记》虽以明代百回本作为底本翻刻，却采用了唐僧出世故事，将其插入孙悟空大闹三界之后，作为第九回，而将原本的第九回至第十二回这四回文字重新调整分割成第十回至第十三回，《西游证道书》对其的影响可见一斑。

但艺术加工不能掩盖其思想阉割的弊端：为了宣扬"证道"说，原作有关讽喻、讥笑和批判道教的内容遭到删改，构造出"崇道抑佛"的假象。对此，刘廷玑《在园杂志》卷二便称："《西游》为证道之书，丘长春借说金丹奥旨，以心猿意马为根本，而五众以配五行，平空结构，是一蜃楼海市耳。"《西游证道书》对小说各回的点评，以道家的阴阳五行理念来附会小说中的情节，在多处以道家修炼内丹的用语对文本加以阐释，这与评者的道教徒身份有着密切关系，而《西游证道书》的这种曲意附会在很大程度上开了清代《西游记》评点的先声。可见，林小发女士选择《西游证道书》，是重拾旧说，弃新图旧，呈现出来的《西游记》必定会失却明本《西游记》的本来面目。由此推测，域外读者以此来理解《西游记》，难免产生误解：《西游记》竟是一部讲述道教之书——从而不能正确认识《西游记》丰富的文化蕴涵和主导精神。

（二）作者问题

德译本《西游记》的作者署名"无名氏"，事出有因，因为明代世本问世之际即告《西游记》作者佚名，"不知其何人所为"。《西游记》一书自问世起就是一部无人认领的小说，在现存的明清诸本中均不题作者。清代汪象旭《西游证道书》为将《西游记》拉入道教独家彀中，便大肆鼓吹"邱作"说，将《西游记》作者署为宋元道士邱处机。林小发译作果断舍弃"邱作"说，这是极为明智的。因为已有确凿证据表明邱处机绝非《西游记》的作者：一是《西游记》存在大量明代的官制和官职，作者无疑是明代人；二是学界已发现邱处机所作《长春真人西游记》为一则短小游记，记载其西游雪山时的道里风俗及其与成吉思汗大帝的几场对话，该作品存于《道藏》中，与小说《西游记》无关。清朝学者吴玉搢发现，在《淮安府志》中的《淮贤文目》中有吴承恩著《西游记》的文字记载，并依据此孤证率先提出《西游记》的作者应为吴承恩，但并未引起关注。民国时期，胡适与鲁迅重提此事，在未发现新证据的情况下附和了吴玉搢的观点，并导致在其后新出版的《西游记》上赫然出现了吴承恩之名，继而成为我们今天路人皆知的"文学常识"。五四以后，经鲁迅、胡适、董作宾、郑振铎、刘修业等大批学者考证，《西游记》作者定为吴承恩。应该承认，在当下中国，"吴著"说是主流，三大通行本均署"吴承恩"著，广为流行的央视 1986 年版电视剧《西游记》也以醒目画面标出"吴承恩"原著，遂使"吴著"说深入人心。然而，在学术界，关于《西游记》作者的争论从来没有停止过，"吴派"和"非吴派"各执一词，却始终没有发现决定性的证据。所以实际情况是，绝大部分中国读者认为吴承恩就是《西游记》的作者，学术界对此存在争议，而海外的汉学界则从学术研究的角度出发，从未承认过"吴承恩著《西游记》"一说。因为"佚名"是一种混沌状态，标志着《西游记》文学主体性的失落，而"吴作"说则在中国学界处于主流地位，具有最广泛的读者基础，德译本重新退回混沌状态，等于抹去了以往百年的《西游记》研究成果，同时割裂了与中国读者普遍认同的联系。

四　结语

从有资料可考的 1914 年开始至今，《西游记》在德语世界的译介走过了整整一个世纪的历程。纵观这百余年的传播过程，不难窥见的是：这部千古中华名著在德语区起初只是作为趣味性的童话故事生发影响力，对其错综复杂的内容架构和博大精深的思想文化认识不深，早期德语世界的中国文学史书系对《西游记》甚至只字不提。因为德语世界的汉学学科建制比之法国、英国、俄罗斯等国而言姗姗来迟，故而早期的翻译多从其他外语语种转译而来，在很大程度上也是节译本，唯一一部全译本要到 20 世纪80 年代才出现，而且是自俄语转译而出。随着德国汉学界翻译和研究的不断推进，千禧年之后出现的几部《中国文学史》都对《西游记》有着浓墨重彩的描摹，而且出现了第一部由中文直接翻译而来的全译本，虽然对其所用底本及其原作者署名有着争议之声，但这一全译本的出现仍然标志着《西游记》在德语世界的传播迈上了一个新台阶。随着"一带一路"倡议的不断推进，可以预见的是，德语世界的《西游记》译介与研究工作将会收获更多丰硕果实。

参考文献

Bieg, Lutz. Die Entstehung der großen Romane des Alten China. In. Debon, Günther (Hrsg.) *Ostasiatische Literatur* [M]. Wiesbaden：AULA, 1984.

Boner, Georgette/Nils, Maria (übers.). *Monkeys Pilgerfahrt* [M]. München：Hugendubel, 1980.

Eberhard, Wolfram. Die Chinesische Novelle des 17 – 19 Jahrhunderts. *Eine soziologische Untersuchung* [M]. Bern/Ascona (Schweiz)：Artibus Asiae, 1948.

Feifel, Eugen. Geschichte der chinesischen Literatur. Mit Berücksichtigung ihres geistesgeschichtlichen Hintergrundes, dargestellt nach Nagasawa Kikuya：Shina gakujutsu bungeishi [M]. Hildesheim/Zürich/New York：Olms, 1982.

Kong, Eva Lüdi. Nachwort. (übers.). In：Kong, Eva Lüdi (übers.), *Die Reise in den Westen* [M]. Reclam, 2016.

Schmidt-Glintzer, Helwig. Geschichte der chinesischen Literatur. *Von den Anfängen bis zur Gegenwart* [M]. München：Beck, 1999.

Schmidt-Glintzer, Helwig. *Wu Cheng'en：Monkeys Pilgerfahrt "Mönch, Affe, Schwein,* www. faz. net/aktuell/feuilleton/buecher/romanatlas/china-wu-cheng-en-monkeys-pilgerfahrt – 11311127. html (26. 04. 2017).

Schönlau, Rolf. *Reise in den Osten mit der, Reise in den Westen,* http：//literaturkritik. de/public/rezension. php? rez_id = 23139 (26. 04. 2017).

Schott, Wilhelm. Entwurf einer Beschreibung der chinesischen Literatur. Eine in der königlichen preußischen Akademie der Wissenschaften am 7. Februar 1850 gelesene Abhandlung [M]. Berlin：Ferd Dümmler's Verlagsbuchhandlung, 1854.

Treter, Clemens. Die Literatur der Ming- und Qing- Zeit. In：Emmerich, Reinhard (Hrsg.) *Chinesische Literaturgeschichte* [M]. Stuttgart/Weimar：Metzle, 2004.

Wilhelm, Richard. Die, *chinesische Literatur* [M]. Wildpark-Potsdam：Akademische Verlagsgesellschaft Athenalon, 1926.

Wu Ch'eng-En. *Der Affenkönig：das klassische chinesische Märchen III* [M]：Zdenka Krejčová. München：Lentz, 1992.

〔德〕艾伯华：《中国民间故事类型》，王燕生、周祖生译，刘魁立审校，商务印书馆，1999。

李志常：《长春真人西游记》，载《道藏》第 34 册，文物出版社、上海书店、天津古籍出版社，1988，第 480 ~ 501 页。

苏静：《明清时期〈西游记〉评点本的传播》，《长江学术》2012 年第 3 期。

郑锦怀、吴永昇：《〈西游记〉百年英译的描述性研究》，《广西社会科学》2012 年第 10 期。

竺洪波：《林小发德译〈西游记〉的底本不是善本外篇之十四》，http：//mt. sohu. com/20170407/n486901871. shtml。

专题资料

中国与"一带一路"沿线国家
文化交流大事记(上)

蔡馥谣　曹　波[*]

《中华文化在"一带一路"沿线国家传播报告》主要分析了近三年来"一带一路"沿线国家的中华文化传播现状。本部分主要包括以下国家：新加坡、马来西亚、印度尼西亚、缅甸、泰国、老挝、柬埔寨、越南、文莱、菲律宾、蒙古国、伊朗、伊拉克、土耳其、叙利亚、约旦、黎巴嫩、以色列、巴勒斯坦、沙特阿拉伯、也门、阿曼、阿联酋、卡塔尔、科威特、巴林、希腊、塞浦路斯、埃及的西奈半岛、印度、巴基斯坦、孟加拉国、阿富汗、斯里兰卡、马尔代夫、尼泊尔、不丹。

新加坡

新加坡，位于东南亚，国土除新加坡岛之外，还包括周围数岛。

在"一带一路"沿线国家中，新加坡作为唯一的由华人主导建立的国家，具有传播中华文化的先天优势。新加坡公民中的华人（汉族）占人口的74.2%。大多数新加坡华裔的祖先源自中国南方，尤其是福建、广东和海南，其中四成是闽南人，其次为潮汕人、广府人、莆仙人（莆田人）、海南人、福州人、客家人，还有峇峇、娘惹等。"一带一路"倡议推行以后，中新之间的文化交流更加频繁，也促进了中华文化在新加坡的传播。

---

* 蔡馥谣，大连外国语大学文化传播学院讲师；曹波，大连外国语大学文化传播学院讲师。

2015 年，10 月，在中国国务院副总理张高丽与新加坡副总理张志贤的见证下，中新两国签署在新加坡设立中国文化中心的协定；11 月，中国国家主席习近平和新加坡荣誉国务资政吴作栋为新加坡中国文化中心揭牌；12 月，广东粤剧院的粤剧"传承与创新"系列活动在新加坡举行，全球华语网络主播大赛在新加坡举办。

2016 年，1 月，"五彩八桂民族服饰文化展"在新加坡开幕，"中新书法联展"在新加坡举办；2 月，"北京东盟文化之旅"活动在新加坡举办，昆曲、口技、川剧变脸、古彩戏法等众多非遗传承人，在猴年春节为新加坡观众献上了一道中华文化大餐，同月，"欢乐春节——壮风桂韵中华情"文艺演出在新加坡中国文化中心举行；3 月，上海交通大学新加坡校友会副会长刘道贤在新加坡举办普洱茶品赏及养生讲座；中国儿童艺术剧院主办的中国儿艺马兰花艺校在新加坡正式开学；4 月，新加坡中国文化中心举办中国优秀传统体育健身项目培训班，2016"青年艺术＋"推广计划巡展在新加坡中心揭幕；5 月，"2016 中国好声音"新加坡海选大决赛在圣淘沙举办；7 月，到新加坡参加夏令营活动的中国西安西飞第一小学五年级的学生们感受了独具魅力的海外华人文化；8 月"源味中国"——中国（顺德）美食品鉴晚宴在新加坡同乐经典餐厅举办，活动受到一致好评，中央音乐学院的"茉莉花"扬琴重奏团为新加坡观众带来了一场中外经典作品赏析会，《开讲啦》"海上丝绸之路"特别节目在新加坡启动；9 月，新加坡举办"青春乐韵迎中秋"音乐会；11 月，故宫文化体验活动在新加坡举行。

2017 年，1 月，新加坡 2017"欢乐春节"活动拉开帷幕，2017"中国重庆文化年"在新加坡正式启动，"多彩中华"展演在新加坡举办；3 月，"时代映像——中国时装艺术精品展"在新加坡开幕，国际戏曲学术会议在新加坡举行。

新加坡对华文教育也很重视。新加坡是华人社会，很注重华人的传统，中国传统文化的元素一般在新加坡都可以找到，甚至有些在中国大陆已经被逐渐忘记的习俗，新加坡都可以找到。为了让新加坡学生在学习中文与中华文化的过程中有更丰富的体验，新加坡教育部还在优秀传统华校实行特别辅助计划，大力推行华文教育。

马来西亚

马来西亚位于东南亚，由马来半岛南部的马来亚和位于加里曼丹岛北部的沙捞越、沙巴组成。其中马来人占 56%，华人占 23%。马来语为国语，通用语为英语，华语使用较广泛。伊斯兰教为国教，其他宗教有佛教、印度教和基督教等。

马来西亚是建设"21 世纪海上丝绸之路"的重要一环。马来西亚是中国在东盟的最大贸易伙伴，也是与中国关系最紧密的东盟国家之一。两国无领土、贸易等争端，高层往来频繁，同时因语言及地理位置上的便利，华人在马来西亚人口中占据近三成的比重，两国民间贸易也较为频繁。多年来，马来西亚对华投资规模远大于中国对马来西亚的投资。中马两国之间有着悠久的历史往来，早在公元前 2 世纪，就有中国商人到马来半岛从事商业活动，部分中国人开始在马来西亚安家落户，中华文化也在经商和移民的过程中得到传播。1974 年 5 月 31 日，中马两国建交，马来西亚成为东盟国家中第一个与中国建交的国家。中马建交以来，两国不断拓展和深化双边关系，给双方带来了实实在在的利益，也为促进两国和本地区的繁荣与进步发挥了重要作用。出于历史和现实等各方面原因，马来西亚政府和民众都很重视中华文化在马来西亚的传播。

2013 年 10 月，习近平总书记对马来西亚进行国事访问，两国领导人一致同意将中马战略性合作关系提升为全面战略伙伴关系。在全面战略伙伴关系中，人文交流成为一项重要的内容，对中华文化在马来西亚的传播有重要的促进作用。

2014 年，汉语成为马来西亚政府公务员的工作语言，马来西亚政府资助公务员学习汉语。为了让政府公务员更容易掌握汉语，马来西亚汉文化中心将中国汉语教学本土化。随着马来西亚"汉语热"的兴起，马来西亚汉文化中心还倡导"汉语文化圈"概念，举办"马来西亚年度汉字节"活动。

2015 年，"中华文化大乐园——马来西亚古晋营"开营。通过这次活动，马来西亚学生们了解到更多的中华文化，成为继承和传播中华文化的力量。

2016 年，由福建省委书记、福建省人大常委会主任尤权率领的福建省代表团抵达马来西亚吉隆坡开始访问。代表团一行受到了马来西亚闽籍乡亲的热烈欢迎。这次访问加深了马来西亚人民对中华文化的喜爱。这一年在中国驻马来西亚大使馆的项目资金资助下，由马来西亚世纪大学孔子学院主办的"汉语桥"秋令营在海南师范大学开营，16 名马来西亚学生在琼开展了为期 9 天的汉语学习和中华文化体验。

2017 年，中国驻马来西亚大使黄惠康夫妇应邀出席马来西亚最大的华文媒体集团 2017 年"金鸡报喜，世华腾翔"新春团拜活动。黄惠康高度评价马来西亚华人百年来对华文教育的坚持，对传承中华文明做出了卓越贡献。

印度尼西亚

印度尼西亚位于东南亚。印度尼西亚由 17508 个岛屿组成，是马来群岛的一部分，也是全世界最大的群岛国家，疆域横跨亚洲及大洋洲，号称"千岛之国"，也是多火山、多地震的国家。印度尼西亚战略位置重要，是沟通亚洲和大洋洲、太平洋和印度洋的交通枢纽。

印度尼西亚是"一带一路"沿线国家之一，既是世界上穆斯林人口最多的国家，也是世界上华人最多的国家，华人在各个方面都留下了不容忽视的印记。根据历史记载，印尼民族的祖先是从中国云南迁移过来的。印尼与中国有着悠久而密切的文化交流，尤其是在巴厘省、东努省、西努省，从用中国古代钱币祭祀，到用中文命名地名，中国文化融入了印尼的民众生活。

2014 年是中国和东盟领导人共同确定的"中国－东盟文化交流年"。12 月 6 日，"21 世纪海上丝绸之路艺术之旅——2014 中国－东盟文化交流年书画大展"在东盟组织秘书处所在地雅加达隆重开幕。

2015 年 5 月，中国国务院副总理刘延东出访印尼，与布安部长共同启动了副总理级人文交流机制。这是中国与发展中国家和周边国家建立的首个高级别人文交流机制。会议期间，刘延东与印尼人类发展与文化统筹部部长普安共同签署了两国关于互设文化中心的意向书。11 月 16 日晚，由 21 世纪海上丝绸之路协同创新中心、印尼教育文化部和广东省广州市美术家协会共同主办的"印尼宝鹰中国书画展"在雅加达开幕。印尼旅游部部长、副部长，中国驻印尼大使谢锋，以及近 15 个国家的驻印尼使节、印尼商界精英、社团领袖、知名媒体人等近 500 人参加了此次盛会。

2016 年，中国、印尼两国在文化、教育交流和旅游方面的合作日益加强。1.4 万名印尼学生前往中国进行各层次、各领域的学习和交流，其中有 7000 余人取得了中国的学士、硕士和博士学位。同时，大约有 1000 名中国学生在印尼学习。得益于中国游客对印尼旅游景点的喜爱，2016 年中国赴印尼旅游人数比上年同期增长 8%。

2017 年 3 月 22 日，"中国-印度尼西亚人文交流研究中心"成立，从此，两国在文化、教育、科技等领域间的合作开启了新篇章，对促进两国人民的相互了解具有重要意义。

此外，华文教育对传播中华文化帮助很大。学习华文不仅是现实需要，也是不同民族和文化交流的需要，在印尼华人心中，学习华文就是传承传统文化，"不懂华语相当于自我边缘化"。在"一带一路"的视野下，作为世界第二大国际通用语言的汉语，既是印尼华人的"留根工程"，也是印尼人学习外语的重要选项。

在"一带一路"的新视野下，两国的文化交往无疑走进了新时期，这也大大促进了中华文化在印尼的传承与传播。

缅　甸

缅甸联邦共和国位于亚洲东南部、中南半岛西部，是东南亚国家联盟的成员国。西南临安达曼海，西北与印度和孟加拉国为邻，北部和东北靠中国，同中国西藏和云南接壤，中缅国境线长约 2185 公里，其中滇缅段为 1997 公里；东部与老挝和泰国毗邻，缅泰、缅老国境线分别为 1799 公里和 238 公里。首都为内比都。

中缅两国山水相连，文化交流源远流长。据史料记载，中缅两国的友好交往始于汉代。盛唐时期，缅甸骠国王子曾率领乐工访问长安。著名诗人白居易为之感动，写下了千古绝唱"骠国乐"。"一带一路"倡议提出后，中缅两国的文化交流更加频繁，大大促进了中华文化在缅甸的传播。

2014年初，澳门艺术团46人参加了在缅举办的"欢乐春节"系列活动。4月初，缅甸副总统吴年吞率政府代表团和艺术团赴京出席"2014中国-东盟文化交流年"开幕式。其间，在京签署了《中缅两国政府互设文化中心备忘录》《中缅两国政府促进文化遗产领域交流与合作协议》等。3月至8月，仰光大学、仰光外国语大学与北京外国语大学和云南师范大学相继签署了校际交流与合作协议。同时"感知中国"系列活动在缅推出："东方美、中国梦、胞波情"歌舞晚会在内比都上演；用缅甸语配音的中国电视连续剧《婚姻保卫战》在缅开播；"中国馆"在仰光大学揭牌；《舞乐传奇》电视连续剧在仰光举行了首映式；六小龄童成功访缅；等等。9月至10月，广东歌舞艺术团41人、七彩云南艺术团37人和中国青年足球队等先后访缅。2014年底，国家副主席李源潮率中国代表团和中国歌剧舞剧舞蹈艺术团出席了在内比都举办的"2014中国-东盟文化交流年"闭幕式。

2015年系中缅两国正式建交65周年。年初，以中国著名歌唱家杨洪基、郭蓉为首的"文化中国、四海同春"艺术团来缅参加"欢乐春节"演出活动。年中，仰光大学、仰光外国语大学与云南民族大学签署了校际交流与合作协议。9月初，缅甸总统吴登盛访华期间，中国文化部部长雒树刚和缅甸外交部部长分别代表本国政府共同在京签署了《中缅两国政府互设文化中心协定》。之后，中缅两国建交65周年专题图片、2015年国庆专题图片和中国政府、中国使馆援缅洪灾区实况图片等先后在中国使馆、内比都第二国际会议中心和仰光喜都纳高级饭店等地展出。同时，缅甸政府120多名公派留学生和政府多部门100多名优秀青年，先后赴华学习、参观和访问。

2016年6月，"中缅文化周"活动在保山学院举行。7月，云南省与缅甸接壤的四州市文化界人士齐聚德宏州，探讨如何依托国门书社、农家书屋推进中缅文化交流。9月，"中国·缅甸胞波友好传统文化论坛"在缅甸驻中国大使馆举办，该活动进一步加强了中缅两国间的政治、经济、文化交流活动，凸显了"胞波"情谊。同月，来自中国瑞丽和缅甸木姐的两地文化人欢聚一堂，举办"2016 中国瑞丽·缅甸木姐文化交流活动"，共促中缅边境文化交流合作再发展。

2017 年 2 月，中缅文化艺术交流洽谈会在京举行。本次会议的主要目的是探讨如何将中国的红色文化及艺术引入缅甸。

泰　国

泰国位于亚洲中南半岛中南部，与柬埔寨、老挝、缅甸、马来西亚接壤，东南临泰国湾（太平洋），西南濒安达曼海（印度洋），西和西北与缅甸接壤，东北与老挝交界，东南与柬埔寨为邻，疆域沿克拉地峡向南延伸至马来半岛，与马来西亚相接，其狭窄部分居于印度洋与太平洋之间。

中泰历史交往甚厚，无论是历史还是现在，中泰文化交流活动之频繁、涵盖面之广、内容之丰富、参与民众之多，都显示了中泰文化交流的活力，也促进了中华文化在泰国的传播。

2014 年 1 月，中国国家美术馆楹联书法展在泰举办；泰中文化促进委员会"世界园艺博览会"新闻发布会举行；"欢乐春节"演出顺利举行。2 月，"中国风格"画展在泰国国家美术馆展出；"与京剧名作面对面"在泰展演。3 月，中国京沪高铁艺术作品巡回展在泰国首展；4 月，曼谷中国文化中心成立书画沙龙；朱拉隆功大学生走进曼谷中国文化中心体验中华文化；"河南文化旅游推广周"在曼谷启动。7 月，"河南文化年"系列活动在泰国大城府成功举办；王芝文陶瓷微书艺术展在泰举行。8 月，中国国家京剧院赴泰国国家孔剧院开展交流；曼谷中国京剧系列文化活动成功举办；泰国妇女联合会汉语班在曼谷中国文化中心开课。9 月，泰国皇家政治学院与泰中文促进会汉语课开班。10 月，"佛缘心韵——中国当代著名书画家柯琦书画展"开幕；中国儿童艺术剧院编排的舞台剧《西游记》在曼谷举行海外首演；中国丝绸时装秀亮相泰国最大商业中心。11 月，"浙江文化节"在曼谷举行；美丽浙江文化年"锦绣江南"文艺演出在泰国罗勇府成功举办；"生命的旋律——李杨师生古筝音乐会"在曼谷举办。12 月，曼谷中国文化中心国画课程开班。

2015 年，1 月，曼谷中国文化中心相继举行"友谊杯"汉语知识竞赛、戏曲沙龙、陈氏太极拳精要十八式基础班等活动；2月，"地坛文化庙会全球行·曼谷之旅"工作组访泰；3月，由曼谷中国文化中心、中国驻泰国使领馆等机构举办的中国文化培训班相继开展；4月，"同根生的民族"研讨会、《岭南丹青三人行》画展在曼谷举办；5月，"山东文化年"开幕，"翰墨雅韵"书画联展暨戏曲演唱会在曼谷举办；泰国相应机构开设高僧汉语培训班；7月，"我眼中的泰国"摄影展、"中国流·晏海林书法艺术泰国展"、"水立方杯"中文歌赛泰国区总决赛、"丝路帆远"图片展、"禅境三昧——吕章申、范扬、连紫华作品联展"等活动在曼谷举行，"姑苏乡韵"演艺团队在诗纳卡琳威洛大学演出；8月，曼谷展出中泰建交四十周年纪念图片；9月，"2015中国电影节""第三届中泰佛教论坛""曹达立——梦中园艺术回顾展"在曼谷隆重举行；10月，神话舞台连续剧《西游记》、"丝路新颜"图片展亮相曼谷，山东演奏家参演诗琳通公主贺寿慈善音乐会；11月，贵州京剧院"折子戏"、"2015泰国·中国山东文化年"系列活动、"曼谷尼山论坛"在泰国举行；12月，"2015中泰文化旅游友好行"抵达曼谷。同月，曼谷文化中心开展"窗口·海外中国文化中心：讲述外国人热爱中国的故事""中国江苏传统服饰秀"演出等活动。

2016年，1月，第二期泰国皇家政治学院汉语培训班开班，"上海金山农民画展"亮相泰国，曼谷中国文化中心面向泰国校区开展中国文化体验活动。2月，泰国皇家公园举办2016"欢乐春节"大型杂技演出，曼谷中国文化中心举办"2016欢乐春节元宵杂技晚会"，中泰动漫游戏文化活动周在曼谷中国文化中心举行。3月，"海派旗袍的前世今生"展在曼谷中心拉开帷幕。4月，上海金山画展在泰国国家美术馆展出。5月，中国民族乐器琵琶、箜篌、二胡亮相吉拉达学校。7月，在中国驻泰国大使馆文化处的协助下，曼谷中国文化中心为泰国国家旅游局局长育他萨及局长办公室官员开设的中文学习班在泰国国家旅游局正式开班。同月，中泰厨艺学校交流活动和"源味中国——中国非遗美食文化周"在曼谷举行。8月，"中国梦"摄影展在曼谷开幕，由曼谷中国文化中心、中国—东盟中心共同主办的"感受古老的中医——传统中医讲座"在曼谷中国文化中心举行。9月，曼谷中国文化中心为泰国记者开设中文培训班，2016中国电影节、"中国故事"摄影展、"2016中泰文化旅游友好行"收车仪式在曼谷举行。10月，"翁长江中国写意画展"在曼谷举行。11月，"中国山东鲁绣展"开幕。12月，曼谷中国文化中心举办2016"丝路画语"艺术展、中泰艺术教育交流活动、"文化遗产与当代视象"展览等活动。

2017年，1月，"中原文化泰国行——河南陶瓷艺术精品展""泰国艺术家眼中的海上丝路""中泰新春音乐会""2017年春节文化活动——新春庙会"等活动在泰举行；2月，"2017少林功夫曼谷行""中国传统年画展""草原丝路印象展"等活动在曼谷隆重举行。

老 挝

老挝是位于中南半岛北部的内陆国家，北邻中国，南接柬埔寨，东接越南，西北达缅甸，西南毗连泰国。

中国和老挝是山水相连的友好邻邦，是中国与东盟国家沟通的重要通道。在"21世纪海上丝绸之路"建设中具有重要的作用。中国与老挝的文化交流历史悠久，中华文化对老挝的影响十分深远。

2014年11月3日，老挝中国文化中心正式揭牌成立。

2015年，2月13日，"欢乐春节"文化活动在老挝启幕；4月2日，首届老挝中国书画展开幕；4月8日，老挝新闻文化旅游部部长会见老挝中国文化中心主任，商讨文化交流事宜；4月23日，中国传统魔术讲座及表演在老挝举行；5月26日，由中国驻老挝大使馆主办的第十四届"汉语桥"世界大学生中文比赛老挝赛区预赛在老挝国立大学举行；6月2日，老挝国立大学教师叶剑锋举办中国书法讲座并于6月14日开班授徒，宣扬中国书法文化；7月30日，由老挝中国文化中心和老挝国立艺术学校共同举办的扬琴培训班正式开班，并于8月27日下午在老挝国立艺术学校大礼堂举行结业仪式暨汇报演出；10月21日，由中国文化部组派的"发现中国"系列讲座小组在老挝国立大学举办"一带一路"倡议讲座，引起了老挝媒体的广泛关注；10月30日，由老挝中国文化中心和宁夏自治区文化厅共同举办的"中国宁夏民俗风情展"在老挝国家文化宫拉开帷幕；12月10日，"美丽宁夏"——中国宁夏书画院书画作品展在老挝开幕，12月11

日，"中国美术发展概况及中国山水画欣赏"讲座在老挝国立美术学院举行。

2016年，1月13日，"中国民族语电影周"在新知图书万象华文书局拉开帷幕。1月30~31日，2016老挝"欢乐春节"庙会活动在老挝首都万象最大的购物中心——万象中心举行。4月1~2日，"艺苑·国风——名家名曲音乐会"分别在老挝国立艺术学校和老挝国立大学隆重上演；4月25日，"庆祝中老建交55周年文艺演出"在老挝举行。5月9日，老挝中国文化中心2016年度中国舞蹈和太极拳培训班正式开班。8月10日，由老挝中国文化中心和中国–东盟中心共同举办的"感受古老的中医妇科"中医讲座在老挝中国文化中心举行，同日，中国新疆文化周——"探秘新疆"文物讲座在老挝中国文化中心举行。8月16日、17日，老挝中国文化中心主任阚小华分别走访了老挝沙湾拿吉省和占巴塞省新闻文化旅游厅，就双方合作事宜进行了会谈。9月19日，"发现中国——香港电影专题讲座"活动在老挝举行。9月28日，"中国故事"图片展在中国驻老挝大使馆国庆67周年招待会上展出，受到来宾们的好评。10月11日，由新疆维吾尔自治区文化厅和老挝中国文化中心主办的中国新疆文化周开幕式暨"欢乐新疆"文艺演出活动在老挝国家文化宫举行。11月7日，中、老两国合作组建的湄公河歌舞团在万象举行签约仪式。12月19日，"文化中国·七彩云南"文艺演出在老挝举行。

2017年，1月13日，老挝新闻文化旅游部部长会见广西文化代表团，商谈广西与老挝的文化交流与合作事宜。1月14~15日，老挝"欢乐春节"庙会在老挝首都万象最大的购物中心——万象中心隆重举行。

柬埔寨

柬埔寨王国位于中南半岛，西部及西北部与泰国接壤，东北部与老挝交界，东部及东南部与越南毗邻，南部则面向暹罗湾。柬埔寨领土为碟状盆地，三面被丘陵与山脉环绕，中部为广阔而富庶的平原，占全国面积四分之三以上。境内有湄公河和东南亚最大的淡水湖——洞里萨湖（又称金边湖），首都金边。

柬埔寨是古代"海上丝绸之路"的重要一站，拥有悠久辉煌的历史文化和独具特色的高棉文化。2010 年，中柬两国建立全面战略合作伙伴关系，双边关系进入新时期。两国在国家发展理念上高度契合，一致同意加快"一带一路"倡议和"四角"战略对接。近年来，双边贸易和双向投资保持强劲增长势头，中国已经连续 3 年是柬埔寨第一大贸易伙伴、第一大投资来源国，2015 年双边贸易额突破 44 亿美元。截至 2016 年 6 月，累计进入西哈努克港经济特区的中资企业达 100 家，投资额 2.8 亿美元，解决了超过 1.3 万名柬埔寨民众的就业问题。

柬埔寨约有华人、华侨 70 万人。中柬友谊源远流长，早在 2000 多年前两国人民就开始了友好往来。20 世纪 50 年代，新中国与独立的柬埔寨正式建立了外交关系，2018 年两国将迎来建交 60 周年纪念日。当前，中柬全面合作伙伴关系正深入发展，两国传统友谊不断迈上新台阶，文化交流是其中一个重要方面。

柬埔寨十分重视中华文化和汉语的学习与传承。在柬埔寨人心中，学习华文就是传承传统文化，懂华语就能找到更好的工作，不懂华语相当于自我边缘化。2009 年在柬埔寨成立的孔子学院，已经由 1 个教学点发展到 14 个教学点，在校生超过 1 万名。截至 2015 年，通过中国政府奖学金来华留学的柬埔寨学生突破了 1000 人。

2014 年，为了让更多柬埔寨人了解中国国情、贵州省情，贵州师范学院围绕"触摸中国传统文化，感悟贵州文化元素""走进贵州教育，共谋中柬教育合作发展""探索有效开展汉语教学之路"三个主题开展了丰富多彩的"汉语桥——柬埔寨中小学校长访华之旅"活动，使柬埔寨众多中小学教师感受到多彩贵州的美丽风光，深入了解中华传统文化和贵州的少数民族文化。

2015 年，由中国驻柬埔寨大使馆、中共云南省委宣传部和柬埔寨新闻部联合主办的"中柬情·合家欢：2015 中国 - 柬埔寨大型春节联欢晚会"在金边钻石岛歌剧院隆重举行。乔干那烈大臣表示，这次晚会是柬埔寨王国历史上前所未有、规模空前的晚会，坚信通过双方艺术家的精彩演出，必将进一步密切柬中两国人民的友好情谊，增进对对方国家文化的了解。

2016 年，8 月，第一批文化援柬志愿者进驻柬埔寨首都金边，帮助柬埔寨发展文化事业并传播中华文化。10 月，在对柬埔寨王国进行国事访问前夕，国家主席习近平在柬埔寨《柬埔寨之光》报发表署名文章《做肝胆相照的好邻居、真朋友》，高度评价了两国之间的历史往来和文化交流。12 月，"2016 中国 – 东盟联合文化展演"在柬埔寨王国暹粒巴戎寺露天舞台举行，节目融入了华人的艺术元素，体现了东盟社会对华人文化的尊重。

2017 年 1 月，陕西省省长胡和平在西安会见了由柬埔寨商务部部长班守萨率领的代表团一行，就中柬双方深化"一带一路"倡议的实施以及在贸易、文化和教育等领域的合作交换了意见；同月，柬埔寨王国首相夫人被授予广西民族大学文学名誉博士学位，柬埔寨国王参加了授位仪式。文拉妮·洪森在会上表示，将高度重视柬中传统友谊，积极推进汉语教育，促进中华文化在柬埔寨的传播。

越　南

越南位于东南亚中南半岛东部，北与中国广西、云南接壤，西与老挝、柬埔寨交界，国土狭长，面积约 33 万平方公里，紧邻南海，海岸线长 3260 多公里，是以京族为主体的多民族国家。

越南是古代"海上丝绸之路"的重要驿站，也是建设"21 世纪海上丝绸之路"的重要国家。作为山水相连的友好邻邦，中越两国人民友谊源远流长。进入新时期，中、越作为理想信念相同、前途命运相连的两个国家，在社会主义建设事业中相互帮助、相互支持，双边关系内涵日益丰富，共同利益更趋广泛，务实合作成果丰硕。中越两国建立了全面战略合作伙伴关系，成立了双边合作指导委员会等多个合作机制，推动经贸、人文等领域合作取得显著成效。中国连续 11 年成为越南最大的贸易伙伴，越南成为中国在东盟内第二大贸易伙伴，双边贸易额有望提前实现 1000 亿美元的目标。

目前，中越两国文化交流越来越频繁。中越两国已举行了包括"中越大联欢""中越友好之约""中越同唱友谊歌""汉语桥"世界大学生演讲比赛越南区赛事等活动。其中，"汉语桥"世界大学生演讲比赛越南区的赛事已举办多年，通过举办这项活动，既展示了参赛选手对中国文化的理解，也促进了中越两国人民间的了解。参赛选手在"汉语桥"比赛中表演的武术、相声、舞蹈等节目，体现了选手对中国文化有着较深的了解，对加深中越两国人民的友谊起到了很大作用。

中越之间的教育交流也极大地促进了中华文化的传播。教育交流是文化交流的一部分，双方的教育交流源远流长。从 20 世纪 50 年代起，中国就开始帮助越南培养各种人才。近年来，随着双方教育交流的深入，据不完全统计，越南在中国留学的学生达 1.4 万人左右，而在越南学习的中国留学生每年则保持在 3000 ~ 4000 人，中国政府每年都会向越南提供数十个全额奖学金名额。双方的教育交流对于促进中越友好起到了很大作用。

2015 年，中国文化部副部长丁伟同越南文化体育旅游部副部长黄永爱在中共中央政治局常委、国务院副总理张高丽和越南副总理阮春福的见证下，在河内总理府签署了 2016 ~ 2018 年中越两国文化交流执行计划，对今后三年的双边文化交流进行了规划。同年，"同唱友谊歌"——2015 中越歌曲演唱大赛总决赛在越南河内欧姬演艺中心举行。

近年来，中越文化交流日益频繁，两国已举办了包括"中越青年大联欢""中越歌曲演唱大赛""中越友好之约"等一系列具有代表性的文化交流活动。2005 年以来，由广西人民广播电台发起的中越歌曲演唱大赛已经在中越两国成功举办了八届，"同唱友谊歌"活动已成为中越两国人民文化交流、深化友谊的重要平台。

文　莱

文莱位于亚洲东南部，加里曼丹岛西北部，北濒中国南海，东、南、西三面与马来西亚的沙捞越州接壤，并被沙捞越州的林梦分隔为不相连的东、西两部分。海岸线长约 162 公里，有 33 个岛屿，总面积为 5765 平方公里。文莱古称渤泥，14 世纪中叶伊斯兰教传入，建立苏丹国，1888 年沦为英国保护国，1941 年被日本占领，1946 年英国恢复对文莱控制。1984 年 1 月 1 日完全独立。文莱是以原油和天然气为主要经济支柱的国家，二者占国内生产总值的50%。在东南亚国家中，石油储量和产量仅次于印度尼西亚，居第2位。文莱是世界上最富有的国家之一，2011年人均GDP为48333美元，位居世界第六。

文莱作为与中国隔海相望的邻国，与中国关系非常友好。中国和文莱于1991年9月30日建立外交关系，双边关系发展顺利，各领域友好交流与合作逐步展开。1999年，两国签署联合公报，进一步发展在相互信任和相互支持基础上的睦邻友好合作关系。2013年，两国建立战略合作关系。

文莱北邻南海，得天独厚的地理位置决定其自古以来就是东南亚重要的交通枢纽。历史上，郑和船队曾两次到过文莱。如今，文莱独有的区位优势、自然条件以及在东盟东部增长区次区域合作中的中心地位决定了其将成为建设"21世纪海上丝绸之路"的重要一环。事实上，早在2000多年前，文莱与中国就通过"海上丝绸之路"建立了联系，从5世纪起，中国史书就有关于文莱使者来访的记载。10世纪以后，两国间的官方和民间商业往来日益频繁。

中国和文莱有很好的人文交流基础，比如南京和文莱首都斯里巴加湾市是结对的友好城市。中文两国人文交流十分活跃，两国在媒体、宗教、教育、体育、文化等领域的交往频率很高。

2013年，"文化中国·四海同春"艺术团走进文莱，向文莱的华侨华人和当地民众奉献了一场极具中国特色的精彩演出。不少观众表示，这是他们第一次观看如此具有中国特色的演出，如此近距离地感受中国文化，希望今后在文莱举办更多类似活动。

2014年，中文两国博物馆共同举办"海上丝绸之路展览"。

2015年，"中华文化大乐园"走进文莱最大华校。"中华文化大乐园"活动填补了文莱中文学校缺乏中华文化的空白，受到了当地华侨师生的欢迎，为中文两国间文化交流和中华文化传播做出了贡献。同年，中国与文莱联合举办"碧海丝路，东方之舟"展览。展览主要以"海上丝绸之路"为主题，展示"海上丝绸之路"的繁荣、泉州的历史地位、中国与文莱的历史交往、文莱出土的中国各个朝代的陶器和瓷器等。

2016年，中国与文莱历史文化研究中心在南京成立。南京在中国与文莱建交过程中发挥了无可替代的作用，研究中心将发挥明代浡泥国王墓对中文两国友谊的纽带作用，打造双方人文交流与合作的新桥梁。研究中心成立的目的是系统考察中文两国交往历史，充分挖掘浡泥国王墓的历史意义和现实价值，全面增进两国之间的合作和交流。

菲律宾

菲律宾共和国位于西太平洋，是东南亚的一个多民族群岛国家，面积29.97万平方公里，人口1亿多。菲律宾共有大小岛屿7000多个，种族众多。菲律宾是东盟主要成员国，也是亚太经合组织（APEC）的24个成员国之一。

菲律宾是"21世纪海上丝绸之路"的组成部分，也是中国与东盟国家加强海洋合作的一部分。菲律宾自古就与中国往来频繁。菲律宾是离闽南最近的南洋国家，菲律宾最大的岛屿为吕宋岛，因此，以前中国人常用"吕宋岛"代称菲律宾群岛。19世纪末20世纪初，漳州籍华侨在菲律宾的发展达到顶峰，涌现了创建天一信局的郭有品；控制五金行业、金融业的杨氏家族等。

菲律宾是东盟国家中最早与我国签订文化协定的国家之一，该协定于1979年7月8日签署。自该协定签署近30年来，双方已签订了11个涵盖文学、文物、表演艺术、广播电视、教育、体育、卫生等领域的年度文化交流执行计划。总体看，在双方共同努力下，两国一直保持着友好密切的文化关系，每年都有一定数量的官方或民间文化交流活动，人员交流频繁。双方文化部门的主管官员（历任中国文化部领导或菲方文委主席）均互访过对方国家，并就加强两国文化交流与合作达成许多共识。这种友好密切的文化交流对于增进两国文化界的相互了解和友谊，维护中菲友好大局发挥了积极的不可替代的作用。

近年来，中菲文化交流成果显著。全年互访团组一般达到20余起，其中大部分是中方主动采取行动，派出艺术团组参加我国春节、国庆节和中菲建交日纪念活动。中国文化部每年都举办国际性或地区性的文化活动，邀请菲方参加。这几年菲方应邀参加的活动主要有研讨会、培训班、国际艺术节、亚洲艺术节、东盟文化产业论坛等。

菲律宾是一个多元文化的社会，东西方文化在这里相互交融，共生共存。近年来，中国驻菲律宾大使馆文化处利用我传统节日、国庆日、中菲建交日和北京奥运等契机，面向主流社会，举办了一系列对外文化宣传活动。如利用春节，连续7年举办"中菲传统文化节"；连续4年在菲主流学校举办"中国走进课堂"知识竞赛；举办"汉语桥"中文知识竞赛活动、奥运图片展、香港图片展、中国青年画家作品展、故宫文物精品展、中国传统工艺品展等。此外，充分利用包括志愿者教师、国家公派教师和孔子学院在内的人才资源和文化处外宣品，积极参与多边和双边文化活动。如组织志愿者教师参加在菲外交部举办的"世界语言日"活动和菲律宾亚洲第一学院举办的"中国文化日"活动等。

蒙古国

蒙古国位于中国和俄罗斯之间，是被两国包围的一个内陆国家，蒙古国虽然不与哈萨克斯坦边境接壤，但其最西点到哈萨克斯坦的最东端只有38公里。首都及全国最大城市为乌兰巴托。蒙古国国土面积为1564116平方公里，是世界上国土面积第19大的国家，也是仅次于哈萨克斯坦的世界第二大内陆国家。人口约300万人，是世界上人口密度最小的国家。蒙古国可耕地较少，大部分国土被草原覆盖。

蒙古国位于亚洲中部，是"一带一路"北线的重要支点。2014年9月，上合组织杜尚别峰会期间，习近平主席提出建立中、俄、蒙三国经济走廊。经济走廊将俄罗斯的欧亚大陆桥、蒙古国的"草原丝绸之路"同中国的"一带一路"连接起来。通过交通、货物运输和跨国电网的链接，打通三国经济合作的走廊建设，推动"一带一路"的战略目标。

近年来，中蒙两国不仅经贸往来日益密切，文化交流也更为深入。通过举办多种形式的文化活动，中国文化走进了蒙古国，越来越多的蒙古国人了解了中国。

2014年，中蒙两国不仅经贸往来日益密切，文化交流也更为深入。满都拉——杭吉口岸曾是归化城旅蒙客商通往蒙古、俄罗斯的主要贸易通道，可称中国的第二条"丝绸之路"。首届"中蒙国际文化旅游周暨那达慕大会"在满都拉举行，这是一次促进中蒙文化交流，增进两国人民友谊的盛会，进一步推动了两国人民的交流与合作。

2015 年 5 月，"大美青海"图片展在蒙古国首都乌兰巴托启幕；9 月，"万里茶道东方茶港"图片展暨武汉茶艺交流推介会在乌兰巴托举行，中国茶艺表演者为蒙古观众展示了中国茶文化；10 月，在乌兰巴托的中央文化宫，甘肃省歌舞剧院演员在中华人民共和国成立 66 周年"丝路情"大型歌舞专场演出活动中表演，赢得了蒙古人民的广泛赞誉。

2016 年，6 月，《中蒙俄——丝路艺术走廊》特展在内蒙古自治区呼和浩特市开展，来自中、蒙、俄三国的艺术家围绕和平主题创作的百余幅作品在此展出。随着中蒙俄经济走廊计划的推进，三国之间的文化交流也日趋频繁。8 月，"感知中国"蒙古行系列活动在乌兰巴托拉开帷幕。中、蒙两国人民文化相近、民族相亲，友好的种子已经深深扎根在大家心中。此次"感知中国"活动来到蒙古国，进一步深化了两国的文化交流，拉近了两国民众心与心的距离。10 月，中蒙文化合作暨《电视中国剧场》启动仪式在乌兰巴托举行。

近年来，两国媒体积极合作，为中蒙友好深入民心和两国媒体共同发展做出了重要贡献，特别是《北京青年》《青年医生》等一批优秀中国影视剧在蒙古国主流媒体播出后受到广泛关注，深受观众喜爱。

伊　朗

伊朗与中国是传统友好国家，中伊交往可追溯至公元前 2 世纪。据中国史书记载，西汉时期张骞派副使甘英到安息（即今天的伊朗），打通了中国经此至罗马的商贸通道，即古丝绸之路。此后，中伊友好往来连绵不断。古代丝绸之路是伊朗与中国交往的重要纽带之一。伊朗扼守中东海上交通的"咽喉"霍尔木兹海峡，处于"一带一路"的交会之地，具有极其重要的战略地位。"一带一路"倡议提出以来，伊朗积极与中国"一带一路"建设进行对接，呈现出政策、贸易、资金、基建和民心"五通并进"的良好态势。

越来越多的伊朗民众热衷学习汉语、研究中华文化，文化交流促进相互理解和友谊已成为中伊两国民众增进交流的主旋律。伊朗目前已经拥有一所德黑兰孔子学院，第二所孔子学院也在筹建中。在第十一届全球孔子学院大会期间，德黑兰国际关系办公室处长埃斯坎达里（Abdolmajid Eskandari）在接受采访时谈道，中国、伊朗两国交往有着千年历史。中国具有多元文化，中国发展也十分迅速。中国支持伊朗建设，伊朗人也尊重中华文明。"我们与中国高校有着良好合作，在伊留学的中国学生数量也很多。我们不仅同中国高校开展语言合作项目，两国教授、学者也会共同在其他领域进行合作研究"。

2014 年，7 月，"陕西'非遗'光耀伊朗——庆祝中伊建交 40 周年暨中国文化周"主题文化活动在伊朗成功举办，活动期间，由陕西演展团承办的秦腔戏曲荟萃演出及陕西非物质文化遗产展吸引了众多伊朗人。9 月，"2014 中国电影周"活动在伊朗首都德黑兰开幕，在德黑兰电影博物馆循环放映《警察日记》《转山》《中国合伙人》《龙门飞甲》《大闹天宫》5 部影片及《守望梯田》《与鹤共舞》等 13 部短片。展映影片题材丰富、风格多样，从多个角度向伊朗观众展示了当代中国的发展与变化、人民的情感与生活以及绚丽的自然风光，有助于增进伊朗民众对中国的了解，促进两国间的文化交流。

2015 年，8 月，中国爱乐乐团"丝绸之路"巡演在德黑兰取得圆满成功。12 月，由德黑兰大学外语学院和孔子学院共同举办的德黑兰大学"中国文化周"活动落下帷幕。此次文化周由中国文化摄影图片展、中国电影展和中国文化讲座三个部分组成。

2016 年，4 月，德黑兰大学孔子学院首次开办汉语书法课，中国著名书法家李启元先生被特别邀请到孔院，向伊朗大学生传授中国书法知识。8 月，"2016 感知中国——中国西部文化伊朗行·新疆篇"综合文化交流活动在德黑兰尼亚瓦兰文化中心举行。

未来，文化交流与合作将在中国和伊朗推进"一带一路"建设中起到不可替代的桥梁和引领作用。

伊拉克

伊拉克共和国位于亚洲西南部，阿拉伯半岛东北部，南方是沙特阿拉伯、科威特，北方是土耳其，西北是叙利亚，伊朗和约旦各位于其东西两侧。阿拉伯人占全国总人口的73％，库尔德人占21％。该国穆斯林占人口的95％，官方语言为阿拉伯语，北部库尔德地区的官方语言是库尔德语，东部地区有些居民讲波斯语。石油工业是伊拉克的经济支柱，原油储量排名世界第4。

伊拉克在历史上曾是美索不达米亚文明古国巴比伦的所在地，是世界四大文明古国之一。中国和伊拉克在历史上一直保持友好关系，在伊拉克发生巨变、历经艰难时，中国一直在帮助和支持伊拉克。尽管2003年后，伊拉克国内动荡，处境艰难，但中国理解伊拉克的苦难，并一直给予支持。中国国家主席习近平2013年提出建立"丝绸之路经济带"与"21世纪海上丝绸之路"，而伊拉克刚好处在"一带一路"的交会地，战略位置重要。目前在伊拉克有上万名中国人，他们主要从事石油开采、电力基础设施、建筑等领域的工作。

2014年2月，中国外交部部长王毅在访问伊拉克时表示，中方将重点从能源领域重建、基础设施领域重建、民生领域重建三个方面帮助伊拉克，加强双方的务实合作，两国将以"一带一路"建设为合作平台，实现共同发展。

2015年，伊拉克外长易卜拉欣·贾法里在访华期间接受中国国际广播电台记者专访时表示，古丝绸之路曾是中国与阿拉伯世界开展贸易、文化交流的重要通道，伊拉克是古丝绸之路上的重要一站，如今中国提出的"一带一路"建设构想将使包括伊拉克在内的各国从中受益。他说："我们认为在建设'丝绸之路经济带'和'21世纪海上丝绸之路'的过程中，许多国家包括伊拉克在内都会积极参与，同时也将在贸易、技术等领域获益，相信建设项目开始实施后，伊拉克一定，也希望能够在其中发挥重要的、建设性的作用。"伊拉克在基础设施建设等方面有着巨大的需求，而中国既有能力也有丰富的经验来帮助伊拉克实施战后重建。他说："中国有多元的能力，而伊拉克有潜力，也有很大的需求。伊拉克经历了包括三次海湾战争在内的多次战争，基础设施遭到很大破坏，但是伊拉克有能力在尽可能快的时间内实现经济和社会的发展。中国有经验，也有很强的工业能力。我们双方在能源、石油、电力、天然气等领域都有好的合作前景，而经济、贸易上的友好往来也会成为两国间政治关系稳固的基础。"

伊拉克驻华大使艾哈迈德·贝尔瓦利指出，"一带一路"倡议以友好、发展的方式加强各国联系，拓展各国关系，对中东地区的和平有非常积极的作用。伊中两国都是文明古国，拥有世界上最古老的文明。国家之间除了政治与经济交往，文化交往也同样重要。伊中两国拥有丰富的文化遗产，对世界面临的问题、解决方法以及世界的未来与其他国家的见解或许有所不同，但伊拉克十分重视两国源远流长的友好关系，并希望未来两国关系不断发展。

土耳其

土耳其共和国是一个横跨欧亚两洲的国家，北临黑海，南临地中海，东南与叙利亚、伊拉克接壤，西临爱琴海，并与希腊以及保加利亚接壤，东部与格鲁吉亚、亚美尼亚、阿塞拜疆和伊朗接壤。土耳其的地理位置和地缘政治战略意义极为重要，是连接欧亚的十字路口。

中国和土耳其分处亚洲的东、西两端，两国人民的友好交往源远流长。早在 1000 多年前，古丝绸之路就把两国人民紧紧联系在一起，在人类文明交流史上留下了光辉的印记。近年来，随着中土两国经济贸易的飞速发展，两国间文化交流不断深化，目前土耳其已经建立了中东技术大学孔子学院、海峡大学孔子学院、奥坎大学孔子学院、晔迪特派大学孔子学院在内的 4 所孔子学院以及 2 家孔子课堂。随着中土两国关系可期的美好前景，土耳其汉学教学与汉学研究、孔子学院发展等正处于历史最好的时期。

2014 年 9 月，由中国文化部、土耳其文化和旅游部主办的"土耳其——中国（无锡）文化周"在安卡拉昌卡亚现代艺术中心拉开帷幕，此次文化周包括"如水拓画般的城市·无锡风情"图片展、"指尖上的艺术·无锡非物质文化遗产展"、中国书法表演、"吴韵流芳"无锡歌舞晚会等活动。这是在中土两国 2012 年及 2013 年互办文化年、互为图书展主宾国后，又为两国人民提供的一个面对面交流、近距离感知的机会。中国充分发挥文化资源优势，通过展示地方特色文化，进一步丰富了文化年的活动内容，也让更多土耳其民众感受到了中国文化的魅力。

2015 年 7 月，土耳其——中国文化节暨"丝路之绸——两千年的亚洲东西文化交流展"在伊兹密尔拉开帷幕。"蚕桑为业""汉唐雄风""松漠风华""明清华彩""再次启程"五个单元的精彩展示，在华夏礼服的映衬下熠熠生辉，仿佛展开了一幅动静结合的历史画卷，唤醒了中华民族深藏的荣耀。

2016 年 4 月至 10 月，土耳其安塔利亚世界园艺博览会上，"中国华园"荣获国际园艺生产者协会（AIPH）大奖和土耳其世园会组委会国际室外展园金奖，山东菏泽牡丹、江苏如皋盆景、宁夏银川菊花等获得了组委会特别奖。这次活动充分展示了中国现代花卉产业的发展成就，展现了中国悠久的历史文化和生态文明建设成果。展会期间，"中国华园"累计接待游客 25 万人次。

在文化部等有关部委的谋划下，在中国驻土耳其使（领）馆的辛勤工作下，"土耳其刮起中国风""中国艺术在土耳其大放光彩"等醒目标题经常见诸土耳其各大报刊、网站头版头条，土耳其主要新闻媒体都对中国文化年进行了重点报道，让土耳其民众在欣赏中国文化艺术的同时也了解中国文化的内涵，"中国文化""中国艺术"一时间成了土耳其街头巷尾热议的话题。

中国文化"走出去"，是为了中国文化的发展，正如中国文化部部长蔡武所写："中国文化特有的包容性，表现在以开放的胸怀面向世界，不断接受异质文化的激发和营养，从而使自身具有更强的生命力，中国文化之所以博大精深，川流不息，正是由于其海纳百川的结果。"

叙利亚

叙利亚共和国位于亚洲西部，地中海东岸，北与土耳其接壤，东同伊拉克交界，南与约旦毗连，西南与黎巴嫩和巴勒斯坦为邻，西与塞浦路斯隔地中海相望，总面积为185180平方公里。

叙利亚是世界古老文明的发源地之一，曾历经罗马帝国、阿拉伯帝国和奥斯曼帝国等大国统治。第一次世界大战后由法国委任统治，1944年独立，1963年起由阿萨德家族领导的阿拉伯复兴社会党执政至今。从2011年初开始，爆发了叙利亚政府与叙利亚反对派之间旷日持久的冲突。叙利亚危机爆发以来，中国政府和人民始终心系叙利亚人民，在叙利亚问题上从未缺位。

2017年以来，叙利亚内战出现一丝解决的曙光，其国内政治形势朝着相对稳定的方向发展。2016年12月30日，主要由俄罗斯和土耳其促成的叙利亚停火协议生效，叙利亚政府和反对派均表示尊重，并准备重启新一轮和谈。与此相应，战后重建问题也提上了日程。据俄罗斯塔斯社2017年2月13日报道，叙利亚经济和外贸部部长阿迪布·马雅莱赫在接受电视采访时表示，那些参与破坏叙利亚如今却想参与叙利亚重建的国家，必须首先为之前的行为向叙利亚道歉，而俄罗斯、中国和伊朗在重建方面有优先权。这番言论表达了叙利亚政府对重建问题的态度。

中叙友谊绵延千年，人民自古往来不断。在古代，中叙两国通过古丝路互通贸易，交流文化，播撒友谊的种子。1956年8月，中叙两国正式建交，叙利亚成为最早同中国建交的阿拉伯国家之一，中叙友好历史揭开了崭新篇章。和平与发展是当今世界两大主题，中国的"一带一路"倡议得到了包括叙在内的阿拉伯国家的普遍热烈响应。叙利亚是古丝绸之路的西端枢纽，连接亚、非、欧三大洲，台德穆尔好似"丝绸之路"上璀璨的明珠。未来，叙必定会成为"一带一路"在中东地区的重要一站。中国的"一带一路"倡议与巴沙尔总统提出的"向东看"战略高度契合，两国未来在叙国家重建以及经贸、文化、人文等各领域的交流合作前景无限广阔。中国的优秀企业在资金、技术、人才等方面具有丰富的经验和优势，愿助力叙人民早日实现重建家园的梦想。

2016年9月，叙利亚外交部部长助理艾伊曼·苏散代表叙政府对中国67周年国庆、中叙建交60周年和齐大使履新表示祝贺。苏散表示，中叙友谊源远流长，两国关系在平等友好、相互尊重、互利共赢的基础上不断发展，两国人民在追求独立、维护国家主权和领土完整的斗争中结下了兄弟情。作为叙利亚人民的好朋友、好伙伴、好兄弟，中国坚持通过各种渠道向叙在国内和周边国家的困难民众提供人道援助，同时着眼未来，不断加强两国在培训、教育和反恐等领域的合作，鼓励叙利亚朋友赴华经商、考察，为推动两国务实合作、更紧密衔接国家发展战略蓄力。

约　旦

约旦哈希姆王国位于亚洲西部，阿拉伯半岛的西北，西与巴勒斯坦、以色列为邻，北与叙利亚接壤，东北与伊拉克交界，东南和南部与沙特阿拉伯相连。

中国和约旦的交往史可追溯至西汉张骞出使西域。史书记载，纳巴特王国（今约旦）首都佩特拉处于丝绸之路的要冲，见证了中约互通有无、贸易繁盛的景况。中约两国于 1977 年 4 月 7 日建交。建交以来，两国在政治、经济、军事、文化等各方面的关系稳步发展，友好往来不断增加。1979 年，中约两国签署文化合作协定，迄今为止已签署 9 个年度的文化合作协定执行计划。2010 年，约旦派团分别来华参加阿拉伯艺术节、上海世博会、中阿经贸论坛开幕式文艺晚会。2011 年以来，中方连续 36 年参加约旦杰拉什艺术节。中国在约旦设有两所孔子学院，分别是安曼 TAG 孔子学院和费城大学孔子学院。2009 年，约旦大学开设了中文本科班。

2014 年 8 月，费城大学孔子学院举行十周年系列文化活动，其中包括以中国古代哲学为主题的文化讲座，中国语言文化融入社区等多角度交流活动。同年 9 月，中国海军第十七批护航编队成功对约旦亚喀巴市进行了友好访问，开展了指挥员拜会、甲板招待会、足球友谊赛、外出参观等一系列活动。

2015 年 5 月，中国教育部部长袁贵仁会见了来访的约旦高教科研大臣拉比卜·赫达拉一行。会谈结束后，双方共同签署了《中华人民共和国教育部与约旦哈希姆王国高等教育与科研部关于合作建设中约大学的谅解备忘录》，进一步推进中、约两国在高等教育领域的交流与合作。

2016 年 9 月 18 日，中国文化部部长雒树刚在北京会见了约旦文化大臣阿迪利·塔维西。阿迪利高度评价了约中文化关系，赞赏中方举办"丝绸之路"（敦煌）国际文化博览会推动与世界各国文化交流，并对中方长期以来所给予的支持表示感谢。他指出，希望在建交四十周年之际，约中两国继续加强合作，举办各类文化交流活动，将两国的文化关系推向新的高度。会见后双方签署了《中华人民共和国文化部和约旦哈希姆王国文化部关于在约旦设立中国文化中心的谅解备忘录》。同年 12 月 10 日，首届"丝绸之路"中约文化研讨会在约旦首都安曼举行，100 多位约旦作家、学者、文学评论家与首次访问约旦的广东作家代表团齐聚一堂，共商文学交流合作的美好前景。此次研讨会是近年来中约两国文学界积极推动"文化丝路"建设的有力之举。期待通过这次文化研讨会，两国文学界建立起更密切的伙伴关系和更深厚的友谊，探索建立有关"丝绸之路"文化研究和文学交流的常态化合作模式。

中国目前是约旦的第二大贸易伙伴，也是增长最快的出口市场之一。2017 年是中约建交 40 周年，未来，两国将继续在文化、艺术、文学、旅游、遗产保护、文学作品互译等领域加强沟通与合作。

黎巴嫩

黎巴嫩共和国位于亚洲西南部，地中海东岸，习惯上被称为中东国家。该国东部和北部与叙利亚接壤，南部与以色列（边界未划定）为邻，西濒地中海。黎巴嫩是中东地区最西化的国家之一，这与它和基督教有着十分密切的历史有关。黎巴嫩境内有人类历史上最早的一批城市和世界文化遗产，这些文明古迹中最古老的有 5000 多年的历史。黎巴嫩的主要经济来源是银行业和旅游业，二者占黎巴嫩 GDP 的 65%。

黎巴嫩历史悠久，在古代就是"丝绸之路"的重要一站。如今，中国提出"一带一路"倡议，更是受到了黎各界的热烈响应。黎巴嫩政府方面表示，愿积极参与中方倡议的"一带一路"建设。当前，中国与黎巴嫩各领域关系发展顺利，"一带一路"合作前景广阔。1992 年，中、黎双方签署文化交流协定。2002 年 4 月，中黎双方签署了 2002～2005 年文化交流执行计划。2006 年 11 月，中国驻黎巴嫩大使馆与黎巴嫩圣约瑟夫大学签署了在该校设立孔子学院的协议。2007 年 9 月，黎巴嫩记者协会和报业协会联合组团访华。

2014 年 3 月 22 日，中国驻黎巴嫩大使馆参加巴斯金塔皮埃尔中学"中国日"活动，在黎巴嫩雪山脚下就能感受到中国文化的魅力。同年 5 月，中国驻黎巴嫩大使姜江应黎巴嫩武术联合会邀请前往美丽地平线俱乐部，观看了俱乐部学员的武术表演。

2015 年 2 月 15 日，中国驻黎巴嫩大使馆隆重举行华人华侨春节招待会。同年 4 月，中国驻黎巴嫩第十二批维和医疗分队在联合国驻黎巴嫩临时部队（联黎部队）东区司令部礼堂进行中国文化展示。他们用视频、讲解、现场演示等方式向联黎首长和各国维和人员介绍中国传统节日、中国戏曲、中国功夫、中国书法、剪纸、民族音乐和舞蹈等，中国军人的多才多艺和中国文化的博大精深赢得了各国维和人员的喝彩。

2016 年 5 月，黎巴嫩大学语言中心举办中国文化日活动，中国驻黎巴嫩大使馆文化专员陈中林、黎巴嫩圣约瑟夫大学孔子学院中方院长刘立以及中国驻黎巴嫩维和部队部分官兵应邀参加。黎巴嫩大学开设了中文专业，为推动中黎人文交流、增进两国友谊与合作搭建了桥梁，做出了积极贡献。陈中林提及，近年来中黎文化交流蒸蒸日上，中国文化受到越来越多黎巴嫩学生的喜爱。希望黎巴嫩学生通过学习中文，了解和亲近博大精深的中国文化，为中黎友好贡献自己的力量。除了"汉语热"在黎巴嫩持续升温，中黎两国的文化团体和艺术家之间的交往也十分密切。2016 年，黎巴嫩剧团创作了反映"丝绸之路"的舞台剧。据中国驻黎巴嫩大使王克俭介绍，"在黎巴嫩的巴尔贝克国际艺术节上，包括中国在内的多国艺术家合作表演了大型舞台剧《丝路古道》。这是黎巴嫩的剧团自己创作并编写的（剧目），由多国艺术家共同参与演出。黎巴嫩卡拉卡拉舞剧院院长、导演伊万·卡拉卡拉创作的歌舞剧《丝路古道》，正是源于"丝绸之路"的凝聚作用。"

以色列

以色列地处地中海东南沿岸，北靠黎巴嫩，东临叙利亚和约旦，西南临埃及。1948 年，以色列宣布独立，耶路撒冷为以色列首都。2016 年，以色列总人口为 850 万人，其中犹太人口 637.7 万人，是世界上唯一以犹太人为主体民族的国家。

作为"一带一路"沿线的一个重要节点国家，以色列的区位独特，社会稳定，经济繁荣，科技发达，对于实施中国的"一带一路"倡议具有难以替代的地缘政治价值和地缘经济价值，可以发挥重要的战略支点作用，是中国宜主动与之加强交往的战略合作伙伴。中华民族和犹太民族都有悠久的历史和灿烂的文明，都对世界文明的发展做出了巨大的贡献。

中国与以色列文化交流内容丰富，底蕴深厚。1993 年，两国签署了文化合作协定，此后又 6 次签署年度执行计划，有力地推动了双方在文化、艺术、文物、电影、电视以及文学等领域的合作与交流。截至 2014 年，中以两国共有 19 对省市结成友好省市。教育是中以合作的重要领域，随着以色列掀起"中国热"和"汉语热"，2010 年以色列教育部决定将中文列入大学和中小学课程，一些高校也纷纷建立中文系、东亚系和中国研究机构。2007 年和 2014 年，特拉维夫大学和希伯来大学在中国帮助下先后开办了孔子学院。

2014 年，中国"欢乐春节"系列活动于 2 月 14 日至 24 日在以色列特拉维夫、耶路撒冷、贝尔谢巴、死海和赫兹利亚等城市举办，演出 10 场，观众人数超过 5000 人。随着中国文化的广泛传播，越来越多的外国人开始对中国春节文化产生兴趣，并通过参与春节文化活动，学习中华文化，了解中国社会。5 月，刘延东副总理访问以色列，参加了以色列首届创新大会，并在《耶路撒冷邮报》发表《让中以科技创新合作之花更加绚丽》的署名文章。

2015 年 1 月，"以中创新合作联合委员会"第一次在北京举行，双方签署了中以创新合作三年行动计划，其中包括成立中以创新合作中心，成立中以"7 + 7"大学研究联合会，实施 2015 ~ 2019 年文化合作行动计划，启动"中以常州创新园"建设等。8 月，以色列驻沪领事馆拍摄了公益宣传片《感谢上海》，纪念中国人民抗日战争暨世界反法西斯战争胜利 70 周年。片中，以色列总理内塔尼亚胡说："中以人民的深厚友谊是建立在这段历史上。我们永远感谢你们，永远不会忘记这段历史。"

2016 年 5 月，由中国驻以色列大使馆与以色列赛艇协会主办，特拉维夫大学孔子学院协办的以色列龙舟节在以海滨城市特拉维夫的雅孔河举行，当地民众品尝了中国小吃，体验中国文化，在欢乐中增进了对中国的了解。同年 7 月，希伯来大学孔子学院开启"中华文化遗产在以色列"特别项目，旨在在以色列寻找与中华文化相关的人物、地点和史迹，通过搜集相关资料并走访这些地点和人物，了解中国人民和犹太民族的历史交往及文化交流情况。

在以色列举办的大量"中国日"活动以及中国文化推广系列活动，让以色列民众加深了对中国传统文化的了解，促进了中以两国的文化交流。

巴勒斯坦

巴勒斯坦是中东的一个国家，由加沙和约旦河西岸两部分组成。加沙地带面积为 365 平方公里，约旦河西岸地区面积为 5800 平方公里，目前实际控制领土为 2500 平方公里。人口约 1200 万人，其中加沙地带和约旦河西岸人口为 481 万，其余为在外的难民和侨民。主要居民为阿拉伯人，通用阿拉伯语，主要信仰伊斯兰教。

中国提出"一带一路"倡议后，巴勒斯坦总统阿巴斯多次表示，巴方愿与中国一道推动"一带一路"建设。巴方将在相关领域做出积极努力。此外，国务院副总理刘延东访问巴勒斯坦时指出，中巴关系的未来在青年，青年的发展在教育。中国高度重视同巴勒斯坦的文化教育合作。中巴两国签署了文化教育执行计划，中国每年向巴方提供 100 个政府奖学金名额。阿拉伯有句格言，"求知哪怕远在中国"。未来，中方将向巴方提供更多政府奖学金，让更多希望求知并了解中国的巴勒斯坦学生到中国学习。巴勒斯坦教育部部长萨伊达姆同样表示，中国是巴勒斯坦人民最景仰、最热爱和最喜欢的国家，对巴勒斯坦来说，中国就像阳光一样珍贵。

2014 年 7 月，中国驻巴勒斯坦办事处举行了巴中友协座谈会，中方提出，中方愿与巴勒斯坦朋友以各种方式推进合作，并承诺在签证办理、经验推广以及加强经贸、文化和人才等领域为巴勒斯坦人提供便利。

2015 年 9 月，巴勒斯坦圣城大学举办中国图片展。中国驻巴勒斯坦办事处主任陈兴忠在图片展开幕式上说，文化交流作为中巴关系的重要组成部分和密切两国人民的纽带，需要两国人民全力支持、参与和投入。青年是中巴关系的未来，他希望两国青年借鉴历史，依托文化，增进了解，为中巴友谊发展带来新动力。圣城大学校长伊马德指出，巴方珍视两国间的友好情谊，希望通过高校间的交流，了解中国的高等教育发展情况，学习中国成功的模式和经验。

2016 年 3 月，禅宗祖庭少林寺所在地河南登封市的少林武术表演团登上巴勒斯坦马拉红新月会剧场舞台，受到当地民众和海外华侨的赞赏，再一次在巴展示了少林功夫的魅力。正如少林寺武僧团释延岑所说，少林功夫正"在全世界点亮这盏中国文化的明灯"。2016 年 6 ～ 7 月，应以色列文化交流和民俗艺术促进中心、中国驻巴勒斯坦办事处邀请，受文化部委派，余杭滚灯艺术团赴以色列、巴勒斯坦参加文化交流活动，在巴勒斯坦义演时，中国驻巴勒斯坦办事处主任陈兴忠出席晚会并致辞，他指出，余杭滚灯艺术团的演出恰逢其时，是对穆斯林斋月期间的庆祝，是深化两国友好交流的催化剂，是为落实习近平总书记就巴勒斯坦问题提出的有关举措、国务院副总理刘延东访问巴勒斯坦讲话的第一个文化交流团体，意义重大，必将进一步推动中巴两国的文化交流。

虽然巴以冲突问题给"一带一路"倡议的推进、给中巴合作带来了一定的挑战，但未来在人文交流层面，在基建和旅游方面，两国将会有更多的合作机遇，中巴传统友谊薪火相传，未来更美好。

沙特阿拉伯

沙特阿拉伯王国（以下简称沙特）位于亚洲西南部的阿拉伯半岛，东濒波斯湾，西临红海，同约旦、伊拉克、科威特、阿拉伯联合酋长国、阿曼、也门等国接壤。沙特是名副其实的"石油王国"，石油储量和产量均居世界首位，是世界上最富裕的国家之一。沙特是世界上最大的淡化海水生产国，其海水淡化量占世界总量的 21% 左右。沙特实行自由经济政策，麦加是伊斯兰教创始人穆罕默德的诞生地，是伊斯兰教徒朝觐圣地。

"丝绸之路经济带"和"21 世纪海上丝绸之路"在中东汇合。阿拉伯地区作为"一带一路"建设的天然和重要合作伙伴，自古和中国在经济、文化上就有着深厚的联系。沙特是中东地区面积最大的国家，也是阿拉伯国家中唯一的二十国集团成员，是中国文化"走出去"的重要目的地之一。2013年，由中国文化部等主办的沙特杰纳第利亚遗产文化节中国主宾国活动在沙特首都利雅得举行。在文化节上，在面积近2000平方米的主宾国场馆里，从巧夺天工的中国各类丝织技艺到高级定制的时尚"华服"，从清真宴席代表"厨子舍"到意境悠远的"中华五道"，丰富多彩的展出内容让沙特民众看到了一个既有传统文化传承又有现代发展创新的中国。2016年1月，习近平主席访问沙特，双方发表了关于建立全面战略伙伴关系的联合声明，并决定建立两国高级别联合委员会，签署涉及共建"一带一路"及能源、通信、环境、文化、航天、科技等领域的14项合作文件。正如联合声明所指出的，双方鼓励两国官方和民间文化交往，支持在新闻、卫生、教育、科研、旅游等领域的交流与合作，将继续相互举办文化周活动，积极参与对方举办的各类文化活动，加强两国在文化、体育和职业技术领域的合作，增进两国和两国人民间的沟通和友谊。

2014～2015年，"欢乐春节"活动连续走进沙特校园，当地师生被热烈、浓厚的中国节日氛围和悠久的中国文化感染，表现出对中国文化的强烈兴趣。

2016年3月，中国驻沙特大使李成文应邀参观"2016年利雅得国际图书展"并出席《中国之美》新书发布仪式，《中国之美》生动描绘了中国的美景、美食、中医、名著、音乐、传统节日等，介绍了中国悠久的历史传统和深厚的文化底蕴，为两国人民增进了解、加深友谊架起了桥梁。利雅得国际书展是中东地区最大的年度文化展览活动之一，每年吸引近200万人参观。同年7～8月，中国杂技团参加了沙特阿拉伯夏季文化节，在西部城市吉达献上了140多场演出。2016年12月，由沙特文化新闻部主办的沙特"国际儿童日"文化节在利雅得法赫德国王文化中心举行，中国驻沙特大使馆应邀参加并专门设立展台，为沙特小朋友带去了一场中国特色的"文化课堂"。

也 门

也门共和国位于阿拉伯半岛西南端，与沙特阿拉伯、阿曼相邻，濒红海、亚丁湾和阿拉伯海，1990年5月由阿拉伯也门共和国（北也门）和也门民主人民共和国（南也门）合并组成。也门人口约为2360万人，绝大多数是阿拉伯人，官方语言为阿拉伯语。也门拥有3000多年文字记载的历史，是阿拉伯世界的古代文明摇篮之一。

中国与也门友好关系源远流长。据史料记载，早在6世纪，中国和也门就通过"海上丝绸之路"开始了贸易往来。也门在历史上就是中国通往西域的陆上"丝绸之路"的节点，同时也是郑和下西洋所开辟的"海上丝绸之路"的终点。

中华人民共和国成立后，也门在联合国以及其他国际事务中对我国表现出友好态度。1956年9月24日，中国与也门穆塔瓦基利亚王国建立公使级外交关系，也门成为与我国建交最早的阿拉伯国家之一。1990年，也门统一后，将两国的建交日期定为1956年9月24日。虽然自2015年以来也门爆发了大规模冲突，但中也两国始终保持着友好往来。2016年2月15日，中国驻也门大使田琦在利雅得向也门总统哈迪递交了国书。田琦表示，中国将积极参与也门经济重建，双方将共同推进"一带一路"建设。

2004年12月31日，中国驻也门大使高育生和也门文化和旅游部长哈立德·阿卜杜拉·鲁韦尚分别代表两国政府签署了文化合作执行计划。根据这个计划，中国和也门两国政府将鼓励各自国家的文化企业和文艺创作联合会建立直接的联系，互派由文学家、作家和艺术家组成的代表团进行互访并交流经验。中也双方鼓励在对方国家互办电影周、图片展，并参加在对方国家举办的文化节，以展示双方在文化、艺术领域的成就。鲁韦尚高度赞扬了中国传统文化和中国在文化领域所取得的巨大成就。他表示，也门政府非常愿意学习中国政府和人民在传承民族文化方面的宝贵经验，并将进一步加强双方在文化领域的合作。

2013年1月，也门文化部、也门作家协会在萨那文化宫联合举办《中国之行》新书首发式。《中国之行》是也门著名作家侯赛尼2010年访问中国后，根据在华所见所闻和亲身经历撰写的文集。该书从不同侧面反映了改革开放30多年来中国发生的巨大变化，以及中也各领域友好合作关系积极健康的发展势头。《中国之行》为增进也门各界对中国的认知提供了参考。

2015年3月，中国驻也门大使田琦应邀在也门外交学院发表题为"发扬丝路精神，实现合作共赢"的演讲，他指出，中也是风雨同舟、患难与共的好朋友，古老的"丝绸之路"将我们紧密联系在一起，两国虽然国情不同，但有着相似的历史遭遇，共同的发展任务。中也关系的本质就是真诚友好、互相尊重、平等互利、共同发展。我们要发扬"丝绸之路"精神，将两国的发展战略相互对接，全面深化中也合作，为实现中华民族伟大复兴的中国梦与和平稳定发展的也门梦而共同努力，加强民心相通，增进传统友谊。以萨那大学开设中文系、也门国家大图书馆竣工等为契机，进一步扩大两国在文化、教育、体育等领域的人文交流，增进两国人民之间的友谊，使中也友好薪火相传、发扬光大。

阿　曼

阿曼苏丹国位于西亚，是阿拉伯半岛东南沿海的一个国家，西北与阿拉伯联合酋长国接壤，西面毗邻沙特阿拉伯，西南靠近也门。阿曼的海岸南方和东方临阿拉伯海，东北方则抵阿曼湾。它扼守着世界上最重要的石油输出通道——波斯湾和阿曼湾之间的霍尔木兹海峡。阿曼是阿拉伯半岛最古老的国家之一，公元前2000年已经广泛进行海上和陆路贸易活动，并成为阿拉伯半岛的造船中心。

阿曼与中国友好交往可谓源远流长。阿曼苏丹国地理位置得天独厚，既是素有"世界石油输出咽喉"之称的霍尔木兹海峡沿岸国家，也是"丝绸之路"的重要交会地带。据记载，汉期时期，中国的货物就曾经远销阿曼的苏哈尔。南北朝时期，阿曼的商人曾经到洛阳从事丝绸贸易。到了14世纪末的明朝，中阿友好往来更是达到鼎盛。当时郑和七下西洋，其中有三次来到阿曼。

2014年8月，应阿曼苏丹国文化部邀请，黔东南苗侗歌舞艺术团参加了由阿曼最具影响力的MAJAN电视台直播的旅游文化节大型节目，向电视观众展示了独具特色的苗侗文化。在阿曼最著名的旅游胜地萨拉拉市主题公园，艺术团还表演了两场歌舞节目《美丽黔东南》。

2015年1~2月，第十五届阿曼马斯喀特艺术节"璀璨中华"欢乐春节行活动迎来了"中国日"，参加本届马斯喀特艺术节的中国综合展演团是历届参与人数最多、内容最丰富的一次。全团43人共带来15项技艺及文化展示，并将内容设置为"中国功夫""中国美食""中国手艺""中国祝福"四个板块，呈现形式分为馆内展示、户外演出、互动交流等，相互借鉴的同时更加重视分享。此次活动作为"中阿丝绸之路文化之旅"系列活动之一，既是文化部2015年海外"欢乐春节"活动中的一项重要内容，也延续了"璀璨中华"这一于2013年沙特杰纳第利亚遗产文化节中国主宾国活动期间成功打造的文化交流品牌精髓，秉承"文明，与世界分享"理念，着重将民俗文化、节庆文化、祈福文化等中国传统文化以最简单的形式与阿曼人民分享，并渴望深度交流。

阿拉伯联合酋长国 （阿联酋）

阿拉伯联合酋长国（简称阿联酋），位于阿拉伯半岛东部，北濒波斯湾，西北与卡塔尔为邻，西和南分别与沙特阿拉伯交界，东和东北与阿曼毗连，海岸线达734公里，总面积83600平方公里，首都阿布扎比。

阿联酋自古就是中国通往非洲和欧洲"海上丝绸之路"的必经之地，具有无可比拟的区位优势。阿联酋外交国务部部长安瓦尔·卡尔卡什说，阿中两国立场相近、利益相连、民心相通，两国战略伙伴关系不是单向、个别领域的合作，而是双向对接、合作共赢，涵盖各领域的全方位伙伴关系。中国提出的共建"一带一路"倡议，和阿方提出的"重振丝绸之路"的理念可以说是不谋而合。在下一阶段，中国和阿联酋共同推动"一带一路"建设将成为两国务实合作的一个主旋律。

俗话说，国之亲在于民相交，民心相通是进一步拓展中国和阿联酋各个领域务实合作的重要保障。中国和阿联酋双方均重视发展文化方面的合作关系，近年来，两国在文化教育、学术往来、人才交流、媒体合作、志愿者服务等方面开展了多种形式的交流，为双方的合作不断夯实民意基础，传承两国的友好合作精神。两国文艺团体互访频繁，中文教育在阿联酋开展得很好，现在阿联酋有扎伊德大学以及迪拜大学开办的两所孔子学院和一所中文学校，阿联酋人学习汉语的热情与日俱增。阿联酋方面还多次组织"青年大使团"访问中国，越来越多的中国学生也来阿联酋留学。

2014年10月，"全球孔院成立10周年暨首个孔子学院日庆祝活动"在迪拜举行。作为主办方，迪拜大学孔子学院通过丰富多彩、别具中国风的表演，给在场的当地政府官员及华侨华人带来了一次中国文化的"亲密体验"。应阿联酋文化部邀请，6月26日，"意境繁荣·2014中国艺术家迪拜联展"在迪拜艺术中心圆满落幕，中国艺术家代表团在迪拜进行了为期8天的书画交流访问。

2015年4月，中国-阿拉伯国家妇女合作论坛在阿布扎比举行。同年5月，第二十五届阿布扎比国际图书展在阿布扎比国家展览中心开幕，中国作家刘震云的小说《手机》阿文版当天举行了新书发布会，受到广泛关注。刘震云在接受中国媒体联合采访时说："再没有一种交流能比得上文化交流对于两个民族了解彼此生活更便捷的了。一个民族通过阅读另一个民族的文学作品，便可知道对方怎样生活、怎样说话、怎样表达情感，进而了解他们的生活态度，他们的世界观和方法论。"

2016年7月，中国驻阿联酋大使常华会见了阿联酋文化与知识发展部部长纳哈扬亲王，双方就双边文化合作的具体项目交换了意见。纳哈扬表示，阿方高度关注"一带一路"倡议，古老的"丝绸之路"不仅是商贸之路，更是文明交融之路。阿方愿积极参与"一带一路"建设，并以此为契机促进同中国的文化交往。同年12月，阿联酋境内规模最大的文化遗产展示活动"2016谢赫扎耶德文化遗产节"拉开帷幕，包括东道国阿联酋在内的18个国家参加了活动，中国是东亚地区唯一受邀参展的国家。

卡塔尔

卡塔尔位于亚洲西南部，也是地处阿拉伯半岛上的一个半岛国家，该国绝大部分领土均为波斯湾所围绕，仅其南部疆域与沙特阿拉伯接壤。卡塔尔国土面积为11521平方公里，海岸线长达563公里。周边接壤或临近的国家包括巴林、阿联酋等。卡塔尔总人口约 212 万人，其中阿拉伯人占 40%。卡塔尔首都多哈（Doha），是卡塔尔第一大城市。另外还有乌姆锡拉勒、拉斯拉凡港等大城市。

作为古代"海上丝绸之路"重要的交通枢纽，卡塔尔是率先与中国签署共建"一带一路"合作备忘录的国家之一，也是实施"一带一路"倡议的重点国家。卡塔尔埃米尔（国家元首）塔米姆在多哈埃米尔宫表示，卡塔尔高度重视中国提出的"一带一路"倡议，愿意积极参与"一带一路"建设并为之做出贡献。2014 年，两国达成共识，决定共同举办 2016 中卡文化交流年。中国和阿拉伯国家都具有灿烂的文化和悠久的历史，文化节及文化年的举办旨在传承友谊、传播中国文化艺术，增进中卡两国人民之间的相互了解和信任。

2014 年 1 月，"2014 卡塔尔中国文化节"在多哈卡塔尔文化城举办。来自江苏、湖南、重庆、四川、福建五省（直辖市）艺术团体的约 150 名中国艺术家为卡塔尔观众带来了具有鲜明中国民族特色的演出和展览节目。卡塔尔文化城主席哈立德表示，中国文化艺术博大精深、广受欢迎，文化节为当地民众提供了一次深入了解中国文化的机会，必将产生深远影响。

2015 年 2 月 15 日，在羊年春节即将到来之际，中国驻卡塔尔大使馆在多哈四季酒店隆重举办"庆新春特别晚宴暨中国传统艺术演出盛典"活动。中国艺术家张军和青年钢琴家陈洁的表演将传统的民族艺术珍品"昆曲"和钢琴巧妙融合，为现场观众呈现了精彩的视听盛宴。

2016 年 3 月，2016 中国－卡塔尔文化交流年"热闹入春"，两国的文化交流活动全面展开。同年 3 月，"来自丝路的丝绸——中国丝绸艺术展"在多哈卡塔拉艺术区开幕，展览持续到 5 月。本次丝绸艺术展由中国丝绸博物馆与卡塔尔博物馆管理局联合举办，凸显丝绸在"丝绸之路"沿线东西方贸易和文化交流中的独特作用。在展览的百余件展品中，既有古代丝绸珍品，也有现代艺术家设计的丝绸服饰，还有介绍中国古代丝绸制作技艺的实物。此外，中方在多哈还举办了"中国古代青铜器展""丝绸之路青铜器展文化交流""青年艺术对话展""中华霓裳服饰秀"以及中国文化节等 17 场活动。11 月，由中国文化部、卡塔尔博物馆管理局联合主办的"中国节"活动走进卡塔尔，主要包括文艺表演、民间工艺展示两大内容，是浙江省乃至国家首次在西亚地区举办的以民俗文化与传统艺术为主题的大型户外主题活动。活动为卡塔尔民众提供了一次近距离接触中国文化的绝佳机会，并从多个角度欣赏、感受中国文化的多彩和魅力。

科威特

科威特是位于西亚地区阿拉伯半岛东北部、波斯湾西北部的君主制国家。南部与沙特阿拉伯、北部与伊拉克分别接壤。同伊朗隔海相望，历史上曾是英国的殖民地，于 1961 年 6 月 19 日独立。首都科威特城与该国名称相同。

科威特积极支持中国建设"丝绸之路经济带"和"21 世纪海上丝绸之路"。科威特是最早与中国签署共同建设"一带一路"协议的阿拉伯国家之一。2016 年正值中科建交 45 周年。45 年来，中国和科威特在政治、经济和文化等领域合作不断加强。2011 年 12 月，中国和科威特就文化、教育、新闻等领域的合作签署 2012～2015 年执行计划，其中包括双方互办造型艺术展；鼓励在出版、印刷领域开展合作；鼓励中国国家图书馆与科威特国家图书馆交换信息资料和印刷品、互换有关两国文物的出版物；鼓励双方在博物馆、文物研究、文物实验室、清洗和维护文物方面交流经验、互办文物展览，特别是文物摄影图片展览；双方互派音乐团和民间歌舞团访演，鼓励在儿童文化领域进行合作，交流经验，相互邀请对方参加该领域的艺术节及相关活动；双方鼓励互办"文化周"等内容。

2015 年 4 月，由科威特教科文组织主办的"文明对话科威特教科文组织"活动在科威特国家博物馆举办，中国驻科威特大使馆文化处推荐了三个节目，分别是中国医疗队队员饶梦珂表演的中国古典舞蹈"惊鸿舞"、华裔少年李海威小提琴演奏中国新疆歌曲《迪安娜》和阿拉伯歌曲演唱，赢得了在场科威特观众的喝彩。场外，大使馆文化处举办的文化展览也独树一帜，内壁画、景泰蓝等中国传统手工艺品，以及三星堆面具、铜车马等文物复制品，都赢得了到场观众的青睐。科威特教育部网站对该活动进行了专题报道，科威特《舆论报》也对上述活动进行了特别报道，中国演员的演出剧照占据了版面的重要位置。同年 10 月，中国驻科威特大使王镝拜会科威特文化、艺术与文学委员会秘书长阿里·尤哈，双方就推动中科文化领域合作和人文交流交换了意见。阿里表示，科中友好关系历史悠久，科方对中国灿烂的历史文化和伟大的发展成就深感钦佩，高度重视同中方加强文化合作，不断增进两国人民传统友谊，携手推动科中关系不断迈上新台阶。

2016 年 1 月，浙江艺术团 34 人赴科威特进行 "欢乐春节·最美中国风" 巡演，为第二十二届古林艺术节献上精彩演出。合奏《欢乐的夜晚》《喜洋洋》把美好和喜悦传递给每一个人，民歌《对鸟》《美丽浙江》描绘了浙江的绿水青山、历史文明，江南丝竹《采茶舞曲》《赛马》分别展现了采茶姑娘清晨采茶及蒙古族同胞赛马的激烈场景，另外还有舞蹈《俏花旦》《盘子舞》，魔术《幻》等节目。同年 7 月，为庆祝中国和科威特建交 45 周年，进一步增进中科两国人民的友谊与合作，湖南艺术职业学院艺术团对科威特进行了为期 4 天的友好访问演出。

巴　林

巴林王国位于亚洲西部，是波斯湾西南部的岛国，由 33 个岛屿组成，位于卡塔尔和沙特阿拉伯之间，与沙特阿拉伯由跨海大桥相连，石油为国家的经济支柱。阿拉伯人约占 60%，75%~80% 的居民住在城市里。伊斯兰教为国教，绝大多数居民信奉伊斯兰教什叶派，国内普遍实行一日 5 次的礼拜及其他宗教仪式。阿拉伯语为官方语言。巴林原为英国殖民地，1971 年 8 月 15 日宣布独立。巴林，在阿拉伯语中意为 "两股水源，两个海"。巴林是海湾地区最早开采石油的国家，也是海湾地区国家的金融中心。

2014 年恰逢中国与巴林建交 25 周年，"一带一路" 倡议的提出更为全面提升两国关系提供了契机，巴林政府积极响应，两国进行了多层次的交流。巴林大学孔子学院成立于 2014 年，虽然刚成立三年多，但所举办的文化周、画展、食品节等系列文化推广活动和汉语教学受到当地民众的喜爱，在当地掀起了 "汉语热"，展示了孔院在促进中国与巴林友好关系方面做出的积极贡献。

2014 年 4 月，由中国文化部、巴林文化部和中国驻巴林大使馆共同主办的 2014 巴林"中国文化周"在巴林国家艺术中心拉开帷幕，活动包括中国丝绸艺术展、中巴关系图片展和中国辽宁芭蕾舞团演出等。

2016 年 1 月，巴林大学举行巴林王国国庆日庆祝活动，巴林大学孔子学院应邀参加。巴林王国王子殿下纳赛尔携教育大臣马吉德等政府官员亲临孔子学院展台参观，接受孔子学院赠送的纪念品。参加活动的人数超过 6000 余人，这是巴林大学孔子学院自揭牌以来规模最大的一次中国文化推广活动，被巴林当地多家新闻媒体报道，在巴林大学和巴林社会各界引起了积极的反响。同年 3 月，中国烹饪协会组织的"一带一路"中国清真美食文化巡礼活动由卡塔尔走进巴林，开启此次巡礼活动的第二站。中国烹饪大师来巴林展示了中国清真美食文化，弘扬中国文化软实力。5 月，巴林孔子学院举办了首届"中国文化周"活动，活动主要包括展示中国国画、书法、茶道、武术、美食等内容。巴林华人华侨、中资机构和留学生纷纷前来参观和欣赏演出。

2016 年 8 月 2 日，中国驻巴林大使戚振宏会见巴林文化与文物局局长谢赫梅，双方就进一步加强两国文化交流与人文合作深入交换意见。戚振宏大使代表中方与谢赫梅局长共同签署《中华人民共和国文化部和巴林王国文化与文物局关于在巴林设立中国文化中心的谅解备忘录》。戚大使指出，中巴长期友好，双方高层往来日益密切，政治互信不断深化，务实合作稳步推进，两国友好合作关系正进入全面发展快车道。特别是在两国政府共同努力下，近年来双方文化交流与合作成果丰硕，两国友好民意基础进一步夯实。此次中方决定在巴设立海湾国家首个中国文化中心，充分体现了中国政府高度重视发展中巴关系。中方愿以此为新的起点，继续拓展和深化两国文化领域的交流与合作。

希　腊

希腊共和国，是位于欧洲东南角、巴尔干半岛南端的共和制国家。全国由伯罗奔尼撒半岛和爱琴海中的 3000 余座岛屿共同构成。希腊为连接欧亚非的战略要地，本土从西北至正北部分别邻阿尔巴尼亚、马其顿、保加利亚三国，东北与土耳其国境接壤。周围则自东而西分别濒临爱琴海、地中海本域与伊奥尼亚海。

众所周知，希腊是西方文明的发源地，地处巴尔干半岛南端、三面环海的希腊，历史上就活跃在沟通东西方的丝绸之路上，现在又成为"21 世纪海上丝绸之路"的重要参与者。由于特殊地缘优势以及中远集团在这里多年的经营，希腊比雷埃夫斯港已成为"一带一路"上的重要一环，是"陆上丝绸之路"和"海上丝绸之路"的连接点。

2009 年 10 月，雅典经济大学与中国的对外经济贸易大学合作创办的商务孔子学院落户雅典，这是希腊第一家孔子学院。雅典经济大学校长普拉斯塔科斯在致辞中说，创建孔子学院将拉近希中两国人民之间的距离。孔子学院将为两国人民提供交流观点和知识的平台，也为希腊人民提供了解中国这个当前最有活力经济体的机会。孔子学院的开办是继 2008 年北京奥运会、"希腊文化年"在中国成功举办、中希两国元首成功互访之后，中希人民之间架设的又一座友谊桥梁。

2014 年 6 月，中国驻希腊大使邹肖力和希腊文化体育部部长康斯坦丁·塔苏拉斯在希腊总理府共同签署了中国希腊互设文化中心的协定。正在希腊进行访问的国务院总理李克强和希腊总理萨马拉斯共同出席了互设文化中心协定签署仪式。

2015 年 3 月，"中希海洋合作年"在北京启动，活动的主题是"深化海洋合作，共建蓝色文明"。活动期间，双方在海洋科技、海洋人文、海洋经贸等方面开展多项合作。

2016 年 12 月，中国驻希腊大使邹肖力在希腊文化部会见了新任文化部部长利蒂娅·科妮奥尔都女士，双方就促进中希文化交流合作等事宜交换了意见。邹大使表示，2017 年是中希建立全面战略伙伴关系第二个十年的开局之年，也是中希文化交流与文化产业合作年。希望双方加强沟通协调，充分调动两国政府、企业、民间等方面的积极性，深挖合作潜力，共同打造一系列品牌项目，促进文化与经贸"两个轮子一起转"，协同发展，推动中希关系迈上新台阶。科妮奥尔都部长表示，希腊文化部愿积极发挥协调作用，与中方密切沟通协作，共同办好"2017 中希文化交流与文化产业合作年"系列活动，使之成为两国关系史上的新亮点。

塞浦路斯

塞浦路斯共和国是位于欧洲与亚洲交界处的一个岛国，位于地中海东部，面积达 9251 平方公里。塞浦路斯扼守欧洲、亚洲和非洲的海上要道，战略位置十分重要，因此欧美国家对该区域的军事部署高度关注。塞浦路斯现为英联邦成员国。塞浦路斯是地中海的一个主要旅游目的地，经济收入和人类发展指数都很高。

塞中两国自 1971 年建交以来关系友好，在各种区域性和国际性问题上有着共同的价值观。塞浦路斯位于欧盟最南端的东边界，处在欧洲、亚洲和非洲的路口上，可以为推动"一带一路"倡议扮演积极角色。过去 30 多年，塞浦路斯逐渐发展成为国际商业中心，同时成为世界海运船只登记数量最多的国家之一。塞浦路斯可以作为"一带一路"海上贸易路线的经停点，帮助推进"海上丝绸之路"的发展。

2014 年，由北京教育学院与塞浦路斯大学合办的孔子学院揭牌，此前塞浦路斯是唯一一个没有孔院的欧盟国家，因此当天的揭牌仪式标志着孔院已走进所有欧盟成员国。塞浦路斯教育和文化部部长科斯塔斯·卡迪斯致辞说，相信塞浦路斯大学孔子学院将起到桥梁作用，进一步提升中塞两国和两国人民的传统友谊。中国驻塞大使刘昕生致辞说，塞浦路斯大学孔子学院的成立为当地民众提供了学习汉语和领略中华文化的渠道，也为中塞两国双边合作创造了更多机会。希望这一平台能被充分利用，以增进两国关系，造福两国人民。

2014 年 1 月，中国文化部部长蔡武 25 日在尼科西亚会见了塞浦路斯教育文化部部长凯内韦佐斯，双方就进一步加强两国文化交流与合作深入交换了意见并于会后共同签署了《中华人民共和国政府和塞浦路斯共和国政府 2014 年至 2018 年文化合作执行计划》。同年 10 月，"中国文化节"首次在塞浦路斯举行，首场"吴韵流芳"文艺演出和中国非物质文化遗产手工艺展示在塞首都尼科西亚老城 Royal Hall 剧院盛大上演，座无虚席。

2015 年 9 月 28 日，以展现中塞两国文物交流为主要内容的"中塞文化对话展"在塞浦路斯利马索尔区考古博物馆开展，这是中国首次在塞浦路斯举办文物展。本次展览以社会和文化生活为主题，通过"货币与经济""生活的追求""灵魂的归宿"三个单元，向塞浦路斯及各国观众介绍两千多年前中国秦汉时期以及塞浦路斯同时期的社会生活状况。

2016 年 9 月，中国驻塞浦路斯大使馆和塞浦路斯帕福斯市政府 23 日共同举办"中国文化之夜"活动，庆祝两国国庆的同时也纪念中塞建交 45 周年。10 月，塞浦路斯大学孔子学院举行华裔儿童活动日。活动期间，中国驻塞浦路斯大使黄星原向塞浦路斯儿童赠送礼品，并代表使馆向孔子学院赠送图书。孔子学院院长王振先给孩子们讲解了中国的文明历史和四大发明等。10 月 15～16 日，"孔子学院日暨中国文化节活动"在塞浦路斯西南部港口城市帕福斯举行，500 多名观众在文化节上观赏和体验了中国舞蹈、书法、太极、中医针灸等丰富多彩的文化节目。

埃　及

埃及共和国位于北非东部，领土还包括苏伊士运河以东、亚洲西南端的西奈半岛。埃及既是亚、非之间的陆地交通要冲，也是大西洋与印度洋之间海上航线的捷径，战略位置十分重要。埃及是中东人口最多的国家，也是非洲人口第二大国，在经济、科技等领域长期处于非洲领先地位。埃及也是一个非洲强国，是非洲大陆的第三大经济体。

2014 年底，埃及总统塞西访华，与中国国家主席习近平共同宣布建立全面战略伙伴关系。访问期间，塞西表示埃及欢迎中国提出的"一带一路"倡议，并希望发挥积极作用。

中国和埃及不仅在经济上密切合作，人文交流也十分活跃。2002 年成立的开罗中国文化中心是 21 世纪我国政府在海外开设的第一个大型文化中心，开罗大学孔子学院、苏伊士运河大学孔子学院以及尼罗河电视台孔子课堂的建立，都为宣传、推广中国文化艺术，发展两国政府在语言、文学、教育和科学领域的交流与合作，促进两国双边文化协定和执行计划的实施，增进两国人民的友谊等方面做出了贡献。

2014 年 2 月，由文化部和江苏省政府、江西省政府、山东省政府、河南省政府组派的民间艺术家小组访问埃及，参加了埃及 2014 年"欢乐春节"系列庆祝活动，受到埃及各界人士的高度赞扬。最近几年中国在全世界举办"欢乐春节"系列活动，是为了让全世界更好地了解中国人民的文化习俗，推动全世界与中国开展友好合作，共同分享中国人民欢庆春节的喜悦。在埃及举办"欢乐春节"活动，也将一个稳定和充满活力的埃及介绍给中国人民，推动两国在旅游方面的合作得到进一步发展。

2015 年 8 月，在埃及首都开罗，前来出席新苏伊士运河竣工典礼的习近平主席特使、文化部部长雒树刚与埃及文化部部长纳巴维签署了《中埃两国政府文化合作协定 2015 - 2018 年执行计划》和《中埃两国文化部关于 2016 年互办文化年的谅解备忘录》。

据开罗中国文化中心统计，2016 年中埃文化年期间，中方共在埃及举办了 89 场文化活动，包括舞蹈、戏曲、武术等文艺表演以及讲座、研讨会等，活动吸引了约 8.6 万人次直接参加，在社交媒体观看活动视频、留言点赞等间接参与的观众有 500 万人次，基本覆盖了埃及当地社会的各个阶层。

印　度

印度共和国，是南亚次大陆最大的国家。东北部同中国、尼泊尔、不丹接壤，东部与缅甸为邻，东南部与斯里兰卡隔海相望，西北部与巴基斯坦交界。东临孟加拉湾，西濒阿拉伯海，海岸线长达 5560 公里。

中印之间交往历史悠久。中印交流始于秦代，到两汉时逐渐频繁，在隋唐时趋于高潮，宋元时更加深入。在 2000 多年的交往史中，印度的佛教、音乐、舞蹈、天文历算、文学、建筑和制糖技术等相继传入中国，其影响正如鲁迅所言，"印度则交通自古，贻我大祥，思想信仰道德艺文，无不蒙贶，虽兄弟眷属，何以加之"。同样，中国的造纸、蚕丝、瓷器、茶叶、音乐等也传入印度，极大地丰富了印度文化。中国《二十四史》和高僧大德的游记更成为印度构建古代历史的基础。

印度是"一带一路"沿线重要国家之一。"一带一路"倡议把民心相通看作核心理念，也给印度人民重新认识中国提供了契机。民心相通的关键要靠人文交流，因此当前两国人文领域的合作得到了两国政府的高度重视。

2013 年 1 月，在中国传统新年即将到来之际，中国大型功夫舞台剧《功夫传奇》首次在印度上演。6 月，由中国国家新闻出版广电总局、印度新闻广播部及中国驻印度使馆联合主办的"2013 年中国电影节"在印度首都新德里隆重开幕。9 月，一台由中国驻印度大使馆主办，中国国家旅游局驻新德里办事处、印中经济文化促进会协办，以文艺演出与《美丽中国》大型图片展为主要内容的"中印文化之夜"活动在新德里卡马尼剧场隆重推出。

2014 年 1 月，中国中央戏剧学院应邀参加第 16 届印度"婆罗多戏剧节"，在新德里卡马尼剧场成功演出话剧《安妮日记》。"婆罗多戏剧节"是印度国家戏剧学院主办的年度国际性戏剧节，中央戏剧学院自 2006 年起每年都应邀参加。2 月，由中国驻印度大使馆主办，印中经济文化促进会协办的 2014 年"欢乐春节"活动在新德里隆重举行。

2015 年 8 月，印度瑜伽部联合秘书夏尔玛、顾问丹尼斯博士及莫拉基·德塞瑜伽学院院长巴萨瓦拉蒂博士访问云南民族大学，就中印瑜伽学院今后的师生常规交流、政策及经费支持、课程设置、合作培养等问题交流了意见。11 月 5 ~ 11 日，第十七届中国上海国际艺术节"印度文化周"在上海举行。

巴基斯坦

巴基斯坦共和国，是一个多民族的伊斯兰国家，95% 以上的居民信奉伊斯兰教，官方语为乌尔都语。

巴基斯坦在"一带一路"建设中的位置十分重要。巴基斯坦的海岸线长约 700 公里，有两个重要的军事港口：卡拉奇港、瓜达尔港。卡拉奇在东海岸，靠近印度一侧。瓜达尔深水港是巴基斯坦第三大港口，位于具有重要战略意义的波斯湾的咽喉附近，紧扼从非洲、欧洲经红海、霍尔木兹海峡、波斯湾通往东亚、太平洋地区数条海上重要航线的咽喉，可以作为东亚国家转口贸易及中亚内陆国家的出海口。巴基斯坦高度重视"一带一路"倡议。总理谢里夫称，"反对中巴经济走廊的人就是巴基斯坦的敌人"。随着"丝绸之路经济带"和中巴经济走廊建设的不断推进，双方在艺术、汉语教学、广播影视、青年等方面的交流将越来越活跃。

2014 年 5 月 13 日，第十三届"汉语桥"世界大学生中文比赛巴基斯坦赛区决赛在伊斯兰堡成功举办。

2015 年 1 月 20 日，"中国—巴基斯坦艺术家采风创作展"在巴基斯坦国家艺术委员会开幕。此次展览是 2013 年至 2014 年间，十多位中国和巴基斯坦优秀艺术家前往对方国家进行的采风创作。5 月 12 日，第十四届"汉语桥"世界大学生中文比赛巴基斯坦赛区决赛在巴基斯坦国立现代语言大学进行。中国驻巴大使孙卫东在比赛结束时发表了热情洋溢的讲话。他祝贺此次"汉语桥"活动圆满成功，赞赏巴国立现代语言大学为增进中巴友好交流所做的贡献，鼓励在巴的孔子学院和合作院校在普及汉语教育和培养汉语高级人才等方面与时俱进、再创辉煌。

2016 年 5 月，巴基斯坦中国文化中心在巴基斯坦国家艺术委员会综合楼正式"落户"。为庆祝中国和巴基斯坦建交 65 周年，由中国驻巴基斯坦大使馆、上海市电影发行放映行业协会、巴基斯坦国家艺术委员会共同举办的"2016 中国电影周"在伊斯兰堡开幕。5 月，庆祝中巴建交 65 周年博览会在巴首都成功举行。为了展现中巴世代友好，巴民俗历史博物馆专门设立中国文化展台，展示中国瓷器、手工艺品、图书及中国民族服饰等。孙卫东大使也向博物馆赠送青花瓷茶具一套，用于丰富展台内容，体现中国文化的丰富内涵。8 月，中国中外友好国际交流中心和英杰硬石艺术博物馆共同接待了出席"2016 中巴经济走廊治理能力建设研修班"的 21 位巴基斯坦代表，在活动中代表们亲密接触了中国文化。10月，"中国道路和中国梦"巴基斯坦媒体代表团前来中国体验北京胡同文化。

孟加拉国

孟加拉人民共和国位于孟加拉湾之北，东南与缅甸为邻，其他部分都与印度接壤,在北方边境尚有大量飞地,国土总面积为147570平方公里。

孟加拉国地处南亚次大陆东北部,东、西、北三面与印度接壤,东南毗邻缅甸,南濒孟加拉湾。孟加拉国位于亚洲三大经济体中国、印度、东盟的交汇处,且是多方合作的桥梁与纽带,地理位置优越。在历史上,孟加拉地区与古丝绸之路结下了不解之缘,作为"陆上丝绸之路"的重要交汇点以及"海上丝绸之路"的重要枢纽,古孟加拉地区曾经见证并分享了"丝绸之路"带来的商业繁荣和文化灿烂。法显和尚通过孟加拉走上了"海上丝绸之路";郑和亦两次到过孟加拉,并有详细的记录。历史上的交流积淀使得"一带一路"倡议甫一提出,就得到了孟方的积极响应。

1975年10月4日,中国与孟加拉国正式建立外交关系。建交后,两国友好合作关系一直健康、顺利地向前发展。双方在政治、经济、军事、文化等各个领域进行了卓有成效的合作。近年来,中国与孟加拉国的文化往来密切。

2014年1月21日,中国驻孟加拉国大使馆文化参赞陈霜拜会了孟加拉国文化部部长努尔,双方就进一步加强中孟两国间文化合作与交流进行了友好交谈。5月28日,中国驻孟加拉国大使李军与孟加拉国文化部文化秘书比斯瓦斯在达卡共同签署了《中华人民共和国政府和孟加拉人民共和国政府文化合作协定2014年至2017年执行计划》,对中孟两国2014年至2017年的文化、艺术和文化遗产等方面的活动安排做出说明,包括双方互派文艺界人士代表团到对方国家访问,互派艺术团到对方国家访问演出,互派文物研究小组到对方国家访问,互派艺术和工艺品展览到对方国家展出等。

2015年7月至12月,"美丽中国·美丽孟加拉"中孟青年美术家交流活动分别在中孟两国举行。7月27日至8月10日,孟加拉国青年美术家代表团访问湖南。12月3日,湖南青年美术家代表团一行9人赴孟加拉国访问,并在孟加拉国首都达卡及北部城市迈门辛进行了为期10天的交流、展览和采风活动。"美丽中国·美丽孟加拉"中孟青年美术家交流项目是由中国驻孟大使馆文化处和孟中友谊中心共同策划的文化交流品牌项目,2012~2013年实现了中孟青年画家的首次互访,获得了中孟社会各界的广泛好评。

2016 年 1 月，孟加拉国举办"中国汉字及书法展"，助力中华文化传播。这一活动让孟加拉国人民进一步增进了对中国文化的深层次了解，进一步巩固了中孟友好关系。10 月 14 日至 15 日，中国国家主席习近平对孟加拉国进行国事访问，这是 30 年来中国国家元首首次访问孟加拉国，对中孟关系发展具有里程碑式的意义。习近平表示，要加强两国之间的人文交流，推动中华文化和孟加拉国文化彼此交融、互学互鉴，在两国人民心中架起心灵相通的桥梁，推动教育、媒体、智库、旅游、青年等领域交流合作，让更多民众成为中孟友好事业的支持者。

阿富汗

阿富汗斯坦伊斯兰共和国是位于亚洲中部的内陆国家，实行总统共和制。阿富汗位于西亚、南亚和中亚交会处，北接土库曼斯坦、乌兹别克斯坦和塔吉克斯坦，东北突出的狭长地带与中国接壤，东和东南与巴基斯坦毗邻，西与伊朗交界。

阿富汗既是古丝绸之路沿线的重要国家之一，也是首批积极回应"一带一路"倡议的国家之一，加尼总统、卡尔扎伊前总统都对此予以高度评价。阿富汗是中国西部重要邻国，历史上曾是连接中亚、南亚和西亚的交通枢纽，拥有巨大的地缘潜力。随着"一带一路"的推进，中阿之间的文化交流日益密切。

2013 年 4 月，由孔子学院总部/国家汉办主办的汉语水平考试（HSK）在阿富汗举行，这是汉语水平考试首次在阿富汗举行。6 月 30 日，由阿中友好协会和喀布尔大学孔子学院（中文系）共同举办的孔子思想研讨会在阿富汗国家电视台隆重举行。9 月，阿总统卡尔扎伊访华期间，陕西师范大学与阿富汗喀布尔大学签署合作谅解备忘录。中方承诺将支持在阿汉语教学，鼓励两国高校开展校际交流。11 月，阿方派遣艺术团及文化专家赴昆明参加第十三届亚洲艺术节。

2014 年 10 月，阿总统加尼访华期间，两国领导人宣布 2015 年为"中阿友好合作年"，举行了一系列庆祝活动。中方承诺继续鼓励和支持阿学生来华学习，未来五年将通过各种渠道向阿方提供 500 个政府奖学金名额。

双方同意互免持外交护照人员签证，并采取进一步措施方便两国人员往来。

2015 年 4 月，著名环球旅行作家、民间艺术家季乃刚、林亚夫妇应邀访问阿富汗喀布尔大学孔子学院，为喀布尔大学师生带来了中国民乐大餐，并与喀大孔院师生互动联欢。6 月 30 日，由中国驻阿富汗大使馆和喀布尔大学孔子学院联合举办的中阿友好关系图片展在喀布尔大学孔子学院举行。

2016 年 10 月 24 日，阿富汗喀布尔大学孔子学院马里法特学校中文教学点成立。马里法特学校是阿富汗第一家开设中文课的学校。10 月 31 日，中国驻阿富汗大使馆与阿喀布尔指南针研究所联合举办"感知大美新疆，展望共同发展"研讨会。与会人员围绕加强阿与新疆互联互通、经贸、人文往来等进行了深入研讨。

2017 年 2 月 20 日，中国驻阿富汗大使姚敬会见阿信息文化部代部长萨达特，双方就加强中阿文化、新闻、青年等领域的交流与合作交换了意见。

斯里兰卡

斯里兰卡位于印度洋海上，南亚次大陆南端，西北隔保克海峡与印度半岛相望。南北长 432 公里，东西宽 224 公里，国土面积为 65610 平方公里。斯里兰卡为英联邦成员国之一。中国古代曾称其为狮子国、师子国、僧伽罗。

斯里兰卡是"一带一路"沿线重要国家之一。地处印度洋的斯里兰卡，古时就是"海上丝绸之路"的重要节点。中国航海家郑和曾 5 次到访斯里兰卡，帮这里打开了海上运输通道。印度洋在"海上丝路"中扮演的角色同中亚之于陆上丝路的角色等量齐观，在连通中国、非洲及欧洲的航线上，除印度南部诸港口之外没有更好的地点可用于经停补给和休憩中转。地处南亚次大陆南端的岛国斯里兰卡以其优越的地理位置成为"海上丝路"无可替代的重要站点。无论是在古代的海路商贸往来中，还是在今天建设"21 世纪海上丝绸之路"构想中，斯里兰卡都发挥了重要作用。随着"一带一路"建设的推进，中斯之间的文化交流日益密切，中国文化对斯里兰卡的影响也越来越大。

2014 年 1 月 17 日，"欢乐春节中斯大联欢"晚会在中国政府援建的科伦坡班达拉奈克国际会议中心大会堂举行。9 月 16 日，正在斯里兰卡进行国事访问的中国国家主席习近平和斯里兰卡总统拉贾帕克萨在斯里兰卡总统府共同为斯里兰卡中国文化中心揭牌。斯里兰卡中国文化中心不仅是中国在南亚地区设立的首个中国文化中心，而且是首个由中国与外国国家元首亲自揭牌成立的海外中国文化中心。9 月 19 日，斯里兰卡中国文化中心成立后的首场活动《记忆·天津》成功举办，来自天津的 10 名民间艺术家向观众展示了茶艺、年画、泥塑、面塑、剪纸、刺绣、农民画、葫芦烙画、毛猴制作等手工艺。

2015 年 4 月 25 日，由中国驻斯里兰卡领事馆主持，凯拉尼亚大学孔子学院等单位承办的第十四届"汉语桥"世界大学生中文比赛在凯拉尼亚大学落下帷幕。

2016 年 5 月 21 日，斯里兰卡凯拉尼亚大学孔子学院举办 2016 年第三场 HSK 及 HSKK 考试。此次考试共有 138 人参加，其中参加 HSK 考试的有 126 人，参加 HSKK 口语考试的有 12 人。9 月 15 日，斯里兰卡国防指挥与参谋学院开设中国文化展，以"恭贺中秋"为主题的中国展区在整个展区中显得别具一格。对联、灯笼、中国结等物品营造出浓浓的节日气氛，剪纸、书法和京剧脸谱绘制等项目展示出浓浓的中国风。12 月 30 日上午，斯里兰卡科伦坡大学孔子学院举行揭牌仪式。该孔子学院由斯里兰卡科伦坡大学和孔子学院总部/国家汉办合作建立，中方承办校为北京外国语大学与红河学院。科伦坡大学孔子学院作为促进中斯文化交流的重要窗口，不仅是当地青年学习汉语、了解中国的重要场所，也将发挥中斯两国人文交流、经贸往来的桥梁作用。

马尔代夫

马尔代夫共和国位于南亚，是印度洋上的一个岛国。东北与斯里兰卡相距 675 公里，北部与印度的米尼科伊岛相距约 113 公里，面积 9 万平方公里（含领海面积），是亚洲最小的国家，被誉为"上帝抛洒人间的项链"，"印度洋上人间最后的乐园"。马尔代夫由1200余个珊瑚岛组成，其中202个岛屿有人居住。马尔代夫南部的赤道海峡和一度半海峡为海上交通要道。

马尔代夫地处印度洋中部，虽然陆地面积较小，但海域范围广阔，且横跨赤道并扼守重要国际航道，具有独特的海上地理优势。历史上，"海上丝绸之路"曾经加深了中马两国及两国人民的交往。今天，中马共同参与建设的"21世纪海上丝绸之路"将把两国的命运和发展更加紧密地联系在一起，进一步惠及两国人民。展望未来，共同参与建设"21世纪海上丝绸之路"将成为中马合作新的亮点。

中马两国交往历史源远流长。中国历史上称马尔代夫为"溜山国"或"溜洋国"。在明朝永乐十年和宣德五年，郑和率领商船队两度到过马尔代夫。明朝永乐十四年后，马尔代夫国王优素福三次派遣使节来中国。郑和的随行人员马欢所著《瀛涯胜览》和费信所著《星槎胜览》中，对马尔代夫的地理位置、气候、物产、风俗民情等都有翔实的记载。马累博物馆陈列着当地出土的中国瓷器和钱币，反映了历史上中国与马尔代夫的友好往来和贸易关系。近年来，中马关系稳定发展，随着"一带一路"倡议的提出，两国在经济、文化等方面的往来也更加密切。

2014年，中国国家主席习近平对马尔代夫进行国事访问后，两国高层交往频繁，双边关系迈向新的高度。在共建面向未来的全面友好合作伙伴关系和"21世纪海上丝绸之路"的大背景下，中马关系不断升温，两国文化交流迎来新机遇。

2015年4月11日至14日，云南省省长陈豪率团访问马尔代夫，推动云南省与马在经贸、文化和旅游等领域的交流与合作，宣传推介第三届中国-南亚博览会。9月25日，美丽天津艺术团在马累奥林巴斯剧院举行文艺演出，艺术团表演不仅展示了中国悠久的文化，还向马人民传达了来自中国人民的美好祝愿。

2016年3月3日，中国-马尔代夫文化交流协会在马尔代夫首都马累宣布成立。5月9日，陕西汉唐文化创意研究院代表团访问马尔代夫国家艺术馆。同日，中国首部丝绸之路教育题材电影《爱我吧，长安》在马尔代夫举行开机仪式。

2017 年 1 月，中国驻马尔代夫大使王福康会见中马文化交流协会会长莫芮德。3 月 8 日下午，中国宋庆龄基金会常务副主席杭元祥会见中国 – 马尔代夫文化交流协会会长莫芮德一行。作为友谊的桥梁，中马文化交流协会将为促进中马两国人民相互了解、文化交流，加强两国青年的教育和培训交流提供平台。

尼泊尔

尼泊尔联邦民主共和国，位于喜马拉雅山脉南麓，北与中国西藏自治区相接，东与印度共和国锡金邦为邻，西部和南部与印度共和国西孟加拉邦、北方邦和北阿坎德邦等接壤。

中尼之间有着上千年的友好交往史。晋代高僧法显、唐代高僧玄奘都曾到过佛祖释迦牟尼诞生地兰毗尼（位于尼南部）。唐朝时，尼泊尔公主尺真与吐蕃赞普松赞干布联姻。元朝时，尼著名工艺家阿尼哥曾来华监造北京白塔寺。目前，中尼两国在体育、文学、艺术、广播、科学、宗教、摄影、出版、教育等方面均有交流。中国每年向尼提供 100 个政府奖学金名额。2000 年，中尼两国签署了关于中国公民赴尼泊尔旅游实施方案的谅解备忘录，尼泊尔成为南亚第一个中国公民组团出境旅游目的国。2007 年，孔子学院落户加德满都大学。2009 年以来，两国青年代表团实现互访。2012 年 5 月，尼泊尔百人青年代表团访华。2011 年双方人员往来为 13.6 万人次。

尼泊尔非常重视中国的"一带一路"倡议，希望从中获益，也希望可以成为架接中、印、尼三国经济合作的桥梁。随着"一带一路"的推进，中国文化和汉语在尼泊尔也越来越受到欢迎。越来越多的尼泊尔人对中国文化、中国故事、中国机会感兴趣，"汉语热"遍及尼泊尔。很多尼泊尔学校自发开办汉语班，举办"中国月"等活动。"中国节""中国文化加德满都论坛"等已经陆续举办多届，"孔子学院""新知书屋"等已走进尼泊尔人的生活，每年一度的"中国春节"已经深入尼泊尔人民心中。中国国际广播电台与尼泊尔国家电视台共同签署了"电视中国剧"框架协议，在尼泊尔陆续播出多部中国电影和电视剧。

2015年4月3日，第十四届"汉语桥"世界大学生中文比赛尼泊尔赛区决赛在尼泊尔旅游和酒店管理学院举行。12月27日，首届"博卡拉中国电影节"在尼泊尔第二大城市博卡拉开幕。

2016年4月，由南京市文化广电新闻出版局局长刁仁昌带队的南京文化代表团一行六人访问尼泊尔。5月，"中国西藏·扎西德勒"西藏唐卡展在尼泊尔中国文化中心隆重开幕。7月，"中国西藏·扎西德勒"文化艺术培训班开班典礼在尼泊尔中国文化中心举行。7月，由西藏自治区文化厅厅长岗青带队的"中国西藏·扎西德勒"工作组一行五人访问尼泊尔。9月，"丝路新颜"图片展和"中国文化月"活动在尼泊尔举行。10月，首届"尼泊尔校园中国电影周"在加德满都拉开帷幕。12月，"汤显祖与莎士比亚逝世400周年"纪念活动在加德满都举行。

2017年3月，"2017尼泊尔四川美食文化周"在加德满都举行。该活动也是中国地方省份首次在尼泊尔举办以美食为题材的文化活动。一道道精致的川式菜肴让尼泊尔来宾赞不绝口，川剧《花开盛世》、川剧变脸、川派空竹杂技《在雨中》等节目获得了观众的阵阵掌声。这次活动让尼泊尔人民享受了一次中国文化盛宴。同月，第一期实用汉语培训班在尼泊尔中国文化中心开班。

不 丹

不丹位于喜马拉雅山脉东段南坡，其东、北、西三面与中国接壤，南部与印度交界，为内陆国家。北部山区气候寒冷，中部河谷气候较温和，南部丘陵平原属湿润的亚热带气候。国土面积约3.8万平方公里，人口约76万人。其中不丹族约占总人口的50%，尼泊尔族约占35%。不丹实行君主立宪制，官方语言为不丹语"宗卡"，上层社会通用英语，藏传佛教（噶举派）为国教，此外，大部分尼泊尔族居民信奉印度教。

中国和不丹是山水相连的邻邦，保持着友好往来。历史上，不丹属于中国西藏的一部分，是中国的附属国和藩国。不丹独立以后，由于经济命脉长期被印度把持，因此在政治上受印度牵制也很大。虽然中不两国至今没有建立正式外交关系，并且存在领土争议，但总的来说两国关系稳定，边界安宁。

尽管中国和不丹在经贸等方面往来不多，但中国仍然是不丹第二大进口国。近年来，中国和不丹开展了一系列文化交流活动。中国艺术团体以及杂技演员等纷纷出访不丹，部分不丹学生获得了到中国留学的奖学金。

2014 年 10 月，琉璃光舍·不丹文化馆在北京朝阳公园西路 7 号院举行了开业典礼。琉璃光舍·不丹文化馆是中国首家由不丹王国本会（BDIF）与不丹驻香港名誉领事馆共同认可成立的文化馆。作为中国与不丹民间交流的桥梁，文化馆旨在全面展示不丹的文化与风情，推进中国与不丹在文化、信仰、经贸方面的交流，这也标志着中国与不丹的民间交流有了真正的窗口。

2016 年 7 月，山东省博山正觉寺"一带一路·禅修茶道光伏行"访问团一行 8 人，出席在不丹首都廷布举办的首届"佛教传承与创新大会"，并在大会发表了"可持续发展的博山正觉寺"的特色演讲。8 月，不丹王国多吉大臣和不丹代表团访问山西，山西省省长李小鹏在五台山会见了以外交大臣丹曲·多吉为团长的不丹王国代表团时表示，要以多吉访问山西为契机，进一步密切与不丹的经济文化联系，加强双方在文化、旅游、宗教、现代农业等领域的务实合作，实现互利共赢发展。12 月，为加强与不丹佛教界的交流与联系，增进中不两国佛教的法谊友情，中国佛教协会组成以会长学诚法师为团长，如瑞法师、宗性法师为副团长，刘威先生为秘书长，国家宗教事务局外事司副司长薛树琪先生为宗教顾问，外交部亚洲司二秘罗冲先生为外事顾问的中国佛教友好代表团，赴不丹进行友好访问和佛教文化交流。

图书在版编目（CIP）数据

中华文化海外传播研究.2018年.第一辑／刘宏，
张恒军，唐润华主编. -- 北京：社会科学文献出版社，
2018.5

ISBN 978 - 7 - 5201 - 2648 - 9

Ⅰ.①中… Ⅱ.①刘… ②张…③唐… Ⅲ.①中华文
化 -文化传播 -研究 Ⅳ.①G125

中国版本图书馆 CIP 数据核字（2018）第 085898 号

中华文化海外传播研究（2018 年·第一辑）

主　　编／刘　宏　张恒军　唐润华

出 版 人／谢寿光
项目统筹／周　琼
责任编辑／周　琼

出　　版／社会科学文献出版社·社会政法分社（010）59367156
　　　　　　地址：北京市北三环中路甲 29 号院华龙大厦　邮编：100029
　　　　　　网址：www. ssap. com. cn
发　　行／市场营销中心（010）59367081　59367018
印　　装／三河市尚艺印装有限公司

规　　格／开 本：787mm × 1092mm　1/16
　　　　　　印 张：21.75　字 数：336 千字
版　　次／2018 年 5 月第 1 版　2018 年 5 月第 1 次印刷
书　　号／ISBN 978 - 7 - 5201 - 2648 - 9
定　　价／98.00 元